梁漱溟

与现代儒家激进主义的

兴 起

王悦之 / 著

社会科学文献出版社
SOCIAL SCIENCES ACADEMIC PRESS (CHINA)

文化守成主义，抑或现代儒家激进主义

—— 王悦之著《梁漱溟与现代儒家激进主义的兴起》序言

汪 晖

从"五四"时代起，梁漱溟就一直是此起彼伏的思想和政治潮流中的异数。他既置身潮流之内，又并非随波逐流，既力量相对微弱，却又能在主流涛涌撞击之时持续产生影响，且跨越几个局势十分不同的时期；他的思想和实践在持续吸引着众多的研究者的同时，还时时成为公众生活和社会实践中的标识性的话题。梁漱溟的思想渊源并不单纯，兼及儒、佛和西学不同流派；在卷入政治运动的过程中，他与不同政治力量均有联系，但这些复杂方面从未掩盖其思想主张的独特性和思想性格的辨识度。学术界对于梁漱溟思想和实践的评价不一，但基本共识多于相互对立：现代新儒家的开山者，新文化运动时代的文化守成主义者，乡村建设的实践者，以及第三势力的参与者。关于这些不同方面之间的思想关联，学者也多有论述，例如认为其乡村建设工作也正是其文化哲学的社会性展开，其政治运动也与其哲学理念相互关联，等等。王悦之的这部著作提出的问题是：这些论述是否足以说明梁漱溟在风云变幻、波澜激荡的洪流中，在以国共及相关政治斗争构成的光谱中的独特位置呢？

在对梁漱溟一生事业展开分析之前，或许可以区分两类知识分子：一类人始终把时代的课题当成自己的课题，殚精竭虑，上下求索，其思考的系统性是通过一系列实践进程而呈现的；另一类人更倾向于将自己的意念视为时代的课题（其中的秀异分子经过了对时代课题的艰苦探索而凝聚为意念，但实为极少数），苦思冥想，开宗立派，其影响多半仅及于其门人或门派。梁漱溟属于前者，他之被视为现代新儒家之开山，毋宁是学术史上事后追溯的结果。本书作者认同《东西文化及其哲学》为现代新儒家的诞生开辟了道路，但随即提出了如下设问："为什么作为现代新儒家的代表，只有梁漱溟一人参与了乡村建设运动？为什么同样是现代新儒家，牟宗三根本不认同乡村建设运动？现代新儒家和乡村建设运动究竟是一种什么样的关系？"对梁漱溟而言，何为时代的中心问题，如何回应这一中心问题，才是思考的重心。从这个角度说，梁漱溟不同于许多以他为先驱的现代新儒家；他是投身实践的思想者，人格峻伟，但并无书斋知识分子的洁癖，为实现其理想、检验其学说，他与处于中心位置的不同政治、经济和军事力量之间始终存在紧张的竞争、合作、互动和矛盾的关系。梁漱溟提出的每一个主要观点都会触动时代的神经，引发来自不同方向和不同力量的论辩，即便在今天，他的思想和实践——尤其是有关东西文化及其哲学和乡村建设的理论——依旧是时代浪潮中醒目的标题。

从思想的角度说，梁漱溟与那些竞争性的不同力量——马克思主义者、自由主义者、激进反传统的现代化论者等——都试图紧扣时代的中心课题，也具备抓住中心问题展开思想探索和社会实践的能力，他们之间的竞争、博弈和论辩始终没有偏离有关中国政治、经济、社会和文化的现代化路径的探索。相对于经院理论家在概念层面的复杂推理和分析，实践性思想家在概念上通常不那么繁复和层层分梳，如梁漱溟提出的意欲、理智、理性等范畴都是哲学性的范畴，虽其来有自，但又不同于一般性哲学概念（尤其是其理性概念，与德国古典哲学的经典概念并不一样），我们很难脱离其日常生活世界的运用把握其意义。但概念上的相对简要，并不意味着概念内涵的简单或浅陋。事实上，实践型思想家对研究者提出了要求，即为了理解他们的概念和命题的丰富内涵，往往需要研究者为之重构其在具体语境中的含义，并以此为基础，在概念上加以提炼和发挥，或在历史脉络中加以展开。这也恰如梁漱溟自己所说："所谓哲学不必是一套理论，而是指人生最基本的取舍，一切因之而异。"[①]对于他而言，离开20世纪中国的基本问题而仅仅在他的抽象概念里做阐释，是无法真正逼近其生平实践和思想的。

什么是20世纪中国的基本问题？我们可以列出一长串加以展开，但下述几条是无法绕过的：传统中国再造的建国方略，农业社会的再组织与工业化，民族精神（文化）的复兴，西方现代性的危机及其克服，以及人如何在生活中安顿自己，人类应该有怎样的未来。正是围绕这些基本问题，现代中国不同的政治力量展开了如何建国或建什么样的国、依靠谁建国或谁是现代中国变革的主要力量、如何实现或以何为基础实现工业化，以及依托何种文化和价值重建中国社会并探索人类未来的大辩论和大实践。因此，梁漱溟的辨识度不能仅仅通过他的边缘性来加以勾画，而应该从其思想和实践与20世纪中国面临的基本挑战和必须处理的基本问题之间的关系的角度加以阐释。

在这方面，梁漱溟与那些信奉共产主义、三民主义或自由主义的政治人物之间的相似性甚至大于他与那些被归为一类的思想／学术人物之间的重叠之处。例如《东西文化及其哲学》与梁启超的《欧游心影录》相互呼应，展开了对西方文明及其危机的思考，并以此为契机，思考东方文化的价值与意义，但与

[①] 梁漱溟：《中国以什么贡献给世界呢？》，《梁漱溟全集》第六卷，山东人民出版社，2005，第475页。

此同时，他与他的同道严厉批判秦以降之专制政治和民众的迷信，与新文化运动的主调基本一致；又如，辛亥革命后的代议制乱象及其与军阀政治的汇流、第一次世界大战的爆发及西方文明危机，俄国革命的爆发及随之产生的革命政治和社会主义国家，均对中国思想和政治产生了巨大冲击，人们追问：如果资产阶级代议政治不行，应该走党政军一体的道路，还是彻底动员民众，实行俄国式的社会革命？如果西方工业文明及其技术进步带来了文明毁灭的危机，中国现代化应该走以农立国道路，还是完成西方已经走过的工业化道路？在围绕以农立国与以工立国的争论中，梁漱溟承认工业化的必要性，不赞成死守农业社会的旧样式，但反对将破坏农村社会制度作为工业化的前提，其努力的方向是在巩固、再造农村社会组织的进程中，为工业化提供基础。北伐运动之后，中国共产党将工作重点从城市转向乡村，将对革命力量的探寻从工人、市民和学生转向广大的农民，而梁漱溟几乎在同时也转向乡村建设运动，聚焦于乡村秩序与农民，探索国家建设的基本方略。共产党人与梁漱溟都将农民和乡村秩序的重组视为解决中国问题的基本路径，但在这一重叠共识之上呈现的是两种不同且存在着对立和紧张的路径和模式。

王悦之这部著作的最为重要的特点就是将梁漱溟置于现代中国的时代使命及其运动之中，不是从自我的或他人的命名出发，仅仅依靠某些观念性的关联指认其思想特点，而是通过他的思想和实践与其他现代中国的主导力量之间的重叠与分歧界定其历史位置，得出若干重要的洞见。我将这些洞见归纳为如下几个方面。首先，《东西文化及其哲学》时期的梁漱溟可以被视为现代新儒家的开创者，其时他与后来的许多现代新儒家一样，仅有文化哲学，而无政治哲学，更没有提供中国重建的实践方略和理论纲领。其次，从1920年的村治学派到1930年代的乡村建设，梁漱溟虽然以乡村和地方性实验作为政治实践的地基，但他从事的不只是单纯的乡村建设或地方性实践，而是通过乡村建设探索国家建设的总问题和总路线。再次，正由于此，乡村建设的理论和实践涉及政治、伦理、社会组织、工业化、中国文明等问题，但贯穿其间的是以建国蓝图为脉络而形成的一种新政治的哲学。最后，也是作者着力最多的观点：投身乡村建设的梁漱溟与《东西文化及其哲学》时期的梁漱溟有了前期与后期的分别，不复为现代新儒家，毋宁是直承宋代道学及其乡约实践、开创现代儒学激进主义的新传统的人物。

正由于涉及现代中国的国家建设与人类未来的总路线，梁漱溟的理论和实践才会持续引发源自不同方向的路线之争。王悦之将投身乡村建设之后的梁漱溟思想概括为“现代儒家激进主义”。这一提法与艾凯将梁漱溟定位为“文化守成主义”的说法形成了对话关系，两者均强调梁漱溟承续儒家传统以回应现代挑战，但得出的结论有重要差别。调用激进主义的概念显然是为了将梁漱溟置于20世纪中国的基本问题中考察，突出梁漱溟与现代中国革命之间的深刻联系。首先，梁漱溟及村治学派与新文化运动一样，严厉批判传统中国的“君统政治”、“势力政治”和“专制政治”，认为中国社会缺乏政治意识、国家意识和国民意识，需要在思想上、社会组织上和政治制度上进行根本改造。因此，梁漱溟与村治学派并不是一般意义的保守派或守旧派，其致力的是一种新的理念、新的政治和新的哲学。其次，梁漱溟及村治学派顺应近代以降的政治潮流，探讨了一条独特的人民政治的新路径。晚清改革者以绅商为人民的代表性力量，新文化运动以青年知识分子为中坚，十月革命和北伐战争后新型政党涌现，他们力图通过动员工农大众尤其是农民形成革命势力。这是一条人民的主体内涵的变迁史。在20世纪上半叶，这一变迁史抵达的是将土地革命和农民动员作为决定现代中国命运的关键时刻。梁漱溟以乡村建设为主要路径的建国纲领与中国革命的主导脉络是一致的，他所做的同样是唤醒和组织以农民为主体的民众、形成人民参政的社会团体和制度框架，做真正的民主政治的工作。

梁漱溟和村治学派的实践总是处于一种抵抗与顺应的悖论结构之中：他们试图打破国家不像国家的状态，但其思路与国民党的党国体制构想完全不同；他们从事的乡村建设致力于动员民众和组织民众，但又不认同共产党人的阶级斗争和土地革命方案。梁漱溟以村治和乡村建设为地基的建国构想可以说是一套儒家的变革方案，但这一方案所包含的激进内容又与现代新儒家有着极大的区别。这一在与时代潮流既抵抗又顺应的过程中形成的变革道路与两宋道学之间有着某种结构性的类同。我的一个基本判断是两宋道学（理学）在复古主义的框架内以两种古典观念来攻击所处时代的新规范和新制度：一方面是综合了天、道、天道等古典观念而发明出来的新古典观念——天理；另一方面是三代之王制和礼乐。前者是高扬的旗帜，后者是隐含的尺度。我们可以将理学的基本姿态归纳为：以天道／天理对抗政术（郡县制条件下的皇权－官僚政治），以恢复宗法对抗市场流动，以倡导井田对抗贸易和税法，以学校对抗科举，以成德对抗功名，以复古的形式对抗外来文化和历史变迁，等等。

然而，理学的批判性建立在承认历史变化的合理性的前提之上，从而其理论结构的要素——如理、气、心、性等——是以新的历史关系作为其前提的，天理本身包含了对时势的权衡。在这个意义上，天理概念的建立既是要在时势的变迁中寻求确定性和存在的基础，又是要将圣人之学的基本原则适应于不断变化的形势。因此，与其说理学是站在由上述要素构成的社会关系和文化取向的外部对其进行批判，毋宁说它以批判性的、复古性的态度构筑了一种悖论式的思想方式。例如，道学家们以道学及其封建理念对抗"政术"，但承认皇权中心主义及其郡县体制；以义抑利、以理抑欲，但又承认利与欲的某种正当性；以宗法井田对抗田制、税制改革，但又承认这些改革的历史合理性；以古代学校的理念对抗科举取士，但也承认贵族制度衰败的必然性；以宗族和封建为道德理想，但又将成德的实践落实在个人的修身实践之中；以"辟二氏"（佛教和道教）相号召，但其理论形式（宇宙论、本体论或心性论）却深受释道二教的影响，以致后世将之批评为"阳儒阴释"，等等。天理世界观的悖论式姿态可以概括如次：第一，天理概念及其思想方式以一种复古的方式构成了对于宋代社会的各种新的发展的批判，但这一批判及其形式本身发生在宋代转变内部，并以这些转变的历史内含为理论的前提。第二，以天理为中心的思想谱系并不只是一种抽象的、形而上学的或哲学的体系，它同时还是以这一方式展开的社会/政治理论。以天理为中心的思想谱系最终卷入了大量的政治/道德辩论，这一事实证明的恰恰是：天理的成立标志着儒学道德/政治评价方式的转型。[①]

基于对宋代儒学与现代新儒家的重要区别的阐释，王悦之越过梁漱溟思想与某些具体思想渊源（如阳明学派的王艮等）的关系，将其在现代中国语境中的努力视为对宋代新儒学的现代流变，并明确指出村治学派是宋代乡约精神的继承者和发展

---

① 以上两节有关宋明理学的观点，见拙著《现代中国思想的兴起》上卷第一部，生活·读书·新知三联书店，2015，第110页。

者。在这个意义上，梁漱溟激进的变革主张始终包含文化守成的内核，一如其早期的文化守成主义其实与新文化运动的激进主张声气相通。与现代新儒家主要从心性之学的脉络解释宋明理学不同，王悦之注意发掘宋代儒学所内涵的制度变革内容。用他的话说，"宋代乡约是在三代之治与礼乐论的思想背景中兴起的，道学家力求开辟一种新的社会政治渠道，既能吸引一批新士绅为儒家的文化理想而奋斗，又为一般平民重建一套充满意义的礼乐秩序，而乡约就是体现这一礼乐秩序的最基础与最普遍的礼乐共同体。""在新儒家的构想中，乡治论不仅仅作为一套制度具备功能的效率性，他们在对天道性命的探讨中，通过据理义、因时势、定礼仪、严分守、行教化、和民情的各种努力，意图达到一种秩序井然与其乐融融的太平气象。"从这一基本判断出发，王悦之从梁漱溟和村治学派的乡村建设方案中发现了礼乐复兴运动的历史追求，即新礼俗的再造和新中国的重建，用梁漱溟自己的话说："新社会、新生活、新礼俗、新组织构造，都是一回事，只是名词不同而已。"[1]这是乡村建设运动的根本任务，也是梁漱溟改造中国的政治－文化纲领。但在他的身后，现代儒学激进主义并未真正兴起。

在这个意义上，那种将心性之学与制度化儒家分为两截的论述方式不过是从现代新儒学的论述方式中衍生而来的认识框架，难以对梁漱溟思想和实践做出整体性把握。我从王悦之对梁漱溟的研究中也读到了一种暗示，即"儒学游魂说"（即儒学与国家社会体制的脱节）并不是中国传统的历史宿命，毋宁是提出者无力追踪时代问题的思想征候。对于梁漱溟而言，即便是挫折与失败，亦与普通人的生活世界息息相关，其一生奋斗

---

[1]　梁漱溟：《乡村建设理论》，《梁漱溟全集》第二卷，第279页。

与思想绝非脱离时代变迁的游魂。关键的问题是：现代儒学者不能仅限于书斋研究澄清礼乐规范，或用游魂说为自己的无力开脱，而应该结合当代中国和世界面临的最严峻的危机与挑战，将自身的触角伸向更为广阔的生活世界，探索群众路线，在具体实践中发现和摸索新的政治主体及其持续再形成，提出思想纲领，在一次又一次挫折中踏寻新路。儒学，或更广义地说中国传统，是活的思想源泉，需要与各种思想相互碰撞，在实践中汲取能量，而不只是案头的招牌或教条。画地为牢，或孤芳自赏，只能证明思想的自我封闭和停止生长。梁漱溟一生的不懈奋斗所昭示的，也正是这一点。

2022 年 11 月 8 日星期二

目　录

绪 论 探索新政治的政治哲学

一 梁漱溟为什么走向乡村建设

20世纪90年代以来的"三农"危机、21世纪中共中央相继提出来的社会主义新农村建设和乡村振兴战略规划，无不引人持续关注中国的乡村问题。实际上，从某种意义上而言，"三农"问题也是中国近现代史特别是革命史从未中断的中心问题之一。这确实很容易把人们的眼光引向20世纪30年代的乡村建设。通过历史研究来为当代实践提供借鉴，这也是一种自然的倾向。但在民国时期，梁漱溟不仅是乡村建设的参与者，还是现代新儒家的开创者。这导致艾恺认为梁漱溟的乡村建设代表了"儒家现代化"的历史努力。根据这个逻辑，学术界基本认为，梁漱溟走向乡村建设，只是从对人生问题和文化哲学的集中思考转向对中国问题和社会实践的逐步探索，因此，他的乡村建设只是他的文化理论的一次社会实践。这也就是说，乡村建设时期的梁漱溟是作为现代新儒家的代表者参与社会实践活动的，这使得他区别于其他的现代新儒家，似乎显得更具有实践色彩；同时，这也为梁漱溟本人赢得了一个"社会活动家"的称号。但是，同样作为现代新儒家的牟宗三却断言："为他的乡村建设事业，自己弄成了隔离与孤立。这就是他的生命已降落而局限于一件特殊事业中。"①

这提示我们，有必要追问如下问题：为什么作为现代新儒

---

① 牟宗三：《他独能生命化了孔子》，载梁培宽编《梁漱溟先生纪念文集》，中国工人出版社，1993，第212页。

家的代表，只有梁漱溟一人参与了乡村建设运动？为什么同样是现代新儒家，牟宗三根本不认同乡村建设运动？现代新儒家和乡村建设运动究竟是一种什么样的关系？梁漱溟一生自认只关注时代最重要的问题，为什么在那个时代走向乡村建设？他从文化哲学走向乡村建设，其理论原则和思想信念是否发生了实质性的变化？如果梁漱溟走向乡村建设的确发生了实质性变化，那么，这意味着什么？对于当代的乡村建设运动以及现代新儒家的发展事业，这有什么启示？

在探索问题的过程中，笔者逐渐发现，梁漱溟在那个时代，并不是代表他一个人，而是代表了一个群体，代表了一种思潮，那就是村治学派。而这个群体和思潮的兴起、流变与走向，则受制于时代潮流的多方影响，也参与了那个时代的潮流塑造。因此，以梁漱溟为中心线索，勾勒那个时代的精神氛围，集中探讨这个群体的起源和流变及其历史意义，就成为本书的基本问题了。

二 乡村建设研究的四个阶段

对梁漱溟在乡村建设方面的思想及实践的批评和研究，可以大致划分为四个阶段。第一个阶段是 20 世纪 30 年代，这正是乡村建设蓬勃开展的时代，梁漱溟关于乡村建设的思想和实践主要引来了两种批评。一种以《独立评论》为阵地，主要批评者包括吴景超、王子建、贺岳僧、陈序经、张培刚等。[①]他们认为中国的发展不存在歧路，只有工业化才是堂堂正正的唯一大

---

① 参见吴景超《我们没有歧路》,《独立评论》第 125 号，1934 年 11 月 4 日；陈序经《乡村文化与都市文化》,《独立评论》第 126 号，1934 年 11 月 11 日；王子建《农业与工业》，天津《益世报》1934 年 12 月 8 日；贺岳僧《解决中国经济问题应走的路》,《独立评论》第 131 号，1934；陈序经《乡村建设运动的将来》,《独立评论》第 196 号，1936；陈序经《乡村建设理论的检讨》,《独立评论》第 199 号，1936。

道，那种以农立国的主张只是经济上的复古主义，梁漱溟对工业化的反对不过是夸大的、禁欲主义的、因噎废食的和畏难退缩的。另一种来自中国的马克思主义者，《中国农村》是他们的主要阵地，他们的文章后来结集成了一本专门的著作——《中国乡村建设批判》。他们对乡村建设运动的社会背景、运动性质及其作用都有相当深刻的分析与反思，既对梁漱溟构成了强烈的冲击，也影响到了此后几十年对梁漱溟的研究与评价（包括改革开放以来的研究）。[①]

第二个阶段是20世纪50年代的思想批判。这个时期的批判不是针对乡村建设的一般批评，而是针对梁漱溟个人的大批判。[②]

第三个阶段是20世纪70～90年代。在这个阶段里，梁漱溟在海外首先引起了艾恺的关注。[③]作为现代新儒家的开创者之一，梁漱溟的文化哲学在文化热和国学热的时代潮流中引起了极大的关注，但对其乡村建设方面的研究则是零星的，主要散见于有关梁漱溟的思想传记作品之中。[④]在梁漱溟去世的前一年，山东大学社会学系、山东社会科学院社会学研究所与山东省政协联合邀请了全国26个单位的60余位专家学者到邹平召开学术会议，研讨梁漱溟的乡村建设运动。[⑤]几年后，有人组织参加过山

[①] 参见千家驹、李紫翔编著《中国乡村建设批判》，新知书店，1936。

[②] 参见《梁漱溟思想批判》（论文汇编）第一辑，生活·读书·新知三联书店，1955；《梁漱溟思想批判》（论文汇编）第二辑，生活·读书·新知三联书店，1956；李达《梁漱溟政治思想批判》，湖北人民出版社，1956。

[③] 〔美〕艾恺：《最后的儒家——梁漱溟与中国现代化的两难》，王宗昱、冀建中译，江苏人民出版社，2003。

[④] 参见马勇《梁漱溟评传》，安徽人民出版社，1992；马东玉《梁漱溟传》，东方出版社，1993；景海峰、黎业明《梁漱溟评传》，百花洲文艺出版社，1995；郑大华《梁漱溟学术思想评传》，北京图书馆出版社，1999。

[⑤] 梁漱溟乡村建设理论研究会编《乡村：中国文化之本》，山东大学出版社，1989。

东乡村建设的当事人编写了一本回忆资料，为后人了解当时的实际情况提供了宝贵的资料。①在这个阶段，相关的研究成果主要有李善峰的《梁漱溟社会改造构想研究》和朱汉国的《梁漱溟乡村建设研究》。李善峰遵循艾恺的文化保守主义的基本框架，从社会改造构想的角度，比较深入地考察了梁漱溟的乡村建设运动及其意义。②而朱汉国全面地考察了梁漱溟从事乡村建设的来由、思想、经过、性质、作用与缺陷。③

第四个阶段是21世纪以来，社会各方面对三农问题密切关注，从社会主义新农村建设到乡村振兴战略的提出，显示了国家的高度重视。在这个背景下，关于梁漱溟的乡村建设的研究再度兴起。这个阶段的许多著作把梁漱溟的乡建理论和实践作为一种模式，用来与其他的乡村建设运动比较，其中包括阎锡山模式、陶行知模式、晏阳初模式、卢作孚模式等。④当然也有将梁漱溟的乡村建设理论与毛泽东的农村现代化思想进行比较的。⑤

这个阶段关于梁漱溟思想研究的一个显著特点是各种新视角层出不穷：经观荣和周祥林都把梁漱溟的伦理思想与乡建理论联系起来加以考察；⑥干春松则注意到梁漱溟的乡村建设是制

① 山东省政协文史资料委员会、邹平县政协文史资料委员会编《梁漱溟与山东乡村建设》，山东人民出版社，1991。

② 李善峰：《梁漱溟社会改造构想研究》，山东大学出版社，1996。

③ 朱汉国：《梁漱溟乡村建设研究》，山西教育出版社，1996。

④ 参见郑大华《民国乡村建设运动》，社会科学文献出版社，2000；王欣瑞《现代化视野下的民国乡村建设思想研究》，博士学位论文，西北大学，2007；张秉福《民国时期三种乡村建设模式比较与借鉴》，《现代经济探讨》2006年第4期。

⑤ 参见郭祥《从梁漱溟与毛泽东的路径差异看新农村建设》，《沈阳工业大学学报》（社会科学版）2009年第3期。最集中的研究是石培玲的博士学位论文《毛泽东与梁漱溟的农村社会现代化思想比较研究》（陕西师范大学，2010）。

⑥ 经观荣：《梁漱溟的人生思想与乡村建设运动》，（台北）洪叶文化事业有限公司，2006；周祥林：《梁漱溟乡村建设伦理思想与实践研究》，博士学位论文，中南大学，2011。

度化儒家的历史重建；①有人认为梁漱溟的秩序观点是其思想体系中的一个亮点，因而从秩序的视角，考察梁漱溟在秩序之内涵、秩序之危机和秩序之重建等方面的洞见；②还有人梳理了梁漱溟的工业化思想；③顾红亮则把梁漱溟的乡村观视作一个生活世界，包括了礼俗、政治、生命等，梁漱溟的特点也在于，通过重新构建一个完整的生活世界，他既超越了传统儒家，也对西方现代性进行了反思；④余项科的日文著作以梁漱溟为例来考察儒学的公共性，一扫文化保守主义的旧套，将近代以来的思潮、运动和体制置于中国国民推进的历史演化的脉络中加以考察，并且不断追踪中国文明历史性的文脉所在，梁漱溟的乡村建设运动也正是这条延长线上的一个重要节点；⑤而吕新雨也以一种概要的形式，把建设现代中国的要求，提到了历史天命的高度，用来梳理梁漱溟的乡村建设理论和实践以及其他问题。⑥

三　作为政治哲学的乡村建设

1. 梁漱溟的乡村建设理论是一种探索新政治的哲学

从伦理、制度化儒家、秩序、地方自治、工业化、现代化、生活世界、中国文明等视角看待梁漱溟的乡村建设，这都没有

---

① 干春松：《"是非"与"利害"之间——从梁漱溟的村治理论看儒家与现代制度的关系》，《中国人民大学学报》2007年第1期。

② 周朗生：《寻求秩序——梁漱溟政治思想解读》，博士学位论文，吉林大学，2006；周朗生、叶兴艺：《论梁漱溟的秩序观》，《云南行政学院学报》2008年第1期。

③ 童星、崔效辉：《梁漱溟工业化思想研究——从〈乡村建设理论〉看中国现代化的道路选择》，《江苏行政学院学报》2002年第2期；郑金彪：《梁漱溟早期工业化思想新探》，《长春工业大学学报》（社会科学版）2010年第2期。

④ 顾红亮：《儒家生活世界》，上海人民出版社，2008。

⑤ 余项科：《中国文明与近代的秩序形成——儒学的公共性的考察》，（日本）朋友书店，2004。

⑥ 吕新雨：《乡村建设、民族国家与中国的现代化道路——梁漱溟乡村建设理论与实践研究纲要》，载黄平主编《乡土中国与文化自觉》，生活·读书·新知三联书店，2007。

错，但未能深入分析梁漱溟最关注的中心问题。这些视角或者只是中心问题的一部分，或者就是派生性的。梁漱溟的中心问题是探索新政治的哲学，为"建国运动"开辟别具一格的道路。

1928～1937年是乡村建设运动的黄金十年。1922～1927年是包括梁漱溟在内的村治学派酝酿和形成的时期。通过这几年的酝酿和准备，他们为乡村建设运动奠定了思想理论基础，并提出了建国道路规划。1927～1937年，"乡村建设"这面大旗经他们之手，逐渐竖立起来并获得了普遍认可。在这个时期，梁漱溟对民族精神进行了体系化的深入探讨。

梁漱溟说："的确，历史演到今日，是一个要改变的时期。改变的前途，方向所指，非有大学问大眼光的人不能看出，一般人只是在迷惑困扰的情形之下过活而已。"[①]至迟从维新变法开始，历代有识的思者形成一个基本共识：中国已然处于一个大剧变、大转型的时期，中国必须变！但是，路在何方，如何走，类似的争议几乎从未间断过。

一种看法是，只要确立立宪政治和选举代议制政府，中国的民族危亡立可挽救，中国的前途自然一片光明，中国马上就能跻身于世界文明国家行列。这种"制度决定论"在1904～1905年的日俄战争之后影响迅速上升，直接而剧烈地影响了清末最后几年艰难的政治改革。1912年之前的革命派与立宪派的争执，不过是以何种方式实现立宪政治和选举代议制政府。1914～1918年的第一次世界大战为中国的文化保守主义提供了一次良好的契机，他们重新争辩说，西方文化已经病入膏肓，只有恢复或接续中华文化的道统才能确立中国的主体地位，至于代议选举政治制度，这恰好就是"三代之治"的遗意与真

---

① 梁漱溟：《朝话》，载《梁漱溟全集》第二卷，山东人民出版社，2005，第108页。

意，原为政统所包孕。持此主张者后来被称为"现代新儒家"，梁漱溟（其实只是1927年之前尚未"最后觉悟"的梁漱溟）常常也被算作现代新儒家的第一代。在20世纪30～40年代，自由主义者和保守主义者虽在文化问题上有争议，但在政治上则汇流为"宪政"运动的持续推动者。以自由主义者为主，在批判"以农立国论"的长期过程中，他们的经济路线和乡村路线也逐渐明晰化，即用资本主义的自由竞争激活国家的整体增长，大力推动工业化和加速发展城市化，乡村则走美国式的机械化大农场道路，多余的农民可以安排到工业、矿业和交通业等现代实业部门里。①

另一种看法是，代议制其实只是现代性语境下豪强政治的伪装和复活，中国实行它的历史后果必然是重构等级秩序的合法性。②从实质来说，代议制是建基于工业经济之上而专属于资本家阶级统治的一种政治体制，③尚未工业化的中国先行采用代议制来应对如此复杂的民族危亡问题，无疑是本末倒置。1916年以后，代议制与军阀政治的合流带来的政局乱象，加剧了人们对立宪代议选举政治的整体性质疑。1918年俄国十月社会主义革命的成功，启发人们做出一种更有效的尝试，即用全新的党政军体系来实现国家的统一和稳定并领导国家的建设。但是，1927年国共合作的彻底破裂，导致了两种并存的形势：一方面，国民党内部派系出现分裂与斗争，蒋介石以军权坐大，但在统一全国的过程中既未真正消灭军事割据势力，又吸收了大量北洋政府时期的旧官僚以维护行政机制的运作，这使包括国民党

绪 论 探索新政治的政治哲学

---

① 吴景超：《中国农民的生活程度与农场》，《中国问题》，新月书店，1932，第118～130页。
② 章太炎：《代议然否论》，《章太炎全集》第4卷，上海人民出版社，1985，第300～311页。
③ 章士钊：《论代议制何以不适于中国》，载章含之等主编《章士钊全集》第4卷，文汇出版社，2000，第166页。

激进主义在内的许多人都认为，蒋介石的统治只是军阀政治和官僚政治的延续；另一方面，"国民党对于共产党真所谓屏诸四夷不与同中国了"①，中国共产党选择了农村包围城市的道路，党领导下的工农武装在根据地的社会经济革命运动，像星星之火一样点燃了广大的乡村社会。

村治学派既在以上两种潮流之中，又在以上两种潮流之外。因为就文化、政治和经济等方方面面而言，村治学派与以上两种潮流无疑存在不少的交叉和重叠之处，但他们更偏好放大分歧和争议之点。重要的是，他们以恢复中国古典政治哲学为职志，重新描绘了一幅建国计划图：在学术思想上，他们反对任何形式的奴化现象，无论是旧欧化还是新俄化；在政治规划上，代议制的选举方法已被确认为完全失败，如何安置青年与农民及促使两者相结合乃是根本问题，这使他们一边批判国民党的右倾化，一边在深刻感受共产党的强大吸引力时仍怀抱与之竞争的想法；在经济路线上，他们不再死守农业化的落后保守心态，也反对以摧残农村社会制度的激进手段来发展工业化，而是主张借助农业的实有力量并巩固和发展村社组织来稳步推动中国工业化的战略实施。梁漱溟则使这幅建国计划图显得更系统化。

就话语层面的考察来看，思想史上的争议和论辩总是难免反复出现，但其实，任何有效且影响深远的时代精神和政治意识，都取决于客观形势和能动力量在某种程度上的综合，其中往往存在隐约可辨的变迁轨迹。中国近现代史上的"变"和"新"，从政治意识的角度来看，贯穿其中的红线是"人民政治"的兴起、发展和流变的曲折过程。在始终存在的民族危亡的巨

梁漱溟与现代儒家激进主义的兴起

---

① 梁漱溟：《主编本刊之自白》，载《梁漱溟全集》第五卷，山东人民出版社，2005，第27页。按：梁漱溟标题中的"本刊"指《村治月刊》。

大压力之下，至迟从康梁一代的思想家开始，他们总是抱怨国人缺乏"国家意识"或"公民意识"。这种抱怨的后果是，一代代的士绅、绅商和知识分子前仆后继，以实践方式推动了一系列的社会政治运动，而他们的根本目的即在于唤醒、激发和动员"人民"的政治能量。

甲午至戊戌时期，士绅阶层崛起，他们成为"人民"的主导力量，力图开拓政治参与的渠道。清末新政以来，因为中央政治权威的衰落虚弱和新闻媒体空间的大肆扩张，在转型中相互融合而形成的绅商阶层作为"人民"的代言人和体现者，坚决要求政治参与渠道的制度化，这不仅引发了汹涌澎湃的国会请愿大潮，也带来了民国以后政党政治的常规化运作。革命共和以后，代议制的腐化衰败和无效无力逐渐变得有目共睹，尊孔读经乃至帝制复辟的闹剧轮番上演，这促使一批知识分子以"新文化运动"为形式来开创和推动一种新的文化政治。伴随苏俄革命的影响，他们开始将眼光瞄向以工人阶级为主的劳工大众。20世纪20年代以后，这种政治意识的探索逐渐聚焦于农民身上。20世纪30年代的土地革命和乡村建设运动其实是同一种探索在两条路线上的不同表现形式。

由此，我们才能理解，为什么强调中国古典政治哲学优越性的村治学派，却几乎众口一词地严厉批评中国历史自秦汉以下都是"君统政治"、"势力政治"和"专制政治"。吕振羽甚至说："今日以前的中国，不仅没有政治，而且没有国家；中国的农村社会，还只有社会的形态，并没有构成社会的实体组织；农村人民的思想，还只有一种习惯的迷信，并没有国民的意识。"① 因此，村治之路，就不是单纯地延续传统和

---

① 吕振羽：《引言》，载村治月刊社编《村治之理论与实施》，北平村治月刊社，1930，第1页。

习惯，而是探索和开创新政治之道："村治为解决学术思想问题，非仅政治制度问题；今后的村治学说，实即今后的新政治学说。"①质而言之，村治学即"根据固有政治哲学而产生的新政治"②。与此同时，这种新政治不仅与传统政治相比是"新"的，而且与现代以来的各种社会政治改革运动相比也是"新"的：

> 吾国现状，官僚之把持如故，武人之割据如故，政客之纵横排拨无不如故。民国改建，虽已八稔，除争权夺利、各便私图外，对于民治，不特当局者未尝梦见，即人民方面，亦不会有此要求也。观于年来所谓群众运动，及各机关、各法团，偶对国事有所主张，千篇一律，无非对政府官吏责望之文；甚至个人谈话、报纸立言，其说法亦大略相同，乃叹专制余毒，养成之倚赖性根，其入人也深矣，此病不除，欲图发展民治于官僚之手，何异与虎谋皮，其无当于事情也亦宜。③

官僚政治不可望，军阀政治不可望，政党政治也不可望，甚至民众团体和舆论机关的请愿政治也不过是"与虎谋皮"。那么，怎样的政治才可望？在此，村治学派试图探索新政治的道路，已经呼之欲出。其实，学术思想、行政规划和经济路线的各种争议和论辩，不过是这条探索之路在文化、政治和经济上的不同表现形式，这条探索之路也就是后来梁漱溟反复提及的"整个问题"之所在。这也是村治学派的独有特色，我们只

---

①　尹仲材：《十八年间各地村治工作访问录》，《村治月刊》第1卷第10期，1929。

②　尹仲材：《村治学与中国伦理学》，《村治月刊》第1卷第20期，1930。

③　米迪刚：《余之中国社会改良主义》，《翟城村》附刊，第46页。

要仔细倾听晏阳初的话，就知道乡村建设运动真正的内在底蕴了：

> 聪明的人，就得脚踏实地的作共和国家以民为主的工作，从根本上唤醒民众，使他们知道人民都应该参与政治运动，人民都能参与治政，才是真正的民主的政治。不参与政治，让一般军阀、官僚、政客去把持，就是假民主的政治。现在国家弄到这步田地，固然应该痛恨一般军阀、官僚、政客的误国殃民，但是我们也得自怨自艾。为什么不摆起主人翁的架子来管政治？我们不管政治，是因为多数的民众没有政治的知识，不知道国家是什么东西，和自身有什么关系。所以我们觉得现在应从速施行平民教育，提高民众的知识，才有实现真正的民主政治的希望。①
>
> 迎难而上，把握时机，为民主制度去教育中国千百万无知民众是我们义不容辞的责任。②

当他明确认识到"中国今后的希望，不在城市，而在乡村，而在乡村里的农民。中国除了农民无所谓民"③时，从平民教育运动走向乡村建设运动的逻辑脉络，就完全清晰可见了。

因此，乡村建设运动是探索中国政治变革道路的实验，乡村建设的思想是探索新政治的哲学。在这个意义上，乡村建设的理论可以视为一种政治哲学。

---

① 晏阳初：《平民教育概论》，载宋恩荣编《晏阳初全集》第1卷，湖南教育出版社，1989，第127页。
② 晏阳初：《中国的新民》，载宋恩荣编《晏阳初全集》第1卷，第162页。
③ 晏阳初：《在周会上的讲话》（1931年12月），载宋恩荣编《晏阳初全集》第1卷，第182页。

2.为什么说梁漱溟的乡村建设是一种政治哲学

为什么把梁漱溟的乡村建设看成一种政治哲学？首先，笔者认为，这是当时人的普遍印象与看法。梁漱溟最坚定的支持者与最早的同人之一王鸿一明确地说过："村治实施的方法，梁式堂先生和彭禹廷先生都是很有经验的；讲学理，则有梁漱溟先生，是村治大家。"①在全国乡村建设运动的实践者汇聚一堂共商乡建大业的场合，作为旁听者的徐宝谦对这一点也有非常清晰的认识："乡建运动之哲学基础。对是题有特别认识者，似为梁漱溟氏。"②其次，笔者认为，梁漱溟不仅是以他亲自主持的山东乡村建设为思考对象，而且是把全国所有的乡村建设当成自己的思考对象，他要为所有乡村建设提供长远的政治规划，也要为中国的"建国运动"提供乡村建设的历史路径。因此，他的思考意味着一种整体性的制度构想和建国纲领。这一点，在他主持山东乡村建设的时期已经有所体现了。最能说明问题的是，《乡村建设理论》出版于1937年，这已经是山东乡村建设实践的最后时刻了，但梁漱溟终其一生，都不认为《乡村建设理论》仅有历史研究的文献参考价值。山东乡村建设实践的失败，不能完全证明《乡村建设理论》的失败。政治哲学自有其时间性的一面，因为它备召唤后来者的思想能量。最后，笔者认为，从实质上来说，梁漱溟通过乡村建设试图提供的是一套创新性体制，其制度构想要重建的是一套创造性的秩序，既不是传统儒家制度的历史延续，也不是现代欧美制度的空间移植，因此，他必须为这套创造性的制度和秩序提供新的哲学论证，即他不仅要力图证实乡村建设的建国纲领具有历史可行性，

① 王鸿一：《中国民族之精神及今后之出路》，《村治》第1卷第5期，1930年8月1日。

② 徐宝谦：《全国乡建运动之现状与问题》，载章元善、许仕廉编《乡村建设实验》第二集，中华书局，1935，第490页。

而且要为新的制度构想提供正当性证明。梁漱溟在这两方面都做了大量的工作，尽管众所周知，他在第一点上是无可争议地失败了，但人们对后一点却缺乏清晰的认识。

3.梁漱溟的乡村建设是什么样的政治哲学

那么，梁漱溟的乡村建设是一种什么样的政治哲学呢？首先，从论述方式上来看，梁漱溟的政治哲学没有采用一种普遍主义的话语，他所有的思考都是以中国问题为核心的，而针对马克思主义，他又格外强调中国问题的特殊性，反对把中国问题纳入任何普遍的历史发展模式之中。但是，从论证目标来看，他的政治哲学仍然具有普遍主义的色彩，因为中国问题虽然是特殊的，但它不是单纯的中国的问题，而是世界文化时代来临之际的中国问题，中国问题需要放置在世界文化时代的大背景中加以考察，解决方式及其意义也需要从世界文化时代的视角才能得到真正理解。其次，乡村建设的兴起虽源于20世纪30年代的乡村危机，但对于梁漱溟来说，乡村建设的核心问题根本上并不是应对乡村危机，而是建设一个什么样的现代中国，又如何建设现代中国。其中包括许多具体的重大历史问题，比如在国际势力侵逼和军阀割据混战的动荡局面中如何统一国家权力（秩序化问题），一个统一的现代国家如何获得合法性和正当性（民主化问题），现代国家最实质性的经济内容（工业化问题），等等。乡村建设是中国近代史上的"建国运动"中的一条备选道路，对这方面的考察都是历史性的研究。最后，乡村建设还提供了这样一种想象，即美好生活的图景与世界文明的新范式可能是什么样的。

四　梁漱溟与现代儒家激进主义传统的开创

1.作为现代性事件的政治哲学危机

在一定意义上，罗尔斯的政治哲学是政治哲学危机的一种表现形式，而斯特劳斯的政治哲学则是政治哲学危机的一种自我意识。

　　人们把哲学与科学之间的区别运用于人类事务的研究上，因而相应地在非哲学的政治科学与非科学的政治哲学之间形成了一种区别，这种区别在当前条件下把政治哲学的全部尊严和贞纯都剥夺了。此外，从前属于政治哲学或政治学范畴的很大一部分，现在已在经济学、社会学和社会心理学的名义下成为各自独立的学科；而不为正直的社会科学家介意的那可怜的残余部分又被历史哲学家和以自称有信念来取乐的人所蹂躏。我们说政治哲学今天已不复存在，这绝非言过其实。除了作为埋葬物之外，只能作为历史研究，要不然就作为没有说服力的和不能使人信服的争议的主题。①

　　可见，所谓政治哲学危机，不是说作为学科分类的政治哲学没有存在的必要，而是说政治哲学作为一种分类的学科恰好是政治哲学危机的体现。因为在当代科学话语霸权的背景下，区分非哲学的政治科学与非科学的政治哲学几乎等于说政治哲学只是一种空洞的玄学；而知识分类体制的内在逻辑意味着只有根据特定视角和经验事实的确定性才可能具备知识学话语的有效性，这必然导致对整全视角下的普遍主义话语方式的知识学敌视，而后者正是政治哲学的基本要素。因此，在当代的科学研究中，人们习惯于给出如下两类自我宣称：一类恪守事实

① 〔德〕利奥·斯特劳斯：《什么是政治哲学》，载〔美〕詹姆斯·A. 古尔德、〔美〕文森特·V. 瑟斯比编《现代政治思想——关于领域、价值和趋向的问题》，杨淮生等译，商务印书馆，1985，第62页。

与价值的区别，人们只能根据事实判断来确证科学知识的客观性和有效性，至于价值判断则是纯粹主观范围内的个人偏好问题；另一类则认识到前一种宣称的虚伪性，因为科学知识赖以形成的纯粹知性范畴都隐含了评价原则，而这些隐含的评价原则与知性范畴都是历史性的，即它们都是可变的，任何意义上的客观有效性和普遍有效性都是人类的纯粹迷思。这两类宣称都将导致政治哲学变得不再可能，因为政治哲学的核心要义就是"能够合理地赋予价值判断以效力"①，或者用梁漱溟的话来说，"所谓哲学不必是一套理论，而是指人生最基本的取舍，一切因之而异"②；政治哲学也总是试图根据对普遍人性的有效洞察来推断普遍有效的最佳政制和美好生活可能是什么样的。

　　值得注意的是，斯特劳斯断言，所谓现代性的危机从根本上来说就是政治哲学的危机，政治哲学危机是现代性的一个大事件，这个断言的历史根据就出现于第一次世界大战之后。正是这次世界大战，导致了对西方文明和科学的迷信在很大程度上的动摇（并没有破产），让西方人自身也对西方的政治制度产生了极大的怀疑。流风所及，在20世纪10年代的中国思想论战中，19世纪的欧洲模式遭遇到了政治激进主义和政治右派的同时抛弃。③梁漱溟的《东西文化及其哲学》也正是这个时期的著作，是对西方文明的反思成果。但是，这个时期的梁漱溟实质上仍是西方政治制度的信徒，文化守成主义的真正要义也仅仅在于为这种移植产物提供本土的道德上的守护神。因此，这个

---

① 〔德〕利奥·斯特劳斯：《现代性的三次浪潮》，载贺照田主编《学术思想评论》第六辑《西方现代性的曲折与展开》，吉林人民出版社，2002，第87页。

② 梁漱溟：《中国以什么贡献给世界呢？》，载《梁漱溟全集》第六卷，山东人民出版社，2005，第475页。

③ 汪晖：《文化与政治的变奏——战争、革命与1910年代的"思想战"》，《中国社会科学》2009年第4期。

时期的梁漱溟只有文化哲学，没有政治哲学。他的政治哲学思考是在他走向乡村建设以后才开始的。

问题是，为什么恰恰是在现代性或政治哲学面临危机的时刻，梁漱溟开始了显得极为迫切的政治哲学思考。原因在于，政治哲学危机或对这种危机的自我意识，正是政治哲学复兴的前提。这也说明，那种政治科学的意图只有在政治哲学危机消失的前提下才可能安然度日，但这不是他们严格区分事实与价值的结果，不是价值判断终于被他们成功切除之后的成就，毋宁相反，这只是表面上的价值判断的缺失，实质则是价值判断的凝固化，是默认现存政制自足自明的某种体现。这还说明，那种彻底的历史主义也可能异化为思想上的懒汉，因为宣称一切都是历史的，真理是不存在的，除了这个宣称之外，他们基本可以无所事事了。就此而言，无论是单纯相信政治哲学（这几乎不可能了），还是深刻意识到政治哲学的危机，政治哲学的生机都在于一种不懈的追问。每当某种现存秩序崩溃或即将崩溃（亦即存在合法性危机）的时刻，这种不懈的追问就必然降临此地，以科学的名义躲避或以历史的名义拒绝，都不是真正明智的态度。

2.梁漱溟开创了现代儒家激进主义传统

本书的中心论旨是，梁漱溟通过乡村建设理论及其实践，开创了一种新的政治哲学，或者更准确地说是探索新政治的哲学，即现代儒家激进主义。

现代儒家激进主义的第一个关键词是儒家。作为儒家信徒，梁漱溟及村治学派同人秉持中华文化的道统理念，在现代资本主义危机和中国传统政治秩序崩溃的困境中，企图重新开创一条儒家化的道路，为此，他们不断勾勒、描画和重建儒家历史的新谱系，这就是本书第一章要说明的新儒家乡治论传统。

现代儒家激进主义的第二个关键词是现代。作为五四新文化运动的同时代人，梁漱溟尽管与陈独秀、胡适等人意见相差甚多，以至于成为新时代的保守主义的中坚人物之一（还特别年轻），但实际上，以梁漱溟为代表的保守主义，本质上并不是新文化，更不是现代性的敌对者，他们基本认可现代性的诸多原则，政治上是民主主义者，经济上是工业主义者，学术上也折服于科学技术的知识魔力。他们对五四新文化运动的不满，仅仅在于想要说明一点，即夹杂于新文化和现代性的大旗之下的"西方因素"未必是那么好的东西，而中国儒家与新文化和现代性其实没有那么异质。越到后来，梁漱溟认识得越清楚，中国儒家的真精神不仅不会阻止中国的现代化大业，反而有助于救治现代性的诸多弊病。为此，梁漱溟花费了大量精力来批判欧美民治主义道路和苏俄党治主义道路，浓墨重彩地论证中国的民族精神意味着什么及其当代启示，这也就是本书在第六章、第七章和第八章想要说明的问题。

现代儒家激进主义的第三个关键词是激进主义。所谓激进主义，是指平民化和社会化的政治道路，而梁漱溟的乡村建设运动就代表了这样一种走向。因此，这里需要说明的关键问题是，梁漱溟为什么要投身乡村建设运动，他通过乡村建设运动希望达到何种目标。作为时代潮流，在梁漱溟之前，无论是章士钊的"以农立国论"，还是国民革命中的农民运动，抑或是村治学派的兴起，都是中国从农业社会向工业社会大转型过程中出现的理论思考和实践探索，在20世纪20年代带动了那个时代的政治意识关注农业、重视农民和走向农村（换句话说就是民国时代的"三农问题"）。作为个人选择，梁漱溟虽一以贯之地批判理智主义且寻求礼乐复兴运动，但他对中国历史文化的体认和觉悟以及对最好的政治制度的探索和思考，都开始发生实质性的和原则性的变化，这也是促使他日渐走向乡村建设的内在原因。本书在第二章、第三章、第四章对此均有说明，而第五章、第九章、第十章则是对乡村建设运动的历史考察。

　　本书所论，均是在历史性和时代性的坐标轴里来理解现代儒家激进主义。这种理解方式，乃建基于对历史起源的考察和思想流变的辨析。所谓历史起源的考察，不仅指村治学派念兹在兹重构出来的精神新谱系（新儒家乡治论传统），更指他们（尤其是梁漱溟）在时代大潮流中所受到的影响和刺激；所谓思想流变的辨析，不单指梁漱溟个人的思想的变化，更指时代大潮流中的思想流变及梁漱溟的独特的回应方式。在结论部分，本书对此有一个粗浅的说明。同样是在结论部分，本书提出一个在新的坐标轴里来理解现代儒家激进主义，即在现代儒家内部来考察和辨析激进主义走向的可能性及其意义所在，以资比较的对象包括以牟宗三为代表的现代新儒家和以蒋庆为代表的政治儒学，但这不是本书的主旨，留待他日再来补充。

第一章　现代儒家激进主义的历史渊源：新儒家乡治论传统

一　共识与偏见：新儒家的政治想象及实践

现代以来，有关新儒家，我们似乎早就形成了这样一个共识，即他们在哲学思想上是很有成就的，但在社会政治方面则乏善可陈。萧公权说："惟吾人宜注意，理学得佛学之助，蔚为中国空前未有之哲学系统，而其对政治思想之贡献则极细微。"[①]耐人寻味的是现代新儒家的看法，他们一向被视作新儒学在现代的传人，而且他们自己也把这当成一种历史的使命，可是他们恰恰也是以上共识的有力推行者。据他们说，完整意义上的儒家乃是内圣外王之学，而新儒家只是充分发挥了内圣这一个方面，在外王方面相对不足，特别是最高层次上的"政道"（区别于行政治理层面的"治道"）严重残缺。作为现代新儒家的代表，牟宗三有一段话集中表述了他们的理想：

（一）道统之肯定，此即肯定道德宗教之价值，护住孔孟所开辟之人生宇宙之本源。（二）学统之开出，此即转出"知性主体"以融纳希腊传统，开出学术之独立性。（三）政统之继续，此即由认识政体之发展而肯定民主政治为必然。[②]

---

① 萧公权：《中国政治思想史》第二册，辽宁教育出版社，1998，第414页。

② 牟宗三：《道德的理想主义》，《牟宗三全集》第九册，（台北）联经出版事业公司，2003，第9页。

值得注意的是有关政统方面的"继续"与"发展"两个词。为什么是"继续"呢？这是要说明，其实儒家的外王传统里蕴藏着民主意味："中国的老名词是王道，藏天下于天下，新名词则是开放的社会，民主政治，所以，这是个共同的理想。"①将儒家孜孜追求的"三代之治"换算成开放社会和民主政治，这并非牟宗三的创举，在康有为那里早就开始了。又为什么是"发展"呢？这就不仅是中国和儒家的问题了，而且牵涉到20世纪中期世界范围内的民主危机："演变至今日言自由，已具体化为政治之民主制度、经济之资本主义，而今日之自由主义者其心思亦粘着于政治经济之范围而不能超拔。自由主义显然已失其精神性。"②现代新儒家的道统不仅仅是对一种民族精神的坚持和固守，更是新时代的自由民主的守护神。

但讽刺的是，现代新儒家也即将落入新儒家的窠臼里去了，以至于被人称作"纯学院式的深玄妙理、高头讲章"③。他们试图守护的自由主义指责他们说，现代新儒家的老内圣开不出新外王，新外王也不需要他们的老内圣垂青，甚至从根本上来说，他们的老内圣适足以阻碍新外王在中国的推进，因为"所谓西方之对待之局——牟先生倾慕的现代外王之观念模式，不是一个政治操作问题，而是一个认知发生问题；不是一个'外王'问题，而是一个内圣问题"④，一种价值判断与事实判断并存的二元格局恰恰是被现代新儒家视作至高无上的心性之学开不出来的。在某种意义上，现代新儒家也是文化民族主义者，但他们对自由民主的追求却又受到来自当代更激进的文化民族主义者

① 牟宗三：《政道与治道》，《牟宗三全集》第十册，第24页。
② 牟宗三：《道德的理想主义》，《牟宗三全集》第九册，第15页。
③ 李泽厚：《历史本体论·己卯五说》，生活·读书·新知三联书店，2003，第138页。
④ 朱学勤：《风声·雨声·读书声》，生活·读书·新知三联书店，2003，第282页。

的指责："当代新儒家把儒家的外王事业理解为开出由西方文化所揭橥的科学和民主（所谓'新外王'），如此则儒学不能依其固有之理路开出具有中国文化特色的政治礼法制度，即儒家式的外王大业。"①而无论是自由主义，还是文化民族主义，他们对现代新儒家的一个共同责难是，现代新儒家在社会政治的建制上基本是无能的。

假如现代新儒家只是一如既往地追随他人的步伐，为民主政治的建制摇旗呐喊，而且依据通常的但也狭隘的政治视野来看待他们的先辈，那么，自由主义和政治儒学对他们的指责很可能成为事实。其实，倘若比较新儒家和现代新儒家，即使以国家建制作为政治的核心场域，程朱理学作为官方正统学说长达几百年的历史，其对现实政治的深刻影响，是现代新儒家难以望其项背的（而现代新儒家则追随五四新文化运动的潮流将之一概抹杀成了"为专制皇权服务"）。倘若可以撇开对新儒家的政治偏见——一种纯粹现代的政治偏见，我们将会看到，新儒家的政治想象及其实践，其实远比我们认为的丰富得多，而这在新儒家的乡治论传统里则有充分的展现。但牟宗三或许注定不能俯就这种低层次然而广阔深潜的天地，只要听听他是如何评价梁漱溟的就知道了："为他的乡村建设事业，自己弄成了隔离与孤立。这就是他的生命已降落而局限于一件特殊事业中。"②但正如笔者将要论证的那样，恰恰是因为"他的生命已降落而局限于一件特殊事业中"，梁漱溟才在一种完整的意义上真正继承了新儒学的传

---

① 蒋庆：《政治儒学：当代儒学的转向、特质与发展》，生活·读书·新知三联书店，2003，第1页。

② 牟宗三：《他独能生命化了孔子》，载梁培宽编《梁漱溟先生纪念文集》，中国工人出版社，1993，第212页。

统。这使被称为第一代现代新儒家的梁漱溟从根本上脱离了现代新儒家的思想框架。

二　新儒家乡治论的形成

北宋吕大均创制《吕氏乡约》，南宋朱熹予以表彰和增删，其再传弟子入元以后继续践履修行，终至明代，王阳明的《南赣乡约》、黄佐的《泰泉乡礼》、吕坤的《呻吟语》、陆世仪的《治乡三书》等，遂浸为大盛。宋明理学和心学诸儒学大家都对乡约表现了浓厚的理论兴趣。[①]

不仅如此，自张载倡言"管摄天下人心，收宗族，厚风俗，使人不忘本，须是明谱系世族与立宗子法"，要求复宗法以来，程颐、朱熹、陆九渊、王阳明等理学和心学大儒也若桴鼓相应，回响不绝。[②]特别是朱熹修订的《家礼》，对后世宗族建制及其礼仪实践，可谓影响深远广大。

正是据此，拙见以为，宋明以来的新儒学，以乡约和宗族为两大根基，构想了逐渐系统化的乡治论。其中乡约侧重地缘关系的联结，宗族偏于血缘关系的组合，但两者在实际的历史演化过程中，常常是既相互区别又相互联系，以至于形成傅衣凌最为重视的"乡族势力"[③]。朱熹及门弟子程永奇"用伊川先生宗会法以合族人，举行吕氏乡约，而凡冠婚丧祭，悉用朱氏礼，

①　相关研究可参见杨开道《中国乡约制度》，山东省乡村服务人员训练处，1937；董建辉《明清乡约：理论演进与实践发展》，厦门大学出版社，2008。

②　左云鹏：《祠堂族长族权的形成及其作用试说》，《历史研究》1964年第5～6期；邱汉生：《宋明理学与宗法思想》，《历史研究》1979年第11期；徐扬杰：《宋明以来的封建家族制度述论》，《中国社会科学》1980年第4期。

③　傅衣凌：《论乡族势力对于中国封建经济的干涉——中国封建社会长期迟滞的一个探索》，《厦门大学学报》（社会科学版）1961年第3期；《中国传统社会：多元的结构》，《中国社会经济史研究》1988年第3期。

乡族化之"①，可见一斑。

迄今为止，对宋明理学的关注多集中于其哲学思想（所谓心性之学），对乡约和宗族的研究一般是分而论之，且偏重于其制度建构。本书则在此基础之上，勾勒新儒学乡治论背后的文化理想，②探索新儒学乡治论长期实践的历史后果，企图以此深化对宋明以来的新儒学以及传统社会诸多特性的认识。

1. 乡约的缘起：《吕氏乡约》和"三代之治"

众所周知，乡约明显受到《周礼》"读法之典"的影响，但《吕氏乡约》的缘起则自有其时代背景。杨建宏看到了乡约产生的直接背景是当时人们对王安石变法的普遍不满，这是相当有见地的。③笔者想再从积极的方面来理解乡约产生的缘由，这就有必要从当时的整个政治文化氛围说起。

贬低汉唐之治，向往"三代之治"，可说是宋代以来的整体性政治文化氛围。余英时把回向三代之治视作宋代政治文化的开端："经过七八十年的酝酿，宋代不少士大夫开始在'三代'理想的号召下，提出了对文化、政治和社会进行大规模革新的要求。"④这也是王安石变法的思想背景。王安石上书宋仁宗，分析天下之乱："顾内则不能无疑社稷为忧，外则不能无惧于夷狄，天下之财力日以困穷，而风俗日以衰坏，四方有志之士，偲偲然常恐天下之久不安。此其故何也？患在不知法度故也。今朝

---

① （明）程曈辑撰《新安学系录》，王国良、张健点校，黄山书社，2006，第156页。

② 何谓文化理想？金尚理说："是谁濡染了个人？答曰：由传统所带来的由来已久的文化理想。只有文化理想才是人类灵魂的塑造者，对个人的精神生命而言，文化理想是神，而且永远是活着的神。"（金尚理：《礼宜乐和的文化理想》，巴蜀书社，2002，第3页）拙稿正是在这个意义上使用此词，它实际上已近似古人最为推崇的"道"。

③ 杨建宏：《〈吕氏乡约〉与宋代民间社会控制》，《湖南师范大学社会科学学报》2005年第5期。

④ 余英时：《朱熹的历史世界——宋代士大夫政治文化的研究》上册，生活·读书·新知三联书店，2004，第195页。

廷法严令具，无所不有，而臣以谓无法度者，何哉？方今之法度，多不合乎先王之政故也。"①王安石的变法逻辑是更改现实的法度以合乎先王之政，因为现实的法度只是习俗流延下来的，积弊已深，有法度等于无法度。这与理学家的政治逻辑其实是一样的，他们也对流俗极度不满，也是着力要恢复三代之治。张载回答宋神宗的召问时就说："为政不法三代者，终苟道也。"②

汪晖对宋明理学的研究也是从"三代之治"的视角切入的。第一，他从一种思想的内在视野来澄清宋代以来有关礼乐/制度分化的政治论述，而回向"三代之治"与礼乐/制度分化的内在视野是密切相关的：所谓"三代之治"，就是一种礼乐/制度未曾分化而合一的化境，因此，所谓回向"三代之治"，既是由此构建一种对礼乐/制度分化的现实状况的批判向度，又是不断在新的基础上追求礼乐/制度的再度合一。第二，值得注意的是，在他的具体论述里，他用"三代想象"替换了"三代之治"，这可能与他对理学家的认识有关。因为理学家虽然不断强调"三代之治"，但他们普遍认为，礼乐/制度的重新合一不是照搬三代的所有做法就可以的，③不能只是拘泥于圣人之迹，通达圣人之意才是真正的目的。这就不仅需要因时审势，更关键的是要有对天理的具体把握和深刻体认。正因如此，理、天、道、性、

① 李之亮笺注《王荆公文集笺注》上册，巴蜀书社，2005，第21页。

② （元）脱脱等：《宋史·张载传》卷427，中华书局，1977，第12723页。

③ 程颐说："居今之世，则当安今之法令；治今之世，则当酌古以处时。制度必一切更张而可为也，亦何义乎？"又说："必井田、必肉刑、必封建，而后天下可为，非圣人之达道也。善治者，放井田而行之而民不病，放封建而临之而民不劳，放肉刑而用之而民不怨，得圣人之意而不胶其迹，迹者圣人因一时之利而利焉者耳。"因此，"三代而后，有圣王者作，必四三王而立制矣。……三王之治必宜乎今之世，则四王之道也。"朱熹也说："居今之世，若欲尽除今法，行古之政，则未见其利，而徒有烦扰之弊。"（王孝鱼点校《二程集》下册，中华书局，2004，第1216～1217页；黎靖德编《朱子语类》卷108，中华书局，2004，第2682页）

心、气、命、情、欲、物等范畴都被他们纳入天理和时势的框架之中不断予以讨论，而三代之治其实就是一种三代想象（程颐并不讳言他要达到的是一种"四王之道"）：所谓"想象"，不是指责理学家的面壁虚构，而是肯定他们实质上的开创性思想，这是推崇之语，并非贬低之词。第三，他在一种长时段的历史变迁之中，梳理了三代之治的真正内涵："道学家们把封建、井田、学校看作是一种对抗性、批判性的制度构想，即封建、井田、学校是对皇权和法律扩张、商业文化发展、土地与人口的矛盾、社会流动性上升所做的批判性回应。"①此外，他还把一种有关南北问题、夷夏之辨与正统观念的"内外"想象纳入了理学家的三代之治中。这是很特别的，因为理学家念念不已的"三代之治"，一般只是列举封建、井田和学校三项，很少把"内外"问题纳入这个框架，但"内外"问题正是当时理学家持续关注的焦点，不管是针对佛老的义理之辨，还是针对少数民族政权的政治之争，抑或是针对隋唐流传下来的制度之论。我们可以说，内外问题恰恰是三代之治的边界问题，其"内"正是封建、井田、学校等一整套复古主义和正统主义，其"外"则是所辨、所论的种种对象。

《吕氏乡约》就产生于这样一个大背景之中。它的作者吕大均是张载最热烈的追随者，而张载则是三代之治最热烈的推崇者。《宋史·张载传》记叙张载回答宋神宗的召问："为政不法三代者，终苟道也。"②那么如何法三代？他说："礼非止著见于外，亦有无体之礼。盖礼之原在心，礼者圣人之成法也，除了礼天下更无道矣。欲养民当自井田始，治民则教化刑罚俱不出

---

① 汪晖：《现代中国思想的兴起》上卷第一部《理与物》，生活·读书·新知三联书店，2004，第229页。

② （元）脱脱等：《宋史》卷427，第12723页。

于礼外。……时措之宜便是礼，礼即时措时中见之事业者。"①这明显是对礼乐外在化（或称形式化）的现实批判，因此一方面要化三代之治尽归于"礼"（所谓"除了礼天下更无道矣"），另一方面是礼乐本身的内在化（所谓"礼之原在心"）。他又说过："朝廷以道学政术为二事，此正自古之可忧者。"②这是对朝廷制度的政治批判。这种现实批判和政治批判说明的正好就是礼乐/制度分化的实情，所谓三代之治（张载意义上的"礼"）就是为了矫正这种流俗的倾向。但张载（包括所有道学家）不像王安石那样幸运（其实也是不幸），可以得君行道，因此他退居乡里了。吕氏兄弟给他写的《行状》里特别提到他居乡后之所欲为："先生慨然有意三代之治，望道而欲见。……乃言曰：'纵不能行之天下，犹可验之一乡。'方与学者议古之法，共买田一方，画为数井，上不失公家之赋役，退以其私正经界，分宅里，立敛法，广储蓄，兴学校，成礼俗，救灾恤患，敦本抑末，足以推先王之遗法，明当今之可行。此皆有志未就。"③这明显是一种试验性的构想，吕氏兄弟对这种构想自然是熟悉的。时人对张载的印象也集中于此："窃谓子厚平生用心，欲率今世之人，复三代之礼者也，汉魏以下盖不足法。"④

我们再来看看吕大均和张载的关系。《宋史》载："大均从张载学，能守其师说而践履之。"⑤这在范育为吕大均写的《吕和叔墓表》里有更详细的记载："盖大学之教，不明于世者千五百年。先是，扶风张先生子厚闻而知之，而学者未之信也。君于

---

① 《张载集》，章锡琛点校，中华书局，1978，第264页。
② 《张载集》，章锡琛点校，第349页。
③ 《张载集》，章锡琛点校，第384页。
④ 此为司马光的话，见《司马光论谥书》，转引自《张载集》，章锡琛点校，第387页。
⑤ （元）脱脱等：《宋史》卷340，第10847页。

先生为同年友，一言而契，往执弟子礼问焉。……君乃信己不疑，设其义，陈其数，倡而行之，将以抗横流，继绝学，毅然不恤人之非间己也，虽先生亦叹其勇为不可及。"①可见吕大均不但能信服张载的学说，而且个性刚烈，勇于进取。时人对他的这个特点印象很深刻，程颐就说他"气质之劲，勇于行也"②，以至于被人比作孔门弟子子路："君为人质厚刚正，以圣门事业为己任。所知信而力可及，则身遂行之，不复疑畏，故识者方之季路。"③这也是只有他敢于力行乡约的原因。而吕大均对三代之治的信念甚至都推到治理边郡的方略上去了："窃尝求三代之法宜于今日而推行之，乃知圣人封建之深意，不独尚德专治吾民而已，其御边之要，微妙深远，固在术内，殆非众人之智所可及已。"④

我们大致可以推想，吕大均倡行乡约，基本上就是想把张载"有志未就"的试验性构想推行下去。在目前留存的《乡约》及《乡仪》里，"成礼俗，救灾恤患"等三代之礼，都已略具规模；但封建、井田、学校等名目，则还没有细致的规定。这有两个原因：一个是吕大均倡行乡约的时间很短，我们不能设想这样一种开创性的制度构想从其初始就得很完备；另一个则是他倡行乡约受到的外在压力很大，我们完全可以设想这样一种开创性的制度构想将受到怎样的非议。吕大均答复他在朝中做宰相的二哥时说："乡约止是量议损益，劝率其不修者耳。汉之党事，去年李纯之有书已尝言及，寻有书辨其不相似。今录本

①　朱杰人等主编《朱子全书》第十二册《伊洛渊源录》，上海古籍出版社、安徽教育出版社，2002，第1031页。

②　王孝鱼点校《二程集》，第1217页。

③　朱杰人等主编《朱子全书》第十二册《伊洛渊源录》，第1029页。

④　陈俊民辑校《蓝田吕氏遗著辑校》，中华书局，1993，第595页。

上呈。党事之祸,皆当时诸人自取之,非独宦者之罪。不务实行,一罪也;妄相称党,傲公卿,二罪也;与宦者相疾如仇,三罪也;其得用者,遂欲诛戮宦者,四罪也。不知乡约有何事近之?"[1]这基本上是对乡约非政治性的自我宣告:乡约不过是德行相励的私自进修而已,并非拿节操风骨作为互相标榜的名目来激烈反对黑暗政治,后者才是汉代党祸咎由自取的缘由,乡约并不打算干涉实际政治,政治有什么必要来反对乡约呢?

我们应该恰如其分地来理解这种非政治性的自我辩解,即作为一种开创性的制度构想,这种非政治性是免于非议的最好的护身符。事实上,当后来乡约盛行于世的时候,流俗世界不再惊讶了,这种护身符也就自然而然脱落了。而后来的有识者往往也能认识到蓝田吕氏和三代之治的内在联系:"三五既降,王泽而竭于上也,学士大夫乃或退而修乡社之政,如蓝田吕氏、关中横渠氏,不难讲求先王之意,以联属其乡之人,几几焉十一而仿佛之,亦已示人以不广矣。何者?谓其私而难继也。一日得贤守宰倡率于上,导我皇仁,而吾侪乃相率以终事之,宛然上下同井气象,虽谓一时之三代可已。"[2]这是刘宗周对张载和吕大均以不在上位的处士身份而倡行三代乡约政治的批评,但也确实说明了关中张氏和蓝田吕氏的真正意旨。

2.三代之治与礼乐复兴运动

新儒学的乡治论绝非为乡曲之士而设,也绝不是要求士人仅仅局限于一乡一家之事。陆世仪说:"天下不可不以三代之治治也。不特天下为然,即郡邑且然矣。以三代之治治天下,其要在于封建;以三代之治治一邑,其要在于画乡。乡者,王化

---

① 陈俊民辑校《蓝田吕氏遗著辑校》,第568页。
② 吴光主编《刘宗周全集》第四册《文编下》,浙江古籍出版社,2007,第393页。

之所由基也。"① 如果说，贬低汉唐之治，向往三代之治，是宋代以后新儒学推动形成的整体性政治文化氛围，其影响之大，以至于到了晚清，冯桂芬"采西学"也是"要以不畔于三代圣人之法为宗旨";② 那么，乡治论则是在郡县范围内恢复三代之治的关键所在，也是在天下范围内恢复三代之治的基础途径。

所谓三代之治，是用内外体制上的封建取代郡县，用教育择人上的学校取代科举，用税法田制上的井田取代均田。③ 这当然是一种复古主义。但宋明儒者并非食古不化的"花岗岩脑袋"，而是深知时势自有其存在的合理性，相信天理寓于时势之中："三代而后，有圣王者作，必四三王而立制矣。……三王之治以宜乎今之世，则四王之道也。"④ 复古主义的表象之下是清醒的时势主义：对三代之治的真诚探索，必须依据对天道的演化以及对世事、制度乃至人情变迁的深刻洞见。几乎没有一个儒者，会疯狂到利用政权力量，真的依据三代之治在国家体制上进行大刀阔斧的刻板改革。毋宁相反，随着君主权力的日渐强大，他们除了依据天理人心不断批判郡县、科举和现行田制的流弊，在国家体制上的政治作为已基本处于停滞状态，有时甚至刻意处于远离状态（比如泰州学派）。

天下范围内的三代之治是可望而不可即的，但郡县范围内的三代之治却是可攻可守的。作为"王化之所由基也"的乡治论，把教育系统（社学、族学、塾学、义学等）、保障系统（族田、祠田、学田、义庄、社仓等）、治安系统（保甲）和宗教系

---

① 陆世仪:《治乡三约》,《丛书集成三编》第21册,（台北）新文丰出版公司,1997,第561页。

② 冯桂芬:《校邠庐抗议·自序》,上海书店出版社,2002,第2页。

③ 汪晖:《现代中国思想的兴起》上卷第一部《理与物》,第214页。

④ 王孝鱼点校《二程集》下册,第1217页。

统（祭乡社）以及其他公共设施建设（诸如水利、桥梁等），都纳入自我义务或基本任务之中，已经成为一种功能最大化的乡政体系，因为它把治民（封建·保甲）、养民（井田·社仓）、教民（学校·社学）共治一炉，用现代的术语说，这是一种把政治、经济、教育都囊括无遗的综合性乡治体系。

不仅如此，新儒学还有一种更深刻的内在视野。欧阳修说："由三代而上，治出于一，而礼乐达于天下；由三代而下，治出于二，而礼乐为虚名。"①在他们看来，三代之治是一种礼乐/制度未曾分化而合一的化境，三代而下的"礼崩乐坏"，不仅仅像我们常识中的理解那样，只是一种礼乐的僭越或者废弃，在更根本的意义上，它表达的是这样一种深刻的指责，即原初可通天人、能感受到神圣性的礼乐实践竟变成了一种疏离化的形式敷衍；因此，所谓回向三代之治的真正内涵，既是由此构成对礼乐/制度分化的现实状况的批判，又是不断在新的基础上追求礼乐/制度的再度合一。

就其"带着前所未有的使命感和学派意识，专注于传统礼乐文化遗产的整理和发掘"②而言，他们的确是孔子及其原始儒学的真正传人，但他们面临的问题及其解决之道却都发生了变化。王安石曾感慨道："呜呼，礼乐之意不传久矣！天下之言养生修性，归于浮屠、老子而已。浮屠、老子之说行，而天下为礼乐者，独以顺流俗而已。"③魏晋玄学一度崛起，隋唐佛学广布天下，二者不仅长期攻击儒学实践的僵化、虚伪、腐败和堕落，而且以其超脱之教义不断虚无化儒学的人伦精神。吕大临反驳

① （宋）欧阳修、宋祁：《新唐书》卷十一《礼乐志》，中华书局，1975，第307页。

② 张富祥：《从王官文化到儒家学说——关于儒家起源问题的推索和思考》，《孔子研究》1997年第1期。

③ 李之亮笺注《王荆公文集笺注》，巴蜀书社，2005，第1037页。

说："不明人伦，则性命之旨无所措；不本性命，则理义之文无所出。孔子之言'性与天道'，合天人，兼本末，妙道精义常存乎父子、君臣、夫妇、朋友之间，不远乎交际酬酢洒扫应对之末。非如异端之学，绝伦离类，造乎难行难知之域。"①事实上，宋代以来的新儒学有关道、德、天、性、命、理、气、本、末的探讨，无论内部存在多少分歧和异议，以至于因此形成流派相互辩难，但在论证天地和人伦的实存性以及礼乐本身的存在性和精神性这一点上，他们是基本一致的。

他们也普遍反感流俗在礼仪实践中的形式主义和空洞虚浮，试图通过开启礼乐本身的超越性和内在性来唤醒实践者的神圣感。所谓超越性，指礼乐的制作乃是根源于天道性命的精义而来的；所谓内在性，则指真正的礼乐在其仪式之中具备一种可供感化的实质意义，它对践履者的要求仅仅是正心诚意和默识心通。他们认为，儒家之道是一种形而上和形而下的融合，一种中正庸常的超凡入圣之道，只要基于内在心性的自我修养，在日常的礼仪实践和人伦交际之中，就可以体验到天理性命精微的美妙意味："性命孝弟，只是一统底事，就孝弟中便可尽性命。至如洒扫应对与尽性至命，亦是一统底事，无有本末，无有精粗，却被后来人言性命者别作一般高远说。"②类似的话，程颐说过多次："形而上者，存于洒扫应对之间，理无小大故也。""道无本末精粗之别，洒扫应对，形而上者在焉。"③由此可知，新儒学的礼乐复兴运动，上通天道、天命和天理，护持住了礼乐秩序的实存性、精神性和神圣感，下连洒扫应对

---

① （宋）吕大临：《蓝田语要》，载陈俊民辑校《蓝田吕氏遗著辑校》，中华书局，1993，第561页。
② 王孝鱼点校《二程集》上册，第225页。
③ 王孝鱼点校《二程集》下册，第1175、1257页。

之一切细微之事，又不避讳礼乐秩序的庸常性、平凡处和日用感。

与此同时，他们的礼乐复兴运动虽以三代之治为标的，却处处强调对时势的变通："时措之宜便是礼，礼即时措时中见之事业者，非礼之礼，非义之义，但非时中者皆是也。"[1]因此，尽管他们普遍对古代世家大族流露出追慕之情，但他们并不想要回到身份固定和等级森严的周代封建制或魏晋以来的门阀士族制，他们基本认可身份流动的合法性和合理性，甚至推动祠堂建制从原先的等级化转为后来的庶民化，这也为全国各地的祠田和祭礼从佛寺道观转向儒家化开辟了道路。事实上，诚如元代陈栎编撰《新安大族志》，虽在模仿唐代《贞观氏族志》，却并非为政府选官而留谱牒，而是记载徽州本地的家族关系，也无论士庶之别，[2]可见一斑。

在新儒家的构想中，乡治论不仅仅作为一套制度具备功能的效率性，他们在对天道性命的探讨中，通过据理义、因时势、定礼仪、严分守、行教化、和民情的各种努力，意图达到一种秩序井然与其乐融融的太平气象。他们希望把民众引入一套充满意义的礼乐秩序之内，陶冶人情，升华人性。在一定意义上，他们是要把古代的一整套礼乐秩序在删改之后推向乡村。正是这套他们不断加以论证和改造的礼乐秩序，赋予了乡治论一种内在的意义属性。它的目的是一种真正的礼乐共同体，既探寻在新的历史条件之下如何构造封建、井田、学校等三代之法，作为恢复三代之治的一级起步的台阶；本身也将提供一片带有神圣性的意义境域，使处身其中的人内生一种自我归属感。常

---

[1] 《张载集·经学理窟》，中华书局，1978，第264页。

[2] 宋汉理：《〈新安大族志〉与中国士绅阶层的发展（800—1600年）》，《中国社会经济史研究》1982年第3期。

言道，"落叶归根"，传统中国人多有回归乡土的内在需求，实际上正是这种文化理想长期濡染所致。

3.儒化中国和封建社会

新儒学的这种文化理想一千多年来都在濡染着缙绅士大夫和士农工商四民阶层。它尤其鼓励、激发和带动士人阶层的政治意识。他们认为以天下为己任、达者兼济天下是分内之事，认为："圣人经世之功，不以时位为轻重。今虽匹夫之贱，不得行道济时，但各随地位为之，亦自随分而成功业。苟得移风易俗，化及一乡一邑，虽成功不多，却原是圣贤经世家法，原是天地生物之心。"①打破国家官僚体制对地方政治事务的垄断权力，是新儒学乡治论以天下为己任的根本体现和内在要义。新儒学的心性论和乡治论是相互密切结合的产物：心性之学作为成德之教是这种新政治意识的内圣基础，而乡治之学则为这种新政治意识提供了具体而微的外王场域。

而自唐宋转型以来，历史也恰好为新儒学的这种文化理想提供了长期持续且能动的主体力量。北宋以来，在政治上，以九品中正制为基础的社会结构被新一轮的皇帝专权、中央集权和郡县制所取代，而科举制度的正规化及其取士的扩大化更是从根本上消解了贵族阶层的政治权力。②南宋以后，士绅阶层出现了长期的地方化、基层化和民间化趋势。在元代，由于元政权的歧视性法制和科举取士的时间短、规模小、录取人数少，士绅阶层大多沉滞于地方基层社会中，推动理学的传播。到了明代，在籍官员、致仕回乡的缙绅以及官学体制内生员的大幅

---

① （明）王一庵：《会语续集》，载《王心斋全集》，陈祝生等校点，江苏教育出版社，2001，第186页。

② 参见内藤湖南《概括的唐宋时代观》及宫崎市定《东洋的近世》，载《日本学者研究中国史论著选译》第一卷，中华书局，1992，第10～18、153～241页。

增多，导致士绅异常活跃，空前崛起。尽管清初统治者一度力图控制生员的政治意识，不断打击士绅，[①]但士绅主导的基层社会自治化仍是主流，至晚清因团练而军事化，因捐纳而商人化，因新政而现代化，绅权处于持续扩张的趋势之中。

正是借此，道以濡人，人能弘道，交互作用，千年以来，影响深远。

第一，扭转魏晋以来佛教扩张的趋势，继续和深入推进儒化中国的大业。

所谓"佛教征服中国"自是过甚其词，但佛教在中土的扩张趋势，魏晋以来，确是数百年不变。宋代以后，新儒学崛起，在学术思想和组织规制上吸纳佛教要素，在主体意识上则予以排斥和打击，通过乡治论的推动和实践，在社会生活层次面向基层大众逐渐形成长期的儒化趋势。这种儒化中国的趋势，基本是汉族士人主导的历史大业；它并未、不能也无意彻底改变民间宗教的多样化形态以及边疆少数民族的宗教信仰。中国的宗教态势总体上处于一种和而不同、异彩纷呈的格局之中。相比于西域地区伊斯兰教与佛教的激烈冲突，乃至相比于欧洲的宗教屠杀，千年以来的儒化大业却基本是一个和平、包容与共存的局面。不管怎么说，在近世几百年东亚宗教格局的大动荡和大转变时期，正是新儒学及其乡治论实践，为中国守住了儒家的基本地盘，且影响及于朝鲜、日本和越南。

第二，"寓封建于郡县"：封建社会的再形成。

从国家体制上来说，秦汉大一统以来，中央集权下的郡县流官制是趋势和主流，尽管中古有魏晋南北朝的门阀士族制，但自

---

① 范金民：《鼎革与变迁：明清之际江南士人行为方式的转向》，《清华大学学报》（哲学社会科学版）2010年第2期。

唐宋转型以来，世家大族逐渐销声匿迹，封建势力多遗留于少数民族的土司制内，在承平时代对国家体制很难再有大的影响了。就此而言，宋代以下的中国的确不是"封建社会"。

但是，新儒学孜孜以求的是，天下范围内的三代之治虽不可复，郡县范围内的三代之治却仍可复。他们无法改变国家大一统格局下的郡县体制，却通过乡治论的普遍实践，力求达到"寓封建于郡县"。所谓"寓封建之意于郡县之中"①，就其本义而言，既是对郡县体制的基本认可，也是局限于郡县体制之内，以改变"官无封建而吏有封建"的流弊，期待赋予亲民之州县官以封建权力，这种设想并无实现可能，实现之机，则多为割据之乱世；但是，通观宋元明清千年历史，中央集权往往造成"郡县空虚"②，地方政府因丧失财政自主权，行政职能趋于萎缩，社会控制权下移，客观上就会促成乡绅主导的基层社会自治化，③而士绅阶层本来在主观上就深受新儒学乡治论的文化熏陶，具有恢复封建的内在动力，事实上也造成了郡县之下地方社会封建乡族势力的广泛存在。

从国家治理的角度而言，封建社会的再形成，可以解释古代中国何以长期存在"无为政治"（梁漱溟的判断）和"双轨政治"（费孝通的用语）。所谓"无为政治"，是说官民之间实际的事务只有纳粮和涉讼，国家的政治追求以不干涉人民生活为主，梁漱溟曾反复引征吕坤之言来说明这一点："为政之道，以不扰

① （清）顾炎武：《顾亭林诗文集》，中华书局，1959，第12页。
② 罗志田：《地方的近世史："郡县空虚"时代的礼下庶人与乡里社会》，《近代史研究》2015年第5期。
③ 郑振满：《明后期福建地方行政的演变——兼论明中叶的财政改革》，《中国史研究》1998年第1期。

为安，以不取为与，以不害为利，以行所无事为兴废起敝。"①
所谓"双轨政治"，意指郡县体制是国家主导的，而郡县以下则
是乡族势力的封建自主，虽无"地方自治"之名，却有"地方
自治"之实。国家主导的郡县体制，以中国之大，官僚人数相
对于人口总数可谓稀少，以至于西方学者对比欧洲民族国家的
土地狭而官僚众，常常惊讶于偌大帝国何以凭如此少的官僚人
数就能管理。就此而言，中央集权的国家总体上是一种"弱国
家"的存在形态，近代以来流行的所谓"东方（中国）专制论"
需要首先考虑这一基本事实。其实，朝廷也总是力图控制人口
和田地的实际情况，但中国广土众民，加之人口迁徙和田地买
卖的频繁，国家日益无能管制，诚如陆世仪所言："凡户口丁田
册籍，最为难定，非县官坐于堂上，耆正吏胥奔走于堂下，便
可支吾办事也。"②因此，王朝前期经过调查编制的户口丁田册
籍，到中后期基本就沦为与实际情况相差甚远的固定赋役数字，
且只能依赖乡绅阶层及乡族势力的配合，才能完成基本的赋役
征收工作。而郡县国家和封建社会的密切合作根源于此，龃龉、
矛盾和冲突也往往生于此。

从基层社会的发展来看，封建社会的再形成，既是新儒学
反复强调和追求"化民成俗"的结果，也是被梁漱溟称为"伦
理本位"的具体体现。在生产机制上，封建社会可回应一家一
户小农经济的公共需求；在生活机制上，封建社会也能为乡民
族众提供一定的社会保障。古代许多地方的桥、路和水利设施，
多是乡绅阶层及乡族势力领导倡修的。无论是乡约抑或是宗族，

梁漱溟与现代儒家激进主义的兴起

---

① 《吕坤全集》，王国轩、王秀梅整理，中华书局，2008，第814页；梁漱溟：《乡村建设理论》，载《梁漱溟全集》第二卷，第177页；《中国文化要义》，载《梁漱溟全集》第三卷，第158页。

② 陆世仪：《思辨录辑要》卷16，上海商务印书馆，1936，第159页。

它们的有效运作，除了依赖儒家的道德训诫和严肃的礼仪秩序，还得依靠乡族之间的共有财产（祠产、族产、学田、社仓等），将其用于度荒救灾，分润周济废疾孤老，以助嫁娶丧葬和兴学应举之费，有的地方甚至还常借作经商的本钱（比如徽商的宗族习惯）。这当然不能解决社会的财富不均，却能有效缓解阶级分化的状况，使得多数乡民族众（包括穷人和女人）对乡族组织，即使明知其中存在上下等级，却仍然认同这一秩序。就此而言，宋以后逐渐形成的中国基层封建社会，并不是确立了严格固定的身份等级秩序，而是建构了一套制度机制，鼓励和支持有才能的田舍郎或者读书科举，或者经商发财，并且为他们在遭受打击而失意之后预留退路，同时无疑也期待他们在成功之后以各种方式反哺乡族，促进封建社会的机制延续和人才的再生产。

但我们也不能过于理想化地看待封建社会的实际存在，还要注意到封建社会的衰败形式和恶化形式。所谓封建社会的衰败形式，是说徒有口头上的儒家道德训诫，却无能力和意愿组织乡民族众，反而放任人民流离失所和哀号无依，以致游民滋生，寇盗四起，纲纪解纽，秩序溃裂；所谓封建社会的恶化形式，意指深受理学浸润的地方，礼法森严，乡绅阶层豪强化，乡族势力恶性膨胀，以致以理杀人，伤生害理，武断乡里，欺行霸市，宗族械斗，抗交粮税。封建社会的衰败存在，说明儒学在政治上的效用自有边界，儒家往往也会重新调整策略，以提振人心，收拾秩序；封建社会的恶化存在，却反映了新儒学乡治论的内在矛盾，这引发了明末以来不少缙绅士大夫的深刻反思，也构成了新文化运动及国民革命的批判前提。

近代以来，封建社会难以为继，则是衰败和恶化的双重结果。就衰败而言，科举制废除导致乡绅阶层的断裂，新文化运动对儒家传统的激烈攻击，以及帝国主义主导的资本主义城市文明对乡村的长期摧残；就恶化而言，晚清新政构成绅权体制化扩展的制度化基础，使得传统士绅阶层因占据各项地方资源而异化为"权绅"①，及至成为相互之间混战不休的"军绅政权"的统治支柱。②但根本说来，还是因为封建社会难以见容于现代性的统治冲动。现代民族国家的实质目标是，在主权边界的明确范围内，通过全面垄断合法性暴力，对土地、人口和资源进行周密调查、统计与监控，达致国家行政力量对社会的深度渗透、控制和动员。③这是一种前所未有的大变局和新时势，在战争和革命的血火征程之中得到长期锻造，彻底打破了传统中国那种"不像国家的国家"的局面，④也决定了现代儒家对中国命运和儒家命运的思考，都必须置于这一根本前提之下。而20世纪20年代梁漱溟及其村治学派同人，之所以要走向乡村，一个重要的原因，恰恰是想在这一根本前提下重新思考中国命运和儒家命运。

三　梁漱溟对新儒家乡治论的继承与推进

1.礼乐复兴运动与政治路线的新抉择

我们很容易把梁漱溟的乡村建设拿来和乡约比较，就连梁漱溟自己也说："我们做的村学这件事情，实在是新乡约。"⑤他公开承认他的乡村组织是补充改造乡约的结果："大体上是采用乡约——不过此处所谓乡约，非明、清两代政府用政治力量来

---

① 王先民：《士绅阶层与晚清"民变"——绅民冲突的历史趋向与时代成因》，《近代史研究》2008年第1期。

② 陈志让：《军绅政权——近代中国的军阀时期》，生活·读书·新知三联书店，1980。

③ 〔英〕安东尼·吉登斯：《民族国家与暴力》，生活·读书·新知三联书店，2000。

④ 梁漱溟：《乡村建设理论》，载《梁漱溟全集》第二卷，第179页。

⑤ 梁漱溟：《村学的做法》，载《梁漱溟全集》第五卷，第737页。

提倡的那个乡约，而是指着当初在宋朝时候，最初由乡村人自己发动的那个乡约。"①梁漱溟基本否定了作为历史的乡约，而直指作为理念的乡约。但是在此，我们有必要注意两点：第一，不能单看他对某个具体乡约的吸收与采用，更要追问他为什么要去吸收与采用乡约；第二，他对乡约的历史有自己的看法，但他的看法未必切合乡约的历史本身，因为他对乡约的看法意味着他对乡村建设的选择和取向，所以我们更要追问他为什么有这种选择和取向。在某种意义上，第一点是追问梁漱溟究竟继承了新儒家乡治论中的哪些传统，第二点是追问他试图将新儒家乡治论推向何方。

我们可以把梁漱溟称为新儒家乡治论的传人，因为他通过乡约这种形式看到了新儒家对礼乐共同体的追求，他之吸收和采用约，正是要将这种追求自觉承担起来："古时儒家彻见及此，而深悯生民之祸，乃苦心孤诣，努力一伟大运动，想将宗教化为礼，将法律、制度化为礼，将政治（包含军事、外交、内政）化为礼，乃至人生的一切公私生活悉化为礼。"②现代新儒家也未必看不到礼乐对于儒家的重要性，但在新文化运动的锋芒之下，儒教即孔教、孔教即名教、名教即礼教、礼教即专制护符和等级护法的等式大受批判。因此，为儒家和孔子辩护的最好办法只能是将孔子思想和儒家精神从制度化的儒教中剥离开来。梁漱溟则认为，被新文化运动所批判的孔教不过是孔子的一些呆板训条罢了，而"礼乐是孔教惟一重要的作法，礼乐一亡，就没有孔教了"③。中国之所以不像西方和印度那样特别重视宗教，就因为从周孔以来，用礼乐教化取代了宗教。"礼乐在

① 梁漱溟：《乡村建设理论》，《梁漱溟全集》第二卷，第320页。
② 梁漱溟：《乡村建设理论》，《梁漱溟全集》第二卷，第183页。
③ 梁漱溟：《东西文化及其哲学》，《梁漱溟全集》第一卷，第467页。

未来文化中之重要是我敢断言的"①，所谓中国文化的复兴正是礼乐的再次复兴，而乡村建设即礼乐复兴运动的现代道路。但作为新儒家礼乐论斗争目标的，主要是释老学派的性命论与儒家内部的制度论，而梁漱溟的礼乐论与之论争的对象，则变成了科学世界观中的理智主义与法治论。

梁漱溟最倾向于儒家那条隐微的政治主义路线，并将其推到了逻辑极致，以至于儒家传统中的两种互补的政治主义发生了某种程度的断裂。这说明梁漱溟与其他现代新儒家一样，基本承认新文化运动对历史上儒家制度化的尖锐批判。他们的这种承认是以两种事实作为历史前提的：第一，伴随晚清的各种改革特别是清末新政以至于辛亥革命，制度化儒家已经遭到一系列的自我解体；②第二，民国以后，康有为的孔教国教化、袁世凯的帝制自为、张勋的复辟乃至一般军阀的挂名孔孟，在某种意义上都被理解为儒家试图借尸还魂，这对儒家声誉的损伤远远大于新文化运动的正面攻击。③只有在这两个历史前提下，我们才能明白牟宗三为什么会流露这样的想法："与政治划开，如普通宗教然，亦未尝不可。此或更可使儒家不与政治纠缠于一起，不随时代为浮沉，而只以个人之成德为人类开光明之门，以保持其永恒独立之意义。"④将个人成德之教与政治对立起来，认为前者具备永恒的独立自足的内在意义，而后者不过是污秽

① 梁漱溟：《东西文化及其哲学》，载《梁漱溟全集》第一卷，第502页。

② 参见干春松《制度化儒家及其解体》，中国人民大学出版社，2012，第144~293页。

③ 杜维明说："对儒学公共形象的最严重损害，并非来自自由主义者、无政府主义者、社会主义者或其他西化论者所组织的正面攻击，而是来自极右翼，尤其是利用儒家伦理巩固统治的军阀以及同流合污的传统主义者。"杜维明：《道学政——论儒家知识分子》，上海人民出版社，2000，第158页。

④ 牟宗三：《心体与性体》（第一册），《牟宗三全集》第五卷，（台北）联经出版事业公司，2003，第7页。

肮脏的场所，只能依赖外在价值诱惑人们陷入利害机制的旋转之中，这种看法其实已经脱离了儒家的基本轨道。在先秦，恰恰只有针对儒家的道家特别是庄子及其后学集中表述了这种内/外、德性/政治的二元对立；①魏晋玄学则借用这种区分大肆攻击儒学制度化的虚伪。新儒家通过礼乐论的重新论证试图达到一种融合并存、不可分割的格局：针对释老学派，他们强调礼乐政治的实存性；针对皇帝、士大夫，他们强调道学内在于政事的重要性。②然而到了现代新儒家特别是牟宗三这里，自命为儒家的传人其实已经基本走向了老庄道家和魏晋玄学。

梁漱溟的独特性则在于，他将新儒家的逻辑推到了极致，却未丧失儒学的基本底线。他为政治本身保留了必要的思想地基，没有把政治作为整体性的外在之物定性为毫无内在意义的机制，相反，他仍然借用儒家分辨政治本身的内在传统，通过指责一种政治来唤醒另一种政治。他认为，必须保持对行政主义政治路线的警惕，因为它只是一种机械存在，而且其机械性是难以避免的，我们需要处理好与它的关系，但绝不能以它为

---

① 《庄子·让王篇》曰："道之真以治身，其绪余以为国家，其土苴以治天下。"这话听起来很像"良知坎陷"说的古代版本，只是庄子的表述显得从容、大方、自信，而现代新儒家则似乎充满了不得已的焦虑感。这可能是因为，对于庄子而言，天下之事无可扰心，"之人也，之德也，将旁礴万物以为一，世蕲乎乱，孰弊弊焉以天下为事"（《逍遥游》）；而现代新儒家则忘怀不了天下国家，"知识"也好，"民主"也罢，虽然都没有内在自足的德性价值，却是有效和有用之物，是中国争存立争天下的必备利器和政道。

② 张载说："朝廷以道学政术为二事，此正自古之可忧者。……大都君相以父母天下为王道，不能推父母之心于百姓，谓之王道可乎？所谓父母之心，非徒见于言，必须视四海之民如己之子。……帝王之道不必改途而成，学与政不殊心而得矣。"钱穆也认为："宋儒则要超越唐人，恢复三代。此非只是历史上之复古，乃是一种功利与心性之融成一片，即世出世之融成一片，亦即是儒释融成一片之一种理想境界。"（《张载集·答范巽之书》，第349页；钱穆：《中国学术思想史论丛》卷五，安徽教育出版社，2004，第9页）

主而受制于它，这样将无法超脱机械政治的腐化效应。梁漱溟常常将自己的取向溯源到泰州学派，在一定意义上，这种溯源是对的，因为梁漱溟与泰州学派都热心于将儒家的那条隐微政治路线带到广阔的社会生活场域中。泰州学派最多劝人退出行政主义的政治路线，他们没有发展那种针对国家政治的严厉批评，而梁漱溟则将对行政主义政治路线的批评升级成了一种思想原则，即真正的心性论者必须保持与国家政治的距离，而且这种距离保持绝非一种权宜之计，乃是心性论自我发扬的必要前提。这也是为什么他要强调乡村建设的源头是《吕氏乡约》，而不是后世被政府推行的乡约，甚至要论证朱熹、王阳明、吕坤等人只是作为学者而不是作为行政长官在那里推行乡约："用官府的力量就是强制，强制则使乡约成为假的，落于官样文章，而真义已失。……朱子、王阳明、吕新吾三先生之实行乡约不算政府真成功。因为他们是以自己的人格，领导着他们的朋友，与他们的僚属，以自己的人格感化启发乡村人的向善之意，如此才能有点成功。"[1]

2. 国家形态及政治的转型：从帝国的无为到国家的有为

梁漱溟曾反复引征吕坤的一段话："为政之道，以不扰为安，以不取为与，以不害为利，以行所无事为兴废起敝。"[2]他的目的在于说明，古代中国实行的不是阶级统治。皇帝高高在上，只能依赖流动性很强的官吏阶层来管理百姓，可是官民之间，实际的事务只有纳粮和涉讼，因此，"政简刑清"是古代中国政治的理想境界。梁漱溟的这个看法后来在费孝通那里得到了响应。

---

[1]　梁漱溟：《乡村建设理论》，《梁漱溟全集》第二卷，第335页。

[2]　梁漱溟：《乡村建设理论》，《梁漱溟全集》第二卷，第177页；梁漱溟：《中国文化要义》，《梁漱溟全集》第三卷，第158页。

费孝通也认为孔孟老庄合作努力达到的理想政治是软禁皇权。[1]吴晗不认为历史上的皇权真被软禁了，他认为恰恰相反，理论上尊君是主流，制度上对皇权的约束基本是无效的，可以说皇权是不存在防线的。[2]这提醒我们注意两点。第一，作为理念的无为政治与历史是有距离的。其实，先秦以黄老学派和法家为代表，无为政治与尊君两者并不构成冲突的关系，无为政治恰好是尊君的最佳策略。宋代以来，所谓的平民社会反而很难形成势力来阻止君权的集中，结果是"君权的绝对化遂愈演愈烈"[3]。但我们不能忽视无为政治作为一种理念的内在批判性，也就是说，无为政治作为一种理念，在古代即使不能完全成为一个描述性的词语，也是一个充满活力的关键概念。第二，梁漱溟与费孝通的侧重点并不一致。费孝通是在皇权/绅权的比较框架中来看待无为政治的，他把无为政治作为政治治理的规范形态；而在梁漱溟那里，无为政治囊括了皇帝/官吏/民众三个向度，他要说明的是国家本身的形态："此不要政治的政治，实源于其不像国家的国家。"[4]理解政治治理形态的无为政治可以悬置国家形态的问题，但要理解国家本身形态的无为政治，则必须借助于另外的国家形态，这样才能明白梁漱溟到底要说什么。

作为一种国家形态，古代中国没有严格的内外界限，不重视国防，甚至缺乏"国家"观念，只有空泛的天下观念，"不是国家至上，不是种族至上，而是文化至上；于国家种族，仿佛皆不存彼我之见，而独于文化定其取舍"[5]，因此，这是一个

---

① 费孝通：《论绅士》，《皇权与绅权》，上海观察社，1948，第6页。

② 吴晗：《论皇权》，《皇权与绅权》，第39~47页。

③ 余英时：《中国思想传统的现代诠释》，江苏人民出版社，2004，第85页。

④ 梁漱溟：《乡村建设理论》，《梁漱溟全集》第二卷，第179页。

⑤ 梁漱溟：《中国文化要义》，《梁漱溟全集》第三卷，第162页。

"不像国家的国家"。这种"不像国家的国家",就是现在通称的"帝国"。帝国的特征及优劣,其实都是根据一种新的政治视角归纳出来的,即现代世界体系中的民族－国家形态。尽管梁漱溟坚持声称,无为政治并不是源于黄老哲学,而是源于帝国的政治实情,但是,中国上下几千年,其间的历史复杂性绝非一种历史哲学(《中国文化要义》以解剖中国的社会结构为职志,但明显是一种历史哲学的方式)所能囊括得了的。不过,我们与其去责备梁漱溟的历史哲学没有用丰富的史料来展示历史的复杂性,倒不如去追问他为什么会形成这样一种历史哲学,是什么深深地刺激了他。帝国的无为实质是国家的有为所反射出来的特性,而后者正是中国转型的过程,既作为压力,也作为动力。

沃勒斯坦提醒我们,资本主义世界体系在欧洲诞生的时候,主要是作为一个经济实体,而不是一个政治实体,这既是现代世界体系不同于此前世界帝国的特点,也是资本主义能够一直兴旺的根本原因。[1]世界帝国常常能够形成压抑资本主义无限制扩张的意志与力量,但分裂的国家形态(无论是绝对主义国家还是民族国家),却为资本主义提供了腾转挪移的空间。一方面,资本主义以世界经济体为活动舞台,形成一个有三层等级区域(中心、边缘和半边缘)的劳动分工结构,并且因为原料和市场的需求而不断向外扩张;另一方面,资本主义既诱惑又怂恿分裂的国家陷入激烈的竞争,使之成为跌落的失败者或荣耀的胜利者,这种竞争是没有止境的。现代世界体系就是这样一幅资本永恒逐利和国家间持续斗争并且相互纠葛的图景。

---

[1] 〔美〕伊曼纽尔·沃勒斯坦:《现代世界体系》第一卷,尤来寅等译,高等教育出版社,1998,第12、462页。

19世纪以后，中国作为原来的外部区域被卷入，成为资本主义世界体系的边缘区域。这既让一批先识者感到了亡国的巨大压力，[①]也让他们逐渐领悟到那种势不可当的资本和国家相互推动的逻辑力量。他们认识到中国不再是天下体系的中央，而只是万国之中的一个国家，并且是一个弱国，帝国主义虎视眈眈，欲对中国生吞活剥。此时，现代中国的自我意识苏醒了。康有为说得好："夫当今大地既通，万国环逼，新法日出，其不能复用元明一统之旧法甚明。"[②]技术、器艺、商业、工业、交通、矿务、新军、警察、学校等建设事业，作为富强的一连串要素成为现代国家的必然任务。

但这样的现代国家，对于传统帝国来说，并非一种既成之物，恰恰相反，需要改革原有体制方有可能。此处所谓"原有体制"，绝不仅仅指军事、政治、经济与法律制度，而且指向全面性的社会体系乃至纵深的意识形态结构。王造时在分析中国问题的时候，就把中国社会的各种历史背景，如家庭制度、地方主义、国民心理、社会标准、阶级背景、教育制度、语言文字，都视作不利于"国家观念"形成的保守因素。[③]比之古代天下体系中的帝国观念，强大的权力特征是这种纯粹现代的"国家观念"的本质属性。现代史的"建国运动"就是以这种强大的国家权力为实质性目标的。汪晖说："鸦片战争以来的所有

---

① 廖仲恺说："盖古代之武力侵略为外表的、虚荣的，除为军事上或政事上不能不举行侵略外，鲜有欲使被压迫者在经济上沦为永远奴隶，或竟欲夷其种族者。"现代资本主义的扩张，其野蛮形态是直接灭族，当野蛮形态无以为继或者不能普遍化的时候，其高明的方式则是借助军事和政治的外在压力（未必采取过于显露的侵略和占领方式，因为后一方式的维护成本极高），但通过彻底改造社会经济结构和一种跨国的劳动分工方式，仍能使人沦为生产奴隶。参见廖仲恺《农民运动所当注意之要点》，中国国民党中央执行委员会农民部印行《中国农民》第一集第1期，1926，人民出版社，1966。

② 姜义华等编《康有为全集》第四集，中国人民大学出版社，2007，第69页。

③ 参见王造时《中国问题的分析》，商务印书馆，1935，第33～77页。

社会变革都围绕着一个目标，即重建强大的中央集权国家，以致必须破坏旧制度中的所有与这一集权国家有所矛盾的制度因素。"①我们认为，将其中的"中央集权国家"替换成"国家权力"更为贴切。做出这种区分，是因为各种思想潮流在具体的改革方案和可行策略上都极富争议，甚至地方分权和联省自治（不仅仅是地方自治）也有过一定的影响力，但即使是他们，对于国家权力在现代世界体系中的压倒性的重要性与必要性也几乎没有异议，分歧之处仅仅在于何种政治形式更利于国家权力的有效形成。史华慈说："严复的英国式自由主义在五四时期之后的中国就不那么盛行了。然而，他对于富强的关注、对于西方文明中'浮士德性格'的反应，仍然是中国知识界的觉悟的基本特征，构成了当时所有独立思想流派的基础，并与它们都发生了联系，不管这些流派自登台之日起即标榜为社会主义的、自由主义的或者甚至是新传统主义的。"②

可是，在这种国家权力的锻造过程之中，具有难以避免的危险性，因为要完成各种建设事业，首先需要巩固甚至扩张官僚系统来集中资源。这不只是一个行政效率和财政改革的技术性问题，在革命风潮中还很容易被处理成激进的政治合法性问题，即谁才有资格征集资源作为现代化的建设成本，这是一个风险系数很高的问题。作为这种风险的后果，有两个重要问题导致宪政/民主在现代中国不断被激发出来加以讨论和实践：首先，通过什么样的制度建构或社会运动来防范、监督甚至鞭策国家权力的规范应用；其次，如何合理地分担现代化建设的成本并且平等地分享其成果。实际上，宪政/民主问题在中国现代

① 汪晖：《现代中国思想的兴起》上卷第一部，第94页。
② 史华慈：《寻求富强：严复与西方》，叶凤美译，江苏人民出版社，2005，第164页。

史上具有双重性质：一是作为锻造国家权力的策略和手段，这让它显得像是可有（有用的时候）可无（没用的时候）的东西；二是作为国家权力运用的规范与原则，这又让它显得似乎比国家权力本身还要重要（权力的边缘人物正是据此将权力中心的各种集权不断攻击为"专制"）。加之民国之后不久即陷入军阀混战的旋涡之中，这导致现代中国从整体上陷入三重历史使命的拉锯战：一是现代化建设的迫切要求，二是这种要求的政治前提是如何统一国家权力，三是如何规范国家权力。梁漱溟曾提到西方文化的"三位一体"："资本主义的经济，新兴中间阶级的民主政治，近代的民族国家之'三位一体'。"①转型中国指向的其实是一种类似的"三位一体"：现代化建设/工业化（经济），宪政/民主（政治），中华民国/中华人民共和国（国家）。梁漱溟的乡村建设运动，从根本上来说，是试图完成这种"三位一体"的转型使命。这也是乡村建设从根本理念上就必须突破乡约的原因。

　　首先是国家问题。乡约以既定的帝国秩序为前提，在合适的条件下，它也可能成为稳定帝国秩序的有效手段；从新儒家的理想来说，乡约可赋予帝国秩序一种礼乐的真意。但即使作为一个理念，新儒家也没有设想过乡约会成为锻造一套新秩序的可能方式。梁漱溟却在一个特殊的历史境遇里提出了这种大胆的设想。民国以后的中国病源只有一个，即"军权政权分裂，国权树立不起；只要能稳定大局，统一国家，则其余一切自然可以就绪"②。那种试图通过军事手段统一中国的努力几乎都是白费，甚至本身就成为病源之一，因为在不间断

---

① 梁漱溟：《中国民族自救运动之最后觉悟》，《梁漱溟全集》第五卷，第50页。
② 梁漱溟：《乡村建设理论》，《梁漱溟全集》第二卷，第445页。

的军事斗争中，新添加进来的军事力量不过成为一种新军阀而已。而事实上，中国的分裂只是政治和军事层面的，若从社会层面来看，中国本是统一的。因此，真正的问题在于上层有力量，但分裂了；而下层是统一的，可惜没有力量。解决之道就是形成社会的统一力量："唯社会有权，而后国权乃立。"[1]谁在中国的大社会里最有力量？答曰："工商业者的力量虽可见，而在中国大社会里还是太小。农民的力量虽不见，而在中国大社会里还是大的。"[2]知识分子要下乡与农民普遍联合，这也就是乡村建设。乡村建设是现代中国锻造一套新秩序的可行方式。

其次是政治问题。在新儒家的乡治论传统中，他们明显希望，在位的"官"和无位的"绅"既能限制住"吏"对"民"的扰害，又能将"民"安置到儒家的礼乐秩序之中来。但前提是，作为国家权力化身的皇权没有超额赋税要求，士大夫本身相对不那么腐化。这正是儒家要依赖无为政治（针对皇权）和道德政治（针对官僚）的根本原因。因为只有以此为前提，乡约的制度性功能效率才能发挥，才能替君主奠定一种普遍的合法性政治基础。但梁漱溟的历史时代发生了根本性变化，作为一种转型的国家形态，中国处于一种完全不同的世界体系之中，它无法不顺应这套体系之中的资本逻辑来运转，它的积极索取是一种绝对的必要性，而不再是无为政治中非合法的变态样式。事实上，在中国的国家权力建设过程中，因为资源索取的必要性和迫切性，原先具有传统权威的士绅在乡村一级往往为土豪劣绅所取代，这正是梁漱溟反对"地方自治"的原因："本着数

---

① 梁漱溟：《乡村建设理论》，《梁漱溟全集》第二卷，第488页。
② 梁漱溟：《乡村建设理论》，《梁漱溟全集》第二卷，第459页。

千年无为而治的精神，让他们度其散漫和平的生活，却亦不见得有几多土豪劣绅。所怕的是根本说不上自治，而强要举办自治，那就没有土豪劣绅的地方，亦要造出土豪劣绅来。"① 杜赞奇在华北农村的半个世纪中看到了这样一个过程，他称之为"国家政权的内卷化"："国家财政每增加一分，都伴随着非正式机构收入的增加，而国家对这些机构缺乏控制力。"② 我们需要从这样一个视角来理解梁漱溟对民主的追求：只有将广大民众自我组织起来，形成一种普遍的意志，监督乃至反控制国家机器的编制力量，才谈得上真正的民主，因为归根结底，民众必须替代君主成为权力的主体，而不能总是成为权力的对象。③ 在一定意义上，梁漱溟的乡村建设探索知识分子和农民的结合之道，做一种结构类比的话，其实是知识分子通过乡村建设来完成"帝王之师"的现代责任。

最后是经济问题。在新儒家的乡治论传统中，他们不断讨论三代之治的井田问题，张载、陆世仪甚至设计了非常细致的实施步骤，但他们对井田的设计只是要为赋税征收提供公平的基础，基本没有涉及土地再分配的问题。他们不断讨论社仓问题，但只是为了"患难相恤"，希望在乡约内部，能得到最起码的救济和保障。经济问题是必要的，因为礼乐教化总需要一定的物质基础，儒家对此毫不讳言，但也仅止于此。梁漱溟的乡村建设在土地分配问题上很保守，这是因为他明白，土地再分

① 梁漱溟：《敢告今之言地方自治者》，《梁漱溟全集》第五卷，第245页。

② 杜赞奇：《文化、权力与国家——1900-1942年的华北农村》，王福明译，江苏人民出版社，1994，第67页。

③ 这在一定程度上，也正是吉登斯所谓的"控制辩证法"，它意味着现代社会最明显的反身性特征，即被控制者总在寻求能动的力量："要成为能动者就是要能对世界产生影响，而若要能影响世界就要持有权力（在此权力意指改造能力）。"〔英〕安东尼·吉登斯：《民族-国家与暴力》，胡宗泽、赵力涛译，生活·读书·新知三联书店，1998，第11页。

配涉及的是根本利益的重新布局，非有强硬的政权力量作为基础不能推行，而梁漱溟的乡村建设是自我设限不可掌握政权的一种社会政治运动，因此，他一再避免谈土地问题。即使如此，经济问题在乡村建设中的地位远比在乡约中重要。乡村建设的经济设想已经远远超过救济和保障的范围了，作为相应于现代国家富强建设的社会政治形式，梁漱溟的乡村建设还试图开辟一条工业化的不同道路：相对于古代的乡约，这是一种积极的进取之道；相对于资本主义的无政府状态，这则是一种可以开发理性的合作主义道路。

通过以上讨论，笔者尝试说明如下两个问题：第一，对于宋代以来的新儒学来说，以乡约为表现形式的乡治论传统究竟意味着什么；第二，梁漱溟在现代条件下对这种传统的继承有哪些，又推进到了何种地步。笔者的初步回答是：乡约是在三代之治与礼乐论的思想背景中兴起的，理学家特别是那些对上层官僚政治心灰意冷的理学家，试图开辟一种新的社会政治渠道，吸引一批新士绅为儒家的文化理想而奋斗，力求为一般平民重建一套充满意义的礼乐秩序，而乡约则为这种礼乐秩序提供最基础也最普遍的礼乐共同体；在历史上，新儒家乡治论则通过大体和平的方式儒化了中国，在国家体制郡县化的大前提下，仍然"寓封建于郡县"而能重建基层自治社会。梁漱溟的乡村建设完全继承了新儒家对礼乐复兴运动的伟大历史追求，而在制度化儒家全面解体的历史条件之下。他也在思想上承认了儒家士人与官僚政治之间的断裂关系，转而把政治理想与道德激情倾注到了广阔的社会生活场域之中，但他仍然为政治本身保留了必要的思想地基，没有把政治作为整体性的外在之物定性为毫无内在意义的机制，可见他还是继承了儒家政治观的基本内核，不像牟宗三那样其实已经逸脱了儒家政治观的根本范围。更特别的是，梁漱溟深刻领悟到了中国的国家形态必须从古代的帝国向现代的民族国家转型，因此，他在乡村建设中寄托的历史抱负比一般乡村建设要高远得多，他试图通过乡村建设完成近代中国的秩序化、民主化及工业化三大历史任务，这也正是乡村建设必须突破乡约的原因所在。

第二章　走向乡村：20 世纪 20 年代政治意识的新探索

一　李大钊的破晓之声

> 青年呵！速向农村去吧！日出而作，日入而息，耕田而食，凿井而饮。那些终年在田野工作的父老妇孺，都是你的同心伴侣，那炊烟锄影、鸡犬相闻的境界，才是你们安身立命的地方呵！①

这是 1919 年李大钊面向青年发出的号召。不要误会李大钊存在对农村的浪漫化想象，农村的美好仅仅是对照都市的丑恶而言的："都市上有许多罪恶，乡村里有许多幸福；都市的生活黑暗一方面多，乡村的生活光明一方面多；都市上的生活几乎都是鬼的生活，乡村中的活动全是人的活动；都市的空气污浊，乡村的空气清洁。"②至于农村本身，他未尝不锋芒毕露："中国农村的黑暗，算是达于极点。那些赃官、污吏、恶绅、劣董，专靠差役、土棍作他们的爪牙，去鱼肉那些老百姓。"③而农村存在的黑暗，也正是青年回归农村以担当历史使命的前提条件，因为："要想把现代的新文明，从根底输入到社会里面，非把知识阶级与劳工阶级打成一气不可。"④

---

① 李大钊：《青年与农村》，载《李大钊全集》第二卷，人民出版社，2006，第 307~308 页。
② 李大钊：《青年与农村》，载《李大钊全集》第二卷，第 307 页。
③ 李大钊：《青年与农村》，载《李大钊全集》第二卷，第 305 页。
④ 李大钊：《青年与农村》，载《李大钊全集》第二卷，第 304 页。

在这里，李大钊已经触摸到了20世纪20年代有关乡村话题的几条重大历史脉搏：贬低城市而推崇乡村；土豪劣绅肆虐乡村；中国乡村是现代文明和现代政治的根底，也是历史文化的安身立命之处所。所有这一切的前提条件是，知识青年必须与广大农民结合起来。这既是破晓之声，也夹杂着金戈铁马的号角，还预示了乌托邦远景的勾勒与描画。

帷幕既已拉开，汹涌澎湃之思想潮流与波澜壮阔之政治运动也就接踵而至，轮番上演。在20世纪20年代的历史大舞台上，章士钊的以农立国论、国民革命的农民运动和村治学派的异军突起，逐步并依次深化了关于农业、农民与农村的话题，促使时代性的政治意识发生了新的转向与聚焦。因此，要理解梁漱溟，要理解20世纪30年代的乡村建设运动，须先理解章士钊的以农立国论、国民革命的农民运动和村治学派的兴起。后者为前者提供了历史条件上和思想逻辑上的前提。

二 章士钊的以农立国论

1922年，二度游欧归来的章士钊在湖南教育会上演讲，大力提醒国人要注意农业，要改良农村，要解放农民。[①]接下来的几年时间里，他将大部分的心力用来构建"以农立国论"[②]，通过主编《甲寅周刊》，他还集结了一批同人。综合来看，以农立国

---

① 章士钊：《文化运动与农村改良》，载章含之等主编《章士钊全集》第4卷，第145页。

② "以农立国"的提法并不是从章士钊才开始的。20世纪10年代，已经不断有人提到，比如："中国以农立国，犹泰西各国以商立国也。""我国以农立国，非止我国人自诩，实亦全世界所公认。"甚至在1920年，吕瑞庭出版了《农业立国意见书》，被王先明称为"20年代乡村理论的集成之作"。章士钊与他们当然有一脉相承之处，但章的特别之处是，他开创了以"农业化"反思文明问题和国家问题的新思路。参见《农林工商宜分四部之戏言》，《大公报》1916年8月30日；《劝农说》，《大公报》1916年3月23日；吕瑞庭《农业立国意见书》，北京日报馆，1920；王先明《走近乡村——20世纪以来中国乡村发展论争的历史追索》，山西人民出版社，2012，第28页。

论有这样几个独特的取向。

第一，以农立国论将工业化视为现代世界的恶魔，认为西方文明的真正基础是工业化，现代世界的病根其实都源自工业化的内在动力。因为资本主义在起步阶段首先通过机械工业导致一国内部的城乡对立，其次是贫富分化加大带来的阶级对立，再次是通过国际贸易或殖民主义加深中心地区和边缘地区的对立，最后是各国在彼此的竞争和刺激中先后深陷资本主义工业体系的逻辑之中，加剧富国与穷国以及富国与富国之间的深刻对立，结果是各个身不由己，都被卷入残酷的大战之中。[①]而且，工业文明的哲学基础是把欲望从宗教和道德等种种束缚中解放出来，工业文明最自负之处则在于通过科技对自然的征服来获得源源不断的物质实力以满足欲望，而工商业本身的扩张恰好也需要开放欲望作为持续的推动力。但章士钊认为："盖天下之物，止有此数，而欲则无厌，以无厌之欲，而乘有数之物，其穷可计日而待也。反之以有数之物，而供无厌之欲，其屈亦可计日而待也。"[②]长此以往，工业文明迟早穷途末路。

第二，以农立国论的前提条件是中国历史上向来以农立国，以农立国是中国的基本事实。章士钊说："近有人向工业上宣传社会主义，殊为错误。我以为应该向农业方面去作工夫，因为中国尚无所谓工业，向以农立国，农民十居八九。"[③]他认为资本主义的错误是多重的，因为资本主义本身就内含了工业文明所有的弊端，本身就是通过摧残乡村来得到推进的；同时他认为中国并非工业文明国家，所以还用不到工业上的社会主义来救治中国。解决中国问题的关键在于如何处理中国农业和农民

---

① 章士钊：《农国辨》，载章含之等主编《章士钊全集》第4卷，第269~270页。

② 章士钊：《何故农村立国》，载章含之等主编《章士钊全集》第6卷，第315页。

③ 章士钊：《文化运动与农村改良》，载章含之等主编《章士钊全集》第4卷，第145页。

问题。

第三，章士钊等人认为，民国政府越来越脱离了原来的轨道，不顾及以农立国的巨大事实而偏去追求西方文明的工业化，导致中国最大的问题变成不上不下，杂弊丛生："今吾之号为创巨痛深，亟须克治者，非吾已成为工业国而受其毒之故，乃吾未成为工业国而先受其习之毒之故。"[1]当时中国尚未工业化，却已经凭空移植了工业国家的一整套制度建构，包括代议制、法制、教育制度、城市建设，结果不但没能稳定和繁荣中国，反而大大摧残了中国的乡村社会和原来以农立国的基本事实。他们认为，通过工业化把资源集中到城市里，不仅带来道德的沦丧，而且造成对乡村的大肆破坏："城市之矼丧德性、摧残健康、促进混乱诸流弊，亦非所计及矣。我国以农民安土之故，历数千年，大城寥寥；改制以来，杂政纷投，违反农本之政策，势不至驱农归市、破坏农村不止。"[2]现代教育方式也造成了严重的不平等："其一，教育专制；其二，学不平等。"[3]所谓教育专制，是对学历主义的批判；所谓学不平等，是说现代教育成本太高，一般贫困人家根本读不起书了。而耗费巨大资源办出来的现代教育则完全以工业化和城市化为核心，却只是败坏了农治人才："我国教育制度，自废科以来，所颁典则，大抵拾掇工国岛国之遗规，衡诸国性民性，俱有未合；以求农治人才，无异缘木求鱼。是固东西文化之所由分，亦即农工文明之所不同。故兴学三十年，耗金无量，微独国计民生，无所裨补，徒见增贫益乱耳。"[4]至于法治，宪法之争是民国乱象的一个渊薮："宪法！宪

---

[1] 章士钊：《业治与农》，载章含之等主编《章士钊全集》第4卷，第202页。

[2] 王璋：《农治》，《甲寅周刊》第1卷第14号，1925年10月17日。

[3] 金兆銮：《论学制》，《甲寅周刊》第1卷第10号，1925年9月19日。

[4] 王璋：《农治》，《甲寅周刊》第1卷第14号，1925年10月17日。

法！天下罪恶，不更假汝之名行焉，是不仅同人之所切望，而亦祖宗之所式凭，于孙之所托命者也。"①对于中国来说，从对礼治的追求转向对法治的追求，既是规则体系的变化，也是规则体系本身的降格和堕落，因为在古代中国，礼一向比法要高贵得多。②

第四，章士钊提出了新的国家和文明的标准问题："国者何？因人而立者也。无人何必有国？不为人 for people 亦何必有国？故国命与人生，相关至切。凡国文野治乱之度如何？盖以人民生计舒促心境忧乐之度衡之。此不争之前提，无人将有异议也。惟所谓舒促忧乐云者，以意志定之乎？以物质定之乎？抑二者使和调而弗偏至乎？"③这里没有把国本主义和人本主义明确区别开来，也隐藏了两者可能有的冲突性，但首先树立了第一个信念：人是国家的目的，而不是国家作为人的目的。这等于从一开始就挑战了原先已被确认为基础前提的内在尺度，即作为最高原则的国家富强。在这里，"人民生计舒促心境忧乐"才是内在尺度与最高原则，所有的国家建制与经济建设必须根据这种尺度和原则来衡量。章士钊提出来的第二个问题可以转述如下：人民的幸福又是根据什么原则来衡量的呢？是物质（生计舒促）作为第一原则，还是意志（心境忧乐）作为第一原则呢？抑或以二者的和谐与协调作为第一原则？根据韦伯的看法，工业化其实是资本主义精神在经济领域的理性化表现，而资本主义精神则恰恰以无穷尽地追求物质财富作为自我的天职。章士钊反对工业化，从实质性的原则角度来说，他正是要反对这种资本主义精神。而以农立国论的提出，也意味着他试

---

① 章士钊：《行宪半十论寿林宗孟》，载章含之等主编《章士钊全集》第5卷，第84页。

② 陈拔：《论礼与法》，《甲寅周刊》第1卷第39号，1927年1月11日。

③ 章士钊：《何故农村立国》，载章含之等主编《章士钊全集》第6卷，第314页。

图重新恢复古代儒家的和谐与协调作为第一原则。

第五，章士钊明确提出了中国的发展方向不应该再是工业化，而需要转为农业化："愚诚以为世界大乱，纷纷不能休，物欲无艺，囊钱行尸，战为沟脊，平亦枯腊，如此干涩无意识之社会，惟吾之农业化差足济之。"[①]当然，这种农业化道路中的"农国"不能简单被看成纯粹的农业国家，好像完全不能再有工业在其中发挥作用。以农立国论主张的只是根本的立国之道："凡国家以其土宜之所出，人工之所就，即人口全部谋所配置之。取义在均，使有余不足之差不甚相远，而不攫国外之利益以资挹注者，谓之农国。反是而其人民生计不以己国之利源为范围，所有作业专向世界商场权子母之利，不以取备国民服用为原则。因之资产集中，贫富悬殊，国内有劳资两级相对如寇仇者，谓之工国。建国之本原既异，所有政治、道德、法律、习惯，皆缘是而两歧。"[②]可见章士钊以农立国论针对的全是工业文明的弊病，追求的根本原则正是平等：不仅是国内的平等，而且是国际的平等。章士钊的几位同道对他的立论也有所阐发：以农立国论主张通过发展农业来建设自给自足的国民经济体系，以此先得到独立的经济主权，在这个过程之中，它不反对发挥工业的作用来提升自我的独立地位，恰恰相反，在现代的条件下，发展农业本身也需要借助于工业，甚至农业剩余人口更需要通过发展工业来吸收和转化，但是所有这一切，不能脱离农业的根本，不能脱离乡村的乂安，不能过于破坏风俗的醇美。[③]

第二章 走向乡村：20世纪20年代政治意识的新探索

---

① 章士钊：《原化》，载章含之等主编《章士钊全集》第5卷，第333页。

② 章士钊：《农国辨》，载章含之等主编《章士钊全集》第4卷，第267页。

③ 参见董时进《释农国》，《甲寅周刊》第1卷第14号，1925年10月17日；董时进《工化与农业》，《甲寅周刊》第1卷第15号，1925年10月24日；龚张斧《农化蠡测》，《甲寅周刊》第1卷19号，1925年11月21日；陈宰均《工化与农化》，《甲寅周刊》第1卷第29号，1926年1月30日。

第六，以农立国论者认为，对于中国来说，农业化的道路不仅仅因为平等而合乎理性，而且，比之在工业国家林立的世界体系之中追求单向度的工业化，以中国特有的实情来发展均衡度更高的农业化，其实相对更有优势，也更有可能，尤其是更能针砭时弊。中国的问题本来就是人口过多，现在集中资源到城市里白养一大批龌龊政客和流氓，加上现代教育的不平等和不够实用，当然就会造成更广泛和更普遍的失业问题。[①] 所以不如将他们遣散到农村（这可能是最早变相提出的知识下乡），合理调配资源来改良农业和发展农村，比如开发四边之荒徼和整理内地之耕田，这样反而能更好地安置人口，解决大多数人最要紧的生计问题，以至于"三代井田之意可复，太平盛事宁复逾兹"[②]。章士钊还注意到，大战之后的西方国家也开始倾向于大力发展农业，可是深陷工业文明的西方国家，想要祛除工业立国之毒害而回归农业的根本，几乎是不可能的了。至于中国，"而究之受疾不为甚深，全国之农村组织，大体未坏，重礼讲让之流风余韵，犹自可见，与传统思想相接之人物。尚未绝迹。是犹堤有孔而未尽溃，器有芒而未尽漏，石受溜而未尽穿，干受缚而未尽断，及时而复，明明不远"[③]。这等于说，没有工业化的中国其实远比已经工业化的西方要幸运得多，因为恰恰只有这样的中国才有以农立国的可能性。

第七，也是最重要的，章士钊试图通过以农立国论来解决文化问题，其中既包括对新文化运动的批评，也明确指向对中国文化的重建。在对新文化运动的批评潮流之中，他不仅与其

---

① 金体乾：《国民失业问题》，《甲寅周刊》第1卷第4号，1925年8月8日；金体乾：《国民失业问题续论》，《甲寅周刊》第1卷第8号，1925年9月5日。

② 章士钊：《农治翼》，载章含之等主编《章士钊全集》第5卷，第152～153页。

③ 章士钊：《何故农村立国》，载章含之等主编《章士钊全集》第6卷，第318页。

他的同道（比如杜亚泉）一样强调新旧文化的调和作用，①更关键的是他还发展出另外一种独特的批评理由，即文化和运动的辩证关系："文化者无论寄于何事，其事要贵纵不贵横，贵突不贵衍，贵独至不贵广谕，而运动则非横非衍非广谕，其义无取。"②他认为新文化运动不知道文化与运动本身的辩证关系，非将二律背反的两种东西掺和在一块，结果只能是毁弃文化。但章士钊提出的解决之道并非拒绝运动，恰恰相反，他认为，新文化运动只是局限于文学运动（亦即白话文革命），一方面将会破坏文化的独特性和崇高性，另一方面则是文学运动完全不足以尽文化运动，真正的文化运动应该是社会改革，"文化运动乃社会改革之事，而非标榜某种文学之事"③。只有通过真正的文化运动（亦即社会改革），才能为独特而高贵的文化准备好政治性的公平基础："上自德慧术智之士，下至庸众驽散之材，不为贵贱贫富之遇所限，不为刀兵灾异之祸所苦，所有文教之设备，修养之日力，外于困学必需之限而宽假之，在机会均等之下，极英才教育之观。"④这与他对工业文明的反思在逻辑上由此完全贯通起来了，因为工业文明最根本的错误正在于它毁坏了这种公平的基础，导致独特而高贵的文化没有发展的余地和广阔的空间。以农立国论正是试图通过农业化来开拓文化的政治经济地基。不仅如此，在章士钊看来，中国文化的历史命脉就在于农业化："凡兹所言，意在表显吾国文化。独有调和持中之精神者：第一，以其处境为农业国；其次，则古先君相师儒，善相其群之所宜，创为适于农业国之政刑之道德以护持之。人文继

---

① 章士钊：《新时代之青年》，载章含之等主编《章士钊全集》第4卷，第109~117页。

② 章士钊：《评新文化运动》，载章含之等主编《章士钊全集》第4卷，第216页。

③ 章士钊：《评新文化运动》，载章含之等主编《章士钊全集》第4卷，第217页。

④ 章士钊：《评新文化运动》，载章含之等主编《章士钊全集》第4卷，第216页。

兴，流风以衍，于是自羲、农、尧、舜以达前清之季，四千年间一系相承，人无间然。"①因此，维护中国文化，既不能像更早前的传统主义那样，依托旧有的政治体制来顽固坚守，也不能像之后的保守主义那样，仅仅去强调一般的伦理观念和道德精神，而是需要将重心置于这一整套的农业文明体系上。

三 "中国之国民革命，即农民革命"

国民革命绝不是一场农民运动可以囊括得了的。作为一场综合性的社会政治革命，首先，国民革命完全符合一般意义上的政治革命，因为它是一场明确以建立全国性的新政权为目标的革命；其次，国民革命从根本上仍然依赖于军事力量和战争来达到政治目标，不论是在巩固广州国民政府的时候，还是将其扩展为全国性的国民政府的时候，均是如此；最后，国民革命已经显露了人民战争和大众民主政治的初步锋芒，因为它从一开始就注意调动社会各阶级的革命积极性，在调动工人和农民的政治能动性方面，展示了相当大的潜力，在这个意义上，国民革命也算得上一场政治性的社会革命。因此，就一般的角度来看，国民革命更像是一场轰轰烈烈的政治、军事和社会实践，农民运动只是其中的一个组成部分。但是，农民运动所引爆的农民的政治能量，引起了社会各界的注意。如何组织和引导这股巨大而潜伏着的政治能量，成为关键的问题。

国民革命的一个重要取向是，用权力集中和纪律严明的党治来取代立宪政治。立宪政治与中国社会的脱节可以说是一个有目共睹的事实，但如何认识这种脱节却有相当不同的走向。其中的一种是将重点放在一般民众身上，认为只需要教育民众，

---

① 章士钊：《原化》，载章含之等主编《章士钊全集》第5卷，第332~333页。

让民众的素质提高到足以适应立宪政治即可，至于代议制本身仍是自明的最好政治体制；从目标的角度来看，甚至连孙中山也是这个倾向。另一种意涵就要复杂多了，从策略的角度来说，孙中山也完全同意，不适应具体历史形势的立宪政治本身首先需要遭到拒斥，因为党治主义的内在运作从根本上就无法容忍立宪政治的牵制机制；更激进地看，国家的本质不过是一个阶级对另一个阶级统治的机器，因此，"把阶级斗争局限于议会内的斗争，或者认为议会内的斗争是最高的、决定性的、支配着其余一切斗争形式的斗争，那就是实际上转到资产阶级方面去而反对无产阶级"①，民主的实质并不必然要通过立宪选举政治来表达，毋宁相反，立宪选举政治在帝国主义的主导下成为最具欺骗性和蒙蔽性的统治工具。真正的民主，按照最无歧义的字面意义的解释，应该是民众的政治意识的普遍唤醒，民众参与到国家的政治空间中"占一个头等地位，做一个说话有力的主人翁"②。立宪选举政治合法性的丧失与党治主义历史性机遇的出现，都需要根据这种"真正的民主"观念才能够得到贴切解释。

但是，无论是立宪选举政治，还是党治主义政治，其良性运作机制都内在需要民众的政治意识的普遍觉醒并且参与到国家—社会间的公共领域中来。问题仅仅在于：谁来代表民众？更贴切的问题是：民众是谁？当有人告诉我们说，近代中国立宪选举政治只是与市民社会产生了脱节，③这其实是要说，民众只能由市民阶级来代表，作为民主政治基础的民众就是指市民

① 〔苏〕列宁：《立宪会议选举和无产阶级专政》，《列宁选集》第四卷，人民出版社，1972，第136页。

② 孙中山：《在广州农民联欢会的演说》，载《孙中山全集》第十卷，中华书局，1986，第466页。

③ 张睿丽：《议会政治与近代中国政治变迁》，中国社会科学出版社，2009，第277~285页。

社会里的中产阶级。但是，国民革命的回答完全不是这样，国民革命并不排斥资产阶级，而是尽量吸纳民族资产阶级，但革命的民族资产阶级只是很少的一部分人，国共两党都没有将他们视作中坚力量。在国民革命时期，国共两党的一个共识是，作为民主政治基础的民众，除了革命的资产阶级和工人阶级（总体人数不多）之外，还应包括广阔乡村中的农民阶层。甘乃光就明确提出，"农民阶级，是国民革命阶级的基础。换一句话说：就是国民革命的主力军"①。他甚至将农民阶级当成国民党的阶级基础，这是把农民阶级拿来与资产阶级和工人阶级比较之后得出的结论。不同的是，甘乃光作为国民党左派，其主张在国民党内部远非主流，而只是一种稀稀拉拉的零星声音；而中国共产党在"二大"就明确指出农民运动的重要性，"中国三万万的农民，乃是革命运动中的最大要素"②，并在之后的革命斗争中以农民为中国革命的主力军。

此论继承了章士钊以农立国论的前提，即中国仍处于以农立国的阶段，因此解决中国问题的关键在于处理好中国农业和农民问题。可是章士钊的意思是说，中国不充分的工业化既导致了城市人口的大量失业，也因为破坏农业经济导致了更广大的乡村失业人员的产生，只有将城市的失业知识分子引往广阔的乡村从事基础性的农业建设工作，才能获得完全不同的国家文明形态。国民革命时期关于农民的论述，所表达的意思是，农民占据中国民众中的最大多数，"只有把中国人民的基本群众，即占有小块土地的农民吸引到运动中来，中国革命才能取

① 甘乃光：《谁是国民革命的主力军》，《中国农民》第1集第8期。
② 时光等选编《"二大"和"三大"：中国共产党第二、三次代表大会资料选编》，中国社会科学出版社，1985，第16页。

得胜利。因此，全部政策的中心问题乃是农民问题"①；同时，"中国现在尚未脱离农业经济，农业生产，农民实占全生产百分之九十。为要实行总理之民生主义，首在解放农民。吾国人口农民实占百分之八十以上，审是则吾国四万万之人口，农民实占三万万有奇。所以中国之国民革命，质言之即为农民革命"②。由此可见，革命与农民之间存在双重关系：一是革命的过程必须获得农民的政治支持，二是革命的宗旨即在于解决农民的生存和生活问题。国民革命最大的特色在于，国共两党以一种特殊的合作形式通过党治主义的共同倾向来发动、组织、改造和锻造农民。

发动农民的首要工作就是培养农民运动人才，为此专门设立了农民运动讲习所，培养"农民运动的干部，领导革命之前锋"③。从1924年7月到1926年9月共举办了六届，毕业人数共计797名，④其中优秀者被选为农民部特派员，其余的也被派到本乡从事地方农民运动工作。他们接受的培训包括学习三民主义、国民革命基础知识、农民运动的理论及其实施方法、集会结社和宣传，乃至严格的军事训练等。这批人广泛深入农村，在发动农民的实际工作中立下了汗马功劳。不仅如此，他们还广泛深入乡村进行实地调查和社会宣传。

在国民革命时期，组织农民最常规也最具开创性的方式是

① 《共产国际执行委员会给中国共产党第三次代表大会的指示》，载中央档案馆编《中共中央文件选集（1921—1925）》，中共中央党校出版社，1982，第104页。所谓中国问题就是农民问题，农民问题就是土地问题，都需要从革命必须获得农民的支持这种政治内涵来加以理解。

② 《本党第二次全国代表大会农民运动决议案》，《中国农民》第1集第2期，1926年2月1日。

③ 陈公博：《农民运动报告》，《中国农民》第1集第2期，1926年2月1日。

④ 此数字据林锦文《广州农民运动讲习所概述》一文统计得来。参见广州农民运动讲习所旧址纪念馆《广州农民运动讲习所资料选编》，第350~379页。

成立农民协会。孙中山以大元帅命令颁行的《农民协会章程》（后经广东第二次全省农民代表大会修正），规定有田地百亩以上者、以重利剥削农民者、与农民处于利益相冲突之地位者，都不得加入农民协会。[①]这明显是针对地主的，是为了防止地主把持农民协会而预先设置的护栏。在国民革命的农民运动中，经常出现的一个情况是，农会基本被乡村中的士绅阶层所把持，完全与一般农民无关。民团几乎就是地主士绅阶层的私家武装团队，基本是用来保护他们的身家财产安全的。乡间的文化，半是传统的宿命观，半是戏曲歌文影响而来的人生观，新的教育除了增加农民的负担，对农民而言完全是陌生而隔绝的。

因此，农民协会将农民组织起来，既做了许多斗争工作，比如争取减租、取缔高利贷、废除地主对于农民的各种苛例等，这在海丰、广宁、高要、普宁等地的农民运动中均有体现；也做了一些建设工作，比如在教育、合作社和司法方面等。在后来的军事斗争中，农民也起到了一定的协助作用，比如向导和后勤服务工作等。

但好景不长，随着第一次国共合作全面破裂，大革命最终失败，轰轰烈烈的农民运动也遭受了严重的挫折。

尽管如此，国民革命中的这场农民运动，在其最革命的意义上，是激发农民对其政治主体性的初次锻造。借助农民的力量夺取政权，为了借助农民的力量而给予农民以某些利益，这在历代的农民起义里都不断重演；但是，在改造农民意识而不是改变农民身份的基础上，试图引导农民认识自我的力量何在及认清自我的利益何在，在国家的政治空间中"占一个头等地

---

① 高熙：《中国农民运动纪事（1921-1927）》，求实出版社，1988，第30页；人民出版社编《第一次国内革命战争时期的农民运动资料》，人民出版社，1983，第324页。

位，做一个说话有力的主人翁"①，这是中国农民历史上的新纪元。国民革命时期的农民运动，让农民的政治主体性在三重意义上受到了锻造：一是对普遍性的自我意识的唤醒；二是以农民协会为主要形式，加强了对农民自我组织性的训练；三是在减租运动、乡村建设和革命成本的负担上，引发农民对自我利益的不断维护，对于农民从自在的阶级转化为自为的阶级来说，这是最好的宣传材料和最佳的现实教育。

国民革命时期的农民运动，在引导农民走向现代生活世界之中开辟了一条新的道路。在这个过程当中，农民自身的问题也被暴露了出来。罗绮园在广东省第二次农民代表大会上的《会务总报告》中总结了农民协会的问题，如组织未完备，会员缺乏训练，会员对于协会的观念薄弱、多不肯纳会费，各级协会关系太不密切，各办事处常常不顾政治环境及客观情势而轻率犯难冒险，复仇主义、地方主义、宗族主义、遇事乱发报告等。在国民革命时期，农民运动确实存在一些问题，但我们需要明确的是，农民作为一股庞大的社会力量，其利益诉求需要得到重视，他们需要通过一定的组织方式主动而理性地表达自己的利益诉求。

四　村治学派的村本政治

20世纪20年代后期，中国思想文化界兴起了一种新思潮，由于他们集合的机构是河南村治学院，主办的刊物多以"村治"命名，因此，这个群体及其新思潮多被视作"村治学派"。迄今为止，学术界对他们的关注相对较少。②但实际上，村治学派的

---

① 孙中山：《在广州农民联欢会的演说》，《孙中山全集》第十卷，第466页。

② 参见李德芳《试论南京国民政府初期的村治派》，《史学月刊》2001年第2期；李德芳《梁漱溟与村治派》，《历史教学》2001年第9期。

影响并不小。在理论表达上，他们有梁漱溟和吕振羽这样的标杆人物；在政治实践方面，他们获得了阎锡山、冯玉祥、李宗仁、韩复榘等地方实力派的鼎力支持；就思想流变而言，至今备受关注的民国时期乡村建设运动其实也起源于他们。了解梁漱溟的人都知道，他一生志向远大，长期胸怀"我辈不出如苍生何"的抱负和担当精神，更是自认为只关注一个时代最为核心问题的人。那么，像他这样一个人，在那样一个时代，为什么会和一群朋友投身于村治学派的开创和建设之中呢？

1.两种思潮的汇流

李德芳在论述村治学派的崛起时说道："1928年9月，国民政府颁布《县组织法》，更以山西村制为蓝本初步确定了全国乡村自治制度。乡村自治遂成为人们普遍关注的问题。"[①]这种对村治学派兴起背景的介绍虽合乎史实，但又缩小了村治学派的理论视野。一个流行的误解是，村治学派的兴起是为了解决乡村自治问题，而乡村建设运动的兴起也主要是为了应对20世纪30年代的乡村危机。在这样的误解视野中，被遮蔽的是村治学派（特别是梁漱溟）的根本要义。在村治学派看来："村治为解决学术思想问题，非仅政治制度问题；今后的村治学说，实即今后的新政治学说。"[②]质而言之，村治学即"根据固有政治哲学而产生的新政治"[③]。而梁漱溟反复论证的也是："作乡村运动而不着眼整个中国问题，那便是于乡村问题也没有看清楚，那种乡村工作亦不会有多大效用。须知今日整个中国社会日趋崩溃，向下沉沦，在此大势中，其问题明非一乡、一邑或某一方面（如教育一面、工业一面、都市一面、乡村一面等），所得单

---

① 李德芳：《试论南京国民政府初期的村治派》，《史学月刊》2001年第2期。
② 尹仲材：《十八个月间各地村治工作访问录》，《村治月刊》第1卷第10期，1929。
③ 尹仲材：《村治学与中国伦理学》，《村治月刊》第1卷第20期，1930。

独解决。所以乡村建设，实非建设乡村，而意在整个中国社会之建设，或可云一种建国运动。"[①] 就其根本要义而言，村治学派（特别是梁漱溟）的中心问题是探索新政治的哲学，为"建国运动"开辟别具一格的道路。

但问题是，一种对新政治的探索和一种对"建国运动"的开辟，何以取径于村治学的形式？对这个问题的回答，绝非着眼于当时的政府政策之表层影响所能解释，而必须放置于中国近现代思想史的长时段考察中方可了然。其中有两种相互关联的思潮对村治学派产生了巨大影响：一种是清末以来对"人民政治"的持续追求，一种则是20世纪20年代对乡村问题的集中关注。在某种程度上，亦可说村治学派恰好是这两种思潮汇流的产物。

就话语层次上的考察来看，思想史上的争议和论辩难免反复出现，但其实，任何有效且影响深远的时代精神和政治意识，都取决于客观形势和能动力量在某种程度上的综合，其中往往存在隐约可辨的虽断似续的变迁轨迹。中国近现代史上的"变"和"新"，从政治意识的角度来看，贯穿其中的红线是"人民政治"的兴起、发展和流变的曲折过程。在始终存在的民族危亡的巨大压力之下，至迟从康梁一代的思想家开始，他们总是持续抱怨国人缺乏"国家意识"或"公民意识"。这种抱怨的后果是，一代代的士绅、绅商和知识分子前仆后继，不断以实践方式推动了一系列的社会政治运动，而他们的根本目的即在于唤醒、激发和动员"人民"的政治能量。

甲午至戊戌时期，士绅阶层崛起，他们成为"人民"的主导力量，力图开拓政治参与的渠道。清末新政以来，因为中央

---

① 梁漱溟：《乡村建设理论》，载《梁漱溟全集》第二卷，第161页。

政治权威的衰落虚弱和新闻媒体空间的大肆扩张，在转型中相互融合而形成的绅商阶层作为"人民"的代言人和体现者，坚决要求政治参与渠道的制度化，这不仅引爆了汹涌澎湃的国会请愿大潮，也带来了民国以后政党政治的常规化运作。革命共和以后，代议制的腐化衰败和无效无力逐渐变得有目共睹，尊孔读经乃至复辟帝制的闹剧轮番上演，这促使一批知识分子以"新文化运动"为形式来开创和推动一种新的文化政治。①伴随俄国十月革命的影响，他们开始将眼光瞄向以工人阶级为主的劳工大众。正是在这一思潮的影响之下，村治学派的开创者米迪刚才会如此感慨：

> 吾国现状，官僚之把持如故，武人之割据如故，政客之纵横排拨无不如故。民国改建，虽已八稔，除争权夺利、各便私图外，对于民治，不特当局者未尝梦见，即人民方面，亦不会有此要求也。观于年来所谓群众运动，及各机关、各法团，偶对国事有所主张，千篇一律，无非对政府官吏责望之文；甚至个人谈话、报纸立言，其说法亦大略相同，乃叹专制余毒，养成之倚赖性根，其入人也深矣，此病不除，欲图发展民治于官僚之手，何异与虎谋皮，其无当于事情也亦宜。②

官僚政治不可望，军阀政治不可望，政党政治也不可望，甚至民众团体和舆论机关的请愿政治也不过是"与虎谋皮"。那么，何种政治才可望？在此，村治学派试图探索新政治的道路，

---

① 汪晖：《文化与政治的变奏——战争、革命与1910年代的"思想战"》，《中国社会科学》2009年第4期。

② 米迪刚：《余之中国社会改良主义》，《翟城村》附刊，中华报社，1925，第46页。

认为只有回归村本政治，才是"彻底澄清，努力创造之机也"①，因为"村者，乃全国人民大多数聚族而居之地，为国家一切政治之根源，如普及教育、振兴实业、征兵纳税、户籍清丈诸大端，无一非以村为策源地"②。

2.作为新政治和建国规划的村治学派

村治学派的最大特色是偏好谈论民族精神、东方文化和政治哲学。为了论证村治的渊源有自，米迪刚不惜在《大学》八条目中横插"村治"一目，相继借用了《道德经》《论语》《孟子》《易经》《周礼》等典籍。相比于陈独秀的"最后觉悟"，梁漱溟的"最后觉悟"恰恰是一种重新回归，这并非简单的顽固拒守，而是一种建立在"否定之否定"基础上的对民族精神的自觉领悟，而此后他一生的重要使命都只是期待民族精神获得普遍的自我意识：《乡村建设理论》是其政治哲学的表述形式，《中国文化要义》是其历史哲学的表述形式，而《人心与人生》则是其伦理哲学的表述形式。③至于村治，则绝非一种简单的制度形式，而是积淀着中国文化的精神底蕴，是"师统政治"、"人格政治"和"社会伦理化"的最佳体现。④回归村本政治，既是民族精神的香火再续，也是民族自信力的表现。由于他们谈论的玄虚化，有读者甚至来信问："你们的村治，究竟是注重制度，还是注重学术思想？"作为主编的吕振羽回答说："良好的制度，都是高尚的学术思想之产物。"⑤实际上，他们之所以如此，也是用心良苦。自清末以来，贬低中学而推崇西学已成为泛滥成

① 王鸿一：《村本政治》，《村治月刊》第1卷第1期，1929年3月。

② 米迪刚、尹仲材编著《翟城村》，第194页。

③ 王悦：《从文化哲学走向乡村建设——梁漱溟的变与不变》，《孔子研究》2013年第6期。

④ 王鸿一：《中国民族之精神及今后之出路》，载嵇应坤、邵瑞《毕生尽瘁为民生：王鸿一传略》附录二《王鸿一遗文》，黄河出版社，2003，第161～168页。

⑤ 《通讯》，《村治月刊》第1卷第3期，1929。

灾的时代潮流；因此，他们有必要在学术思想上力图消除青年"盲目的崇拜新潮之错误"①。在他们看来，无论是旧欧化，还是新俄化，都是"新奴性"在不同时期的表现，而背景则是，"现在一般青年人硬讲新学术，拉几个新名词，骂得自己祖宗狗血喷头"②。

但奇特的是，他们虽然推崇吾民族之道德风化如何维持不坠，强调中国之政治哲学的优越性，赞叹东方文化的源远流长，但是，他们又几乎众口一词地严厉指责中国历史自秦汉以下都是"君统政治"、"势力政治"和"专制政治"。吕振羽甚至说："今日以前的中国，不仅没有政治，而且没有国家；中国的农村社会，还只有社会的形态，并没有构成社会的实体组织；农村人民的思想，还只有一种习惯的迷信，并没有国民的意识。"③事实上，村治学派虽与章士钊一样，把乡村视作中国文化的历史命脉，但是，他们并不对现实存在的乡村状况抱有浪漫化的看法，相反，他们实质上更接近于国民革命时期的一般观点。他们也认为："近数十年以来，农民生活程度日见增高，农村经济反日见低落，实际佃租也仍然激增不已；在此种情形之下，佃户大半破产，由佃农一变而为雇农，由雇农一变而为失业的游民，各都市的工商事业尚未发展，也无法安插这许多失业的农村人口，于是遂形成了今日这个匪盗充斥的现态。"④土豪劣绅的专擅和欺压，⑤农民之受地主、商人和高利贷这样"三位一体"

① 王鸿一：《青年之出路》，载蔡应坤、邵瑞《毕生尽瘁为民生：王鸿一传略》附录二《王鸿一遗文》，第151页。

② 王鸿一：《中国民族之精神及今后之出路》，载蔡应坤、邵瑞《毕生尽瘁为民生：王鸿一传略》附录二《王鸿一遗文》，第166页。

③ 吕振羽：《引言》，载村治月刊社编《村治之理论与实施》，北平村治月刊社，1930，第1页。

④ 鲍幼中：《佃租之激增及其影响》，《村治月刊》第1卷第9期，1929。

⑤ 少志：《河北东南部一般的乡村实况》，《村治月刊》第1卷第9期，1929。

的盘剥，①教育制度在城乡之间极不平等的分隔，等等，导致他们普遍怀有如下一种深忧："我国的人口，百分之八十都在乡村，此拥有三万万人口的乡村问题，倘无妥善解决的方法，则一旦爆发，其为祸之烈，恐将不可收拾。"②在他们看来，"如果不能满足农民的意志和要求，那就不论何种稳定的局面，都是不能长久的"③，这就意味着："今后的民运要一改以前斗争的分化的破坏的民运之覆辙，而另辟全民的互助的建设的民运之出路，这样出路恐怕以应运而兴的村治为最适当，因为乡村是中国最大多数民众的所在。"④

因此，对于村治学派来说，村治之路，既不是单纯地延续传统和习惯，也不是重复清末以来的民治之路和国民革命以来的农民运动，而是探索和开创新政治之道。尹仲材曾提及："若王鸿一米迪刚胡象三诸君，则类皆曾为省议会领袖而有所不为之人也。米君见忌于当道，遁于塞北，创置幽风社，实行农垦，渐归至天津，复组河北日报，提倡村治，仍不如愿。适王君胡君皆以见忌于地方当局，避地京畿，同声相应，同气相求。彼三君者，更连结协议发刊中华报于北京，宣言根据以农立国之精神，提倡西北垦殖，划一农村组织，以刷新东方文化，解决社会上政治上一切重要问题。"⑤他们都曾留学日本，都在省议会担任过重要职务，对代议政治在省一级的运作最熟悉，因此，他们对代议政治的批判也就最彻底、最尖锐："虚伪民主流毒于中央与各地方，致令所谓国治省治县治，及所谓市乡自治

---

①　李一清：《中国农村经济组织的考究及现状的分析》，《村治月刊》第2卷第1期，1930。

②　周意彪：《乡村教育与社会发展（续）》，《村治月刊》第2卷第1期，1930。

③　天明：《中国农民与农村的现状》，《村治月刊》第1卷第10期，1929。

④　王惺吾：《民运与村治》，《村治月刊》第1卷第2期，1929。

⑤　米迪刚、尹仲材编著《翟城村》，第212～213页。

者，皆同时沦为僵腐之物。今虚伪民主虽倒，而僵腐之局不能自变。"①几年后，米迪刚回忆说："民国十三年，述者主办中华日报时，一日同数友人，在余住室闲谈，谈及此后国家政治组织，究以何项制度为最适宜，是时适当曹锟当国时代，对无贿不成之投票选举，及近世所谓代议制者，异常怀疑，认为万不可再行于中国。"②但是，他们批评代议制是"虚伪民主"，并不意味着他们反对"民主"，恰恰相反，批判"虚伪民主"正是为了追求"真正民主"。而对于真正民主的追求，则只有回归村本政治，才是"彻底澄清，努力创造之机也"③，因为"村者，乃全国人民大多数聚族而居之地，为国家一切政治之根源，如普及教育、振兴实业、征兵纳税、户籍清丈诸大端，无一非以村为策源地"④。

村治学派的正式形成并发生影响要算在1929～1930年。这个时候，国民政府已经在形式上统一全国，但1927年以后国民党的清党运动不仅仅沉重打击了共产党，对国民党自身的摧残也非常严重。诚如论者所言："对国民党而言，清党运动实际上是一场党内人才逆淘汰运动。不少真正有信仰、有理想、有革命热情的党员受清洗，被淘汰，有的因同工农群众打成一片而被当做共产党惨遭杀害。"这导致"民众对国民党的信仰一落千丈"。⑤而村治学派尽管不认可国民革命过程中农民运动的阶级斗争方法，但他们却并未丧失对革命政治的信念，毋宁相反，梁漱溟反复强调的是："农民运动为中国今日必定要有的，谁若

---

① 米迪刚、尹仲材编著《翟城村》，第217页。

② 米迪刚：《治平之路》，《村治》第1卷第20期，1930年2月15日。

③ 王鸿一：《村本政治》，《村治月刊》第1卷第1期，1929年3月。

④ 米迪刚、尹仲材编著《翟城村》，第194页。

⑤ 王奇生：《党员、党权与党争——1924—1949年中国国民党的组织形态》（修订增补本），华文出版社，2010，第147页。

忽视农民运动，便是不识事务。"①他们尤其对革命之后的国民党中央政权日渐沦为老人政治和官僚政治倍感不满。在他们看来，"一个民族的命运，断不是决定在'中寿木拱'的老头，而实决定在朝气蓬勃的青年"，而对于任何政权稳定性的最大威胁也就在于："农民因破产而去'附逆'，青年因不满现状而致'恶化'。"②1930年，梁漱溟一接办《村治》，就明确宣告他最用心的是左倾青年："专意在对着青年——尤其是左倾青年——说话。"③从更实际的行政规划和国家稳定角度来看，村治还可以被设计为青年人才晋升的规范化渠道。因为"全国青年从学校卒业后，职业问题，国家没有给他们以相当的出路和保障，使他们时时怀着一种恐慌和怀疑的心理"④，这必然导致失学青年的不平之气，"将来社会上如此辈人太多，必从此多事矣"⑤。因此，不仅要扭转青年"拜官心理之错误"，把"求名于朝"的风气转向"求名于野"，号召青年"到乡村去"，"到边疆去"，而且，他们还设计了一整套的规划，政治人才按照村长、乡长、县长、省长、国长的序列依次晋升。就此而言，村治学派的新政治既是一种真正的民主政治，更是别具一格、自成一体的农民运动、革命政治和青年政治。

村治学派的经济路线是逐渐清晰的。移民实边、改良农业、发展副业、提倡合作社，这都是非常明确的；但如何处理农业和工业的关系，则是含混的。米迪刚也说过"振兴工业，发展海外贸易"的话，但并未明确论述两者之间的内在关系，以至

---

① 梁漱溟：《乡村建设理论》，《梁漱溟全集》第二卷，第407页。

② 李朴生：《从剿共说到银借款用途》，《村治》第1卷第11、12期，1930。

③ 梁漱溟：《主编本刊之自白》，《梁漱溟全集》第五卷，第24页。

④ 震宇：《从青年心理之病态研究青年出路》，《村治月刊》第1卷第10期，1929。

⑤ 米迪刚：《余之中国社会改良主义》，《翟城村》附刊，第53页。

于后来有读者来信问村治学派是否反对工业社会，吕振羽的回答是："我们并不反对工业社会，只反对资本主义化的工业社会。"①但这也就促使吕振羽提出一个比较明确的规划路线："以农业社会化运动创造工业化的农业社会。"②而鲍幼申则提出实施"中国农村工业化"的方案与策略："最重要者当莫过于建设国家农场之经营，作农业社会工业化初期的模范与指导；提倡农村合作运动，使各个农村组织单位形成一种团结的组合，以便在生产、消费、销售、分配种种方面，达到工业化之目标；扩充农村教育，养成健全的农业工业化，农业科学化的专门技术人材与管理人材，以适应农村社会工业化之需要。"③这里的关键即是，工业化作为中国的发展目标已被村治学派确立了，但在实施工业化的计划过程当中，如不顾及中国农村社会的承受力，甚至彻底推翻农村社会制度，进一步打击和碎化农村具有自我保护色彩的社会组织，则是完全不可接受的激进路线。

五　20世纪20年代政治意识的地平线

20世纪20年代的政治意识上的地平线，在国际上是由第一次世界大战和俄国十月社会主义革命奠定的，国内则刚刚爆发了五四青年运动，相伴始终的是持续数年的中西文化论争。在这个过程中，西方文化的自明性和神圣性已经逐渐瓦解了。在一定意义上，这等于紧接着中国传统儒家文化的去魅化，很快就是西方文化本身的去魅化。在此后的道路之争中，西方仍是一个重要的参照系，但不再是唯一的真理源泉。这是解放之解放，也是"最后觉悟"（陈独秀）之"最后觉悟"（梁漱溟）。

---

① 《通讯》，《村治月刊》第1卷第3期，1929。
② 吕振羽：《农业社会之本质与前途》，《村治月刊》第1卷第4期，1929。
③ 鲍幼申：《中国农村社会工业化与民生经济》，《村治月刊》第1卷第4期，1929。

无论是章士钊的以农立国论，还是国民革命的农民运动，抑或是村治学派的异军突起，都是在中国面临大转型时期的理论思考和实践探索，因为他们都感受到了农业时代向工业时代变迁的巨大压力，都不同程度地反思和批判立宪选举政治和资本主义经济路径及其必然带来的城市化对资源的汲取和集中过程。为此，他们也都带动了20世纪20年代的政治意识逐渐关注农业、重视农民并走向农村。他们彼此之间当然也有巨大的差异，若从理解梁漱溟的角度出发，或许可以这样说，章士钊的农业立国论是正题，而国民革命时期的农民运动构成了反题，村治学派的村本政治则恰好是合题。

章士钊的以农立国论将对西方文明的反思推进到对工业文明的反思，将对工业和工人的注意转向对农业和农民的注意。他认为中国的问题是农业国家追求工业化带来的弊端，而工业化以病态的工业文明为目标本身就是错误的，在近代的条件下也是很难实现的。所以中国道路在于农业化，这既能为文化运动预备广阔的社会基础，也是中国文化的内在要求。一方面，他为保守主义的继续推进指明了一种新的可能性，即从先前的三纲五常（张之洞）、孔教（康有为）、文化精神（杜亚泉、写作《东西文明及其哲学》的梁漱溟，甚至还有1922年之前的章士钊等）、人生观（张君劢）走向中国最广大的乡村社会开辟了通道；另一方面，以农立国论提醒城市失业问题的重要性，提醒农业在中国经济上和农民在中国人口中占据最大多数的比重。这都为此后政治意识的理论论述和实践探索提供了最重要的历史前提。

国共两党都把帝国主义和封建军阀在政治经济上的根基归于乡村社会的土豪劣绅，要消除其根基，也为了扩大革命的社会基础，就必须发动农民和把农民组织起来参与革命。共产党主导的农民运动于1925～1927年在此方面的巨大成功，不仅显示了早期共产党的革命精神与组织活力，也促使国民党中的部分有识之士希冀争取农民的支持，而农民自身政治能量的急速爆发，既令人恐惧，也引人向往。1927年国民革命联合阵线的挫败及此后共产党在城市暴动上的失败，越来越将斗争的焦点引向广大的乡村社会。如何组织和引导那股巨大而潜伏着的政治能量，即成为此后现代中国史上最关键的问题。社会史论战、农村社会性质论战、乡村社会调查、乡村建设运动、农村包围城市的革命路径等，都是围绕此关键的焦点问题而在各个领域各个层次上逐渐展开的。

村治学派讨论了章士钊和农民运动中的几乎所有重大论题：农业在国民经济中的重要地位；农民占当时人口的大多数；中国文化的命脉一直存在于广大乡村，而现代以来的乡村社会处于持续衰败过程中，现代化、工业化和城市化的整套制度建设都是摧残乡村社会的难以遏制的规范化力量；除了帝国主义的侵略压迫和军阀的连年混战之外，还有自然灾害，使农民处境艰难；地主、商人和高利贷"三位一体"或者说土豪劣绅对农民的盘剥加剧了乡村社会的衰败。但是，村治学派并非简单地复制章士钊的以农立国论和农民运动的论题，而是试图综合前两者的经验而另辟蹊径，完整描画一幅新的建国计划图，表现在学术思想、政治规划和经济路线三个方面。

在学术思想上，他们反对任何形式的奴化现象，无论是旧欧化还是新俄化；在政治规划上，代议制的选举方法已被确认为完全失败，如何安置青年与农民及促使两者相互结合乃是根本问题，这促使他们一边反思阶级斗争的激进化，另一边却又批判国民党的右倾化；在经济路线上，他们并不死守农业化的落后保守心态，也反对以摧残农村社会制度的激进手段来发展工业化，借助农业的实有力量并巩固和发展村社组织来推动中国工业化的战略实施，变得越来越清晰了。这是在中国面临大转型时的一种理论思考和实践探索：村治学派感受到了农业时代向工业时代变迁的巨大压力，反思和批判立宪选举政治和资本主义经济路径及其必然带来的城市化对资源的汲取和集中过程，为此，他们开辟了一条探索新政治的道路，学术思想、政治规划和经济路线是这条探索之路在文化、政治和经济上的不同表现形式。这条探索之路也就是后来梁漱溟反复提及的"整个问题"之所在。村治学派是清末以来人民政治的再度表现，也是20世纪20年代走向乡村的政治意识的一次汇总，更是20世纪30年代乡村建设运动的兴起在思想上的一种奠基。

在1927~1930年，由于王鸿一的推崇，也因为自己的开悟和自信，梁漱溟终于汇合到村治学派之中了。梁漱溟和村治学派的关系大致如下：此前的几位中坚人物以一种散在的形式初步勾勒了梁漱溟乡建思想图景中的粗线条，而在旗帜的号召、方向的明晰化和理论的体系化等方面，还需要梁漱溟来加以推动和完成。

第三章　梁漱溟的变与不变：从文化哲学走向乡村建设

梁漱溟一生有过几次比较重大的变化，20世纪20年代从文化哲学走向乡村建设可说是最重要的一次。但一般可能这样来认识梁漱溟的变化，即梁漱溟从对人生问题和文化哲学的集中思考转向对中国问题和社会实践的逐步探索。还有人认为，梁漱溟的乡村建设其实是其文化理论的一次社会实践。①这两种看法各有所见：第一种见到的是梁漱溟从一个领域到另一个领域的转向，第二种则是把梁漱溟的变化视作理论和实践的区别。

我们的见解与以上两种看法都稍有不同。对于20世纪20年代的梁漱溟来说，领域的转向是显而易见的事，但这未必是一种变化。其实在当时，已有很多朋友表示了对梁漱溟的担心，以至于他需要特意出来写一篇自白，说："做社会运动自是我的本色……用心思或云谈学问，只居其中的一段落，归结还在行动；来自实际固不归于实际不止也。追根寻源，全在有问题，全在问题之实际性。"② 无论是对人生问题的思考，还是对中国问题的探索，归根结底都是作为问题之实际性牵动着梁漱溟，并且贯穿他的一生。因此，所谓领域的转向，其实只是在不同时期问题的侧重点有不同而已，对于梁漱溟来说，这并非一种变化。

---

① 郭齐勇、龚建平：《梁漱溟哲学思想》，湖北人民出版社，1996，第47页。

② 梁漱溟：《主编本刊之自白》，载《梁漱溟全集》第五卷，第6~7页。

梁漱溟走向乡村建设自然也是走向更加实际的社会运动，相比于他之前的文化哲学，似乎一者实践，一者理论。但他的乡村建设在30年代盛行的乡村建设潮流中能够独树一帜，一个重要的原因是他并不止于针对实际问题而有的一时反应，而是因此形成了一整套的政治哲学及其理论。因此，我们也不能将他的乡村建设运动视作他的文化理论和哲学思想的一次社会实践。他的乡村建设理论当然与他的文化理论和哲学思想密切相关，但它们之间只是一种紧密结合的关系，而不是任意一者可以被另一者取代的关系。乡村建设运动是乡村建设理论的一次社会实践，并非文化理论和哲学思想的一次社会实践。故而理论和实践的区别也未能把握到梁漱溟变化的实质。

我们是这样来认识20世纪20年代梁漱溟的变化的，即根据思想的倾向性和观念的原则性来审视梁漱溟的变与不变。只有梁漱溟的思想倾向和原则观念发生了实质性的改换，我们才能够认为梁漱溟变了；否则，即是不变。甚至在同一思想倾向和原则观念下，伴随时间的流逝和认识的具体化，在方式、手段、策略等方面越来越细致化，这是深化，并非变化，只能归为不变的范畴。

一 批判理智主义：从直觉主义到理性主义

梁漱溟是在一种压力之下来思考中国文化命运的。晚清之际的压力来自资本主义列强的军事胁迫，而民国以后，在共和危机的促迫下，一种内生性的试图摧毁中国文化而尽力模仿西方文化的思想潮流已经浩浩汤汤。梁漱溟的文化哲学之思从一开始即带有与这种思想潮流论辩的性质，但梁漱溟与这种思想潮流有两个重合之处。其一是对中国文化与历史的痛彻批判。

他也认为，中国的实际状况确是"糟粕形式与呆板训条以成之文化，维系数千年以迄于今"①。其二是对西方文化精义的叹赏。他基本认可"五四"新文化潮流中的两大口号，科学已将自然界和人事（"上自国家大政，下至社会上琐碎问题"②）括入囊中，为西方文明的繁荣昌盛奠定了最扎实的物质基础；而民主使得个性伸展与社会性发达并道而驰，为西方国家称霸世界预备了相对可靠的组织基础。

梁漱溟的独特之处是从生活的意欲来解释文化的根本差异。中西文化的不同正是生活的意欲方向从来有自，西方所走的是"向前的路向"，科学与民主也是西方文化同自然争斗与同威权争斗的结果，而"中国文化是以意欲自为、调和、持中为其根本精神的"③。因此，关键是生活意欲和人生态度的问题。根据不同的生活意欲和人生态度走下去，自然就有一定的后果。中西之别并非古今之别，而是方向性的差异。那么，在一个以西方化为现代性标志的世界里，我们应持怎样的态度呢？梁漱溟说：

> 第一，要排斥印度的态度，丝毫不能容留；第二，对于西方文化是全盘接受，而根本改过，就是对其态度要改一改；第三，批评的把中国原来态度重新拿出来。④

这是一个世界互联互通和相互竞争的时代，印度式的反身向后的意欲自然需要从根本上杜绝，中国式的调和持中同样不合时宜。所谓全盘接受西方文化，按理说就不仅仅是完全学习

---

① 梁漱溟：《东西文化及其哲学》，载《梁漱溟全集》第一卷，第472页。

② 梁漱溟：《东西文化及其哲学》，载《梁漱溟全集》第一卷，第355页。

③ 梁漱溟：《东西文化及其哲学》，载《梁漱溟全集》第一卷，第382～383页。

④ 梁漱溟：《东西文化及其哲学》，载《梁漱溟全集》第一卷，第528页。

西方的科学与民主，还应该采取意欲向前的生活方式，可是梁漱溟为什么又要"根本改过"其态度？梁漱溟对"批评的……重新……"这样一种方式是极为重视的，在他看来，西方近代以来的生活意欲也正是对古希腊的一种复兴，但这种复兴必须经过"批评的……重新……"方式的洗礼，而不是对古希腊的简单复制。可是既然中国式的调和持中不合时宜，那么所谓"中国原来态度"又就何而言呢？

我们或许可以从梁漱溟对中西之间的另一个根本差异的判断上来理解这个问题，即理智与直觉的差异："理智与直觉的消长，西洋派与中国派之消长也。"① 出于时势的需要，必须全盘接受科学与民主，在这一点上，梁漱溟与新派人物完全一致，但前提是有必要批判理智主义。理智主义将宇宙万物都化为物质，不仅自然变成一堆可供技术改造的聚合物，人本身也只是一堆"碎物合成的，无复圆圙浑融的宇宙和深密的精神"，人和人之间"分别界限之清，计较之重，一个个的分裂、对抗、竞争"，② 似乎除自己以外，他者都是地狱的化身。理智主义还造就了一个机械世界，表面上富丽堂皇，实质上则是逼仄和严酷的，它将情趣斩伐殆尽，无异于干枯乏味的一个铁笼，仅有的贪欢也只能依赖向外奔逐的纵欲淫乐。从经济的角度来看，机械自身的发展越来越需要大资本的支持，这就必然导致生产的集中化和资本的垄断化，阶级截然分化，无产阶级实质上已经变成自由形式下的生产奴隶，而竞争的强化甚至使得资本的拥有者也能变成资本的奴隶，因为他们也必须"小心提防失败、贫困、地位低降，而努力刻意营求财货，时时刻刻算账并且抑制活泼

---

① 梁漱溟：《东西文化及其哲学》，载《梁漱溟全集》第一卷，第505页。

② 梁漱溟：《东西文化及其哲学》，载《梁漱溟全集》第一卷，第504页。

的情感，而统驭着自己，去走所计算得那条路"①；再加上现代分工的细化，工作的重复度与零碎度极高，工作本身基本没有任何内在意义感。理智主义正是烦闷、疲倦、空虚与无聊很容易普遍化为典型的现代病的罪魁祸首。

孔子的直觉主义则恰恰与此相反。孔子是中国文化的集大成者，此前的中国文化都流向他，此后的中国文化都从他流出。中国文化的实际历史之所以必须痛加批判，一个原因是孔子的教化并没有真正得到实现。梁漱溟与新派人物一样批判中国历史，但他拒绝像新派人物那样将这种罪责完全归于孔子（作为路向的开拓者，孔子仍须负责，但路向本身无所谓对错，只有合不合时宜可言）。相反，孔子的直觉主义全力关注人类的情志方面："孔家没有别的，就是要顺着自然道理，顶活泼顶流畅的去生发。他以为宇宙总是向前生发的，万物欲生，即任其生，不加造作必能与宇宙契合，使全宇宙充满了生意春气。"② 若一任直觉，遇事随感而应，率性而为，自然而然，反而妥帖适当，能与宇宙契合，一切生机盎然，最怕的是只通过理智来分别物我，计较打量，这样会压抑直觉，迫使直觉迟钝麻痹，而"所有的恶，都由于直觉麻痹，更无别的原故"③。进一步来说，人类行为的真正动力其实不是来自于理智，而是出于直觉或者源于本能冲动，理智主义因为压抑直觉而扼杀了自然和人类本身的生机，但其向前奔逐的动力机制却仍要依赖欲望；而对于直觉主义来说，"私心人欲不一定是声、色、名、利的欲望之类，是理智的一切打量、计较、安排"④，宋儒追求的"无欲"，其实正

---

① 梁漱溟：《东西文化及其哲学》，载《梁漱溟全集》第一卷，第493页。
② 梁漱溟：《东西文化及其哲学》，载《梁漱溟全集》第一卷，第448页。
③ 梁漱溟：《东西文化及其哲学》，载《梁漱溟全集》第一卷，第454页。
④ 梁漱溟：《东西文化及其哲学》，载《梁漱溟全集》第一卷，第454页。

是要除去这种理智的妄意，依循自然的节律，顺应宇宙自身的变化，此之谓"天理流行"。

但梁漱溟很快就开始后悔了，后悔的结果是直觉主义的心理学为理性主义的人性论所取代——这套人性论的完整表述要到1975年才完成，但从1924年他即立意要作《人心与人生》，而理性主义的零星表述在他走向乡村建设的过程中，早已多处流露；更关键的是，理性主义的人性论本身即是乡村建设理论的哲学基础，这在《乡村建设理论》一书末尾的"人类社会建设应有的原则"部分中可以看得极为清晰。[①] 在进行文化哲学之思的时期，他认为："罗素说无私的感情抬出一个灵性来，实不如克氏所说无私的感情只是一种本能为合于孔家道理。"[②] 但在走向乡村建设的过程中，梁漱溟自己也区别开来本能、理智和理性三个层次。当然，"理性"一词作为梁漱溟后期哲学中最核心的范畴，与我们平常所用的"理性"概念无疑是不同的。他将理性视作一种平静通达的心理，以无私的感情作为内核而能在人生正当性的取舍上给出应有的判断。[③] 从功效和至高无上的尊严地位而论，梁漱溟的理性接近于康德的纯粹实践理性，纯粹实践理性也是在与纯粹知性的对比中彰显其特殊作用的，也是要为世界公民时代的到来奠定伦理实践的正当基础，但康德的纯粹实践理性以其形式化的抽象特征著称，梁漱溟的理性则格外注重情感特征而具有很强的内在化倾向。

梁漱溟仍然认为，西方现代社会"发达了理智"，这为西方

---

① 梁漱溟：《乡村建设理论》，载《梁漱溟全集》第二卷，第568~572页。

② 梁漱溟：《东西文化及其哲学》，载《梁漱溟全集》第一卷，第512页。

③ 梁漱溟：《乡村建设理论》，载《梁漱溟全集》第二卷，第181页；梁漱溟：《中国文化要义》，载《梁漱溟全集》第三卷，第122~126页；梁漱溟：《人心与人生》，载《梁漱溟全集》第三卷，第614页。

文明带来灿烂的同时，也为人类带来了巨大的灾难；但在进行中西对比的时候，不是理智主义与直觉主义的差异，而是理性主义代替直觉主义成为中国文化早熟的特征。①这种取代引发了一连串的变化效应。

首先，直觉主义与理智主义是相互排斥的对比模式，而理性主义与理智主义并不是二元对立的。理智与理性都是人类有别于动植物的特征，人类最能代表宇宙大生命的创造性和可能性之处就在于人类通过理智脱离了本能的限制，理性则是从理智再往上进化的更高的人类本质。因此，统而言之，理性可以包含理智；分而言之，"理性是生命的本身，是体；理智是求生活的工具，是用"②。理性与理智的恰当位置是后者以前者作为主宰，而前者为后者指明方向和辨别正误。

其次，直觉主义是孔家思想中比较高深的一种生命哲学，对直觉主义的高度推崇与对中国历史的痛彻批判是完全相容的，直觉主义也只是作为一种人生态度局限在与近代西方的对比框架中。而理性主义作为中国文化的整体特征，被放置其中的与西方的对比框架要开阔多了，因为同样被放置其中的西方也囊括了其历史的整体特征。在这种对比中，西方中古的宗教时代充满了迷信、固执与粗暴，近代以来，虽然其迷信对象和粗暴方式有了极大的不同，但就其带来的世界性灾难而言（当时第一次世界大战已发生），足见其在人生智慧方面仍处在等而下之的层次。从历史的眼光来看，中国社会最有势力的并不是宗教，可是中国文化的连续性和同化力极强，虽然朝代屡更，甚至汉族政权也常被颠覆，但是幅员广阔，人口繁庶，中国还是中国，

---

① 梁漱溟：《中国文化的特征在哪里》，载《梁漱溟全集》第五卷，第697~711页。

② 梁漱溟：《论方法兼谈理智与理性》，载《梁漱溟全集》第五卷，第869页。

而这都是因为中国自孔子以来就开发了理性，社会秩序的维持一向倚靠礼俗。理性主义是中国民族精神的历史积淀和哲学表达，它不像直觉主义那样直接，只需要激发个人的生命自觉，而更需要借重广阔的政治社会作为施展的平台。因此，走向乡村建设也就成为梁漱溟的一种自然归趋。

最后，直觉主义与理性主义在梁漱溟的政治哲学中的地位与作用也是有差异的。梁漱溟的政治哲学以礼乐复兴运动为其根本宗旨，礼乐与直觉的关系是，礼乐通过"直觉作用于我们的真生命"①，直觉成为礼乐深入人心的一扇窗户；而在古代中国，则是儒家通过不断的礼乐复兴运动来开启理性，礼乐的宗旨本身即是理性，也只有理性贯彻其中的礼乐才是真正的礼乐。

二 礼乐复兴运动：从西方模式到制度创新

自艾恺以来，梁漱溟已经被学术界公认为"文化保守主义"的一个典型，所谓文化保守主义是说："在接受西方政治技术模式（尽管受到许多条件的限制）的同时，维护中国文化的精华（或者更确切地说，是儒家的道德价值）。"②这种总结仅用来说明前期梁漱溟是恰当的。梁漱溟将他那个时代视作从第一路向朝第二路向转化的过渡期，中国文化的真正复兴要在不久后的将来，亦即转型期完成的时刻，而在这个过渡时期，中国更需要补足第一路向的功课，因此，他是完全"接受西方政治技术模式"的。在这个时候，谈不上有多少中国文化的精华需要维护，只是有必要将孔子长期掩蔽不明的直觉主义的人生态度发挥出来。

---

① 梁漱溟：《东西文化及其哲学》，载《梁漱溟全集》第一卷，第468页。
② 〔美〕艾恺：《最后的儒家——梁漱溟与中国现代化的两难》，王宗昱、冀建中译，第5页。

直觉主义的人生态度，对于前期梁漱溟来说，有两大作用。第一个作用在前面其实已经提到了，即作为礼乐复兴运动的窗户和桥梁。在他看来，被新文化运动所批判的孔教不过是孔子的一些呆板训条罢了，而"礼乐是孔教惟一重要的作法，礼乐一亡，就没有孔教了"①。中国之所以不像西方和印度那样特别重视宗教，就因为从周孔以来，礼乐教化取代了宗教。"礼乐在未来文化中之重要是我敢断言的"②，所谓中国文化的复兴其实就是礼乐的再次复兴。但礼乐绝非历史上那些有关礼仪和乐律的条文记载可以充数，那只是礼乐的陈迹，任何一个时代都有其适用的礼乐陈迹，这些陈迹伴随时势的变化自身就会发生演变蜕化；真正的礼乐必须根于人心，本于情义，可是"最微渺复杂难知的莫过于人的心理，没有澈见人性的学问不能措置到好处，礼乐的制作恐怕是天下第一难事"③。直觉则是我们内在生命与外界通气的唯一窗口，因此，也有那种拥有极其敏锐直觉（亦即孔子所谓"仁"）的天才可能洞彻普遍的人性与通达时代的人心，他们将为礼乐复兴运动奠定第一块基石。

对于保守主义来说，一项有利的政治原则是，任何制度的有效运作都需要倚靠相应的社会习俗，康有为正是据此来反对革命与民主共和制的。袁世凯的帝制自为、张勋的复辟，特别是频繁的军阀战乱乃至"猪崽议员"的出现，更是公认的共和危机。新文化运动的一个政治目标其实正是试图再造新的伦理道德和社会习俗，以与新的民主共和与立宪政治相匹配。在这一点上，被归为保守主义的梁漱溟其实完全与新文化运动拥有同一政治目标。他不仅从很早开始就是革命的信徒，而且直到

---

① 梁漱溟：《东西文化及其哲学》，载《梁漱溟全集》第一卷，第467页。

② 梁漱溟：《东西文化及其哲学》，载《梁漱溟全集》第一卷，第502页。

③ 梁漱溟：《东西文化及其哲学》，载《梁漱溟全集》第一卷，第522页。

走向乡村建设之前，他也一直是西方模式的信徒。他与一般保守主义倒是有根本不同，他既不把共和危机归罪于民主（康有为）或者代议制（章太炎），也完全反对那种将时局的纷乱归因于人们的争权夺利的想法。他认为：

> 我们现在所用的政治制度是采用西洋，而西洋则自其人之向前争求态度而得生产的，但我们大多数国民还依然是数千年来旧态度，对于政治不闻不问，对于个人权利绝不要求，与这种制度根本不适合；所以才为少数人互竞的掠取把持，政局就翻覆不已，变乱遂以相寻。故今日之所患，不是争权夺利，而是大家太不争权夺利；只有大多数国民群起而与少数人相争，而后可以奠定这种政治制度，可以宁息累年纷乱，可以护持个人生命财产一切权利。①

西方模式中的新政治制度必须倚靠大多数国民联合起来争权夺利才能有效运作。但这种对权利的争夺不能降低为对功利主义的追求，因为对功利主义的追求只是出于理智主义的计算得失，这是凭借欲望的向外逐物，很容易令人疲顿厌苦，衰竭无力。实质上权利即正当，对权利的争夺应该是对正当的执着，这才是一种内里充实有力的刚劲精神，也是直觉主义的随感而应。

从文化哲学走向乡村建设，梁漱溟在如下几个关节点上是不变的。

第一，对礼乐复兴的执着追求。梁漱溟能被称作保守主义，只有从其对礼乐复兴的执着追求上才可说是适当的，因为他极

---

① 梁漱溟：《东西文化及其哲学》，载《梁漱溟全集》第一卷，第534页。

为自觉地将这种追求视作儒家一项伟大运动的继续，历史上的儒家"深悯生民之祸，乃苦心孤诣，努力一伟大运动，想将宗教化为礼，将法律、制度化为礼，将政治（包含军事、外交、内政）化为礼，乃至人生的一切公私生活悉化为礼"[①]。儒家的这项持续几千年的伟大运动泽润中国甚深，但仍然谈不上获得过彻底成功，因为礼乐真意的维护既倚靠对宇宙、自然、人性的普遍洞见，又需要因应时势的变迁彻观人心和人情的走向，当无人理解并且胜任这项最微渺复杂工作的时候，礼乐就会异化为形式主义的制度条文，这在历史上也是反复出现的事情。自西方入侵以来，始而以军事器艺和技术创造震慑国人眼目，进而以政治、经济、教育、法律等规则体系圈住国人躯壳，最后则是文化、伦理、风俗、习惯等一整套价值取向深入国人内心，中国已到了一个文化大转变和社会大改造的关键时期。梁漱溟的保守主义绝非要将古代一套礼乐条文搬到现代世界里来，他只是要在这个关键时期重建一整套新的文化体系和社会构造——所谓礼乐复兴运动实质上是新礼俗的再造和新中国的重建，而这也正是他的乡村建设运动的根本任务。

第二，向西方学习的态度未变。他一直认为，西方人将第一路向中的生活意欲发挥得相当畅遂，有两点是值得中国人取法的：一是科学技术的不断发明创新，二是在团体组织中锻炼了国家意识和个人意识。科学的重要性是公认的，几乎没有任何异议；可是民主的重要性存在争议，特别是在通达民主的道路及其方式的选择上更是分歧杂乱。梁漱溟的特别之处在于，将民主的真精神转化为对团体组织的建设和对团体生活的培训。梁漱溟走向乡村建设，是因为乡村建设提供了民主道路的一种具体方式。

---

① 梁漱溟：《乡村建设理论》，载《梁漱溟全集》第二卷，第183页。

这让他在向西方学习的策略上得到了前所未有的深化。

第三，将新习惯的培养视为比制度建设更根本的倾向。在这方面，乡村建设对于梁漱溟来说，同样是提供了一种具体细致的深化方式。新的政治之道相比于古代中国发生了根本性的变化，古代中国被推崇的政治之道是无为之治，这在梁漱溟最常引的吕坤《呻吟语》里的一段话中最能体现；而在所谓的现代化建设里，国家权力自然而然得到了极大的膨胀。如何规范和监督这种权力（所谓必要的恶）的运作，一直是现代国家建设中的根本问题。在梁漱溟看来，单靠宪法、法律及其他制度条文的颁布是没有效用的，只有中国国民对一般公共事业有相当的关切注意及活动能力，这个根本问题才可望获得切实的解决。但要让所有人从一开始即对国家大事发生兴趣，这是不可能的。只有从一乡一村的切身所在来培养这种现代国家急需的新习惯，才是比较现实的一种方式。

以上三点的不变之处是析而言之。倘若统而言之，其实都可归于礼乐复兴运动这一个根本点上，因为无论是新组织的建设，还是新习惯的培养，归根结底都是新礼俗的再造："新社会、新生活、新礼俗、新组织构造，都是一回事，只是名词不同而已。"[①]接下来我们看看梁漱溟在哪些方面发生了变化。

假如说，奠定后期梁漱溟在哲学上的根本转向是从直觉主义到理性主义的变化，那么，奠定后期梁漱溟在政治上的根本转向则是从西方模式到制度创新的变化。对于后期梁漱溟来说，这也是他平生之中最重大的一次觉悟，即是醒悟到西方模式（无论是欧洲近代民主政治的路，还是俄国共产党发明的路）在根本精神上都是不足取法的。他说："从前我主张改变了自己去学新制度，

---

① 梁漱溟：《乡村建设理论》，载《梁漱溟全集》第二卷，第279页。

以后才自知错误。直至今日乃寻出二者相通之点，所以才能谈乡村建设；乡村建设就是从此相通之点去建设一个社会新制度。"[1]梁漱溟的这个根本转向源于他对中西差异的重新认识。

一方面，梁漱溟越来越不认可以权利主义作为政治制度的根本原则。权利主义是西方近代政治制度的核心所在，既借助公民权的确立让众人都拥有参与公共事务的权利，又通过自由权的确立限制他者（特别是公共权力）对私人事务的干涉。一整套的民主政治制度其实都是用来维护权利主义的巧妙设计："这种制度，使你为善有余，为恶不足，人才各尽其用，不待人而后治。"[2]但权利主义有两种流弊。第一，法律主义对生活的牢笼。权利体系的确立需要通过法律的界定来免除纷争，结果所有的纷争只能依赖法律诉讼来获得有效解决，可是生活的边界是无限交叉并且极其复杂的，这必然导致权利体系中的法律条文变得无限交叉并且极其复杂，律师由此成为权利主义世界中的新祭司。第二，权利主义仍根植于物欲主义的主宰。所谓"保障人权，即是拥护个人的欲望，不忍受妨碍；其国家行政地方行政（尤其是所谓市政），无非是谋公众的欲望之满足"[3]，通过将政治与宗教、法律与道德截然划开，权利总是优先于善（因为善是无法获得公认的），生活的基本意义其实难免只剩下各人欲望的自由满足了。在梁漱溟看来，这样的趋势不应该成为中国发展的方向。

另一方面，民族精神越来越成为梁漱溟政治哲学中的一个关键词。前期梁漱溟认为，中国人的旧习惯不适应权利主义的

---

① 梁漱溟：《乡村建设理论》，载《梁漱溟全集》第二卷，第248页。

② 梁漱溟：《我们政治上的第一个不通的路——欧洲近代民主政治的路》，载《梁漱溟全集》第五卷，第135页。

③ 梁漱溟：《我们政治上的第一个不通的路——欧洲近代民主政治的路》，载《梁漱溟全集》第五卷，第167页。

向前争求，"因为中国人，类多消极怕事，不敢出头，忍辱吃苦，退缩安分"[1]，但这是一种低劣的旧习惯，有必要培养新习惯来清除这种旧习惯。后期梁漱溟发现，这种低劣的旧习惯其实是民族精神的一种衰败形式。精神是生活习惯内在的核心要素，相对于一般的人类意识，它具有一种很强的能动力量和自求主宰的倾向。一个民族的特有精神是在历史的长河中受其文化熏陶而成的，而民族精神的成长过程也是形塑其文化的最有力因素。民族精神通过习惯的势力在几代人之间不断传承，但精神的内在能量并非现成的，它需要每一时代的人通过自我领悟和相互激发才可能逐渐获得。作为领悟者的梁漱溟，此后一生的重要使命即是期待民族精神获得普遍的自我意识：《乡村建设理论》是其政治哲学的表述形式，《中国文化要义》是其历史哲学的表述形式，而《人心与人生》则是其伦理哲学的表述形式。梁漱溟试图通过乡村建设来完成制度创新的历史任务，一个重要的原因即在于，他认为现代中国的创建不应该以残损民族精神为代价，而降格投入理智主义和权利主义的生活牢笼之中。

梁漱溟所设想的乡村建设，与清末以来的各种维新政治不一样的地方在于：维新政治总是从上贯下，乡村建设是自下而上的；维新政治的重心所在总是城市，乡村不过是末梢神经，而乡村建设开辟的却是一条农村包围城市、以农业启发工业的道路；维新政治以国家行政和官僚体系作为主体来推行各种现代化的改革，乡村建设则希望知识分子和农民结合起来作为社会运动的主体，以此为基础，通过广泛的联络与合作形成普遍性的新社会体系，在这个过程中，政府不过起一种辅导性的作用而已。这也是一条与西方不同的路：乡村建设试图建立这样一种团体组织，它

---

① 梁漱溟：《自述》，载《梁漱溟全集》第二卷，第22页。

不像西方那样，从权利主义观念出发，整个社会依赖法律加以维持，而是以伦理情谊作为本位的礼乐共同体；乡村建设也不能再重复自由竞争的资本主义和个人主义的政治经济道路，而要通过普遍合作使得经济与政治合一，对整个社会的政治经济给出一种总体的发展规划；乡村建设不主张以物欲主义为内在核心的个人自由权，人生向上才合乎人类作为宇宙大生命中最具有创造性的生物所具备的本质属性。因此，乡村建设的理想社会是"政治，经济，教化，三者合一炉而共冶之。而教化实居首位"①。

最后，制度创新还承担着一种崇高的历史使命，即在世界文化转型的过程中重建一种新的更合理的世界文明形态。鸦片战争以来，中国越来越深地卷入资本主义的世界体系之中。中国应该采取什么方式（作为主体的自身曾是什么，又将变成什么的问题）以及如何搭配利用多种手段（军事、技术、经济、政治、文化）参与资本主义世界体系之中的激烈竞争，就成为历代有识者苦心焦虑的核心问题。在这方面，梁漱溟并不独特。梁漱溟的可贵之处是，他还开启了这样一种思考方向：把全球的地域和人口都囊括无遗的资本主义世界体系本身的正当性与合理性是什么？我们是否真的别无选择，只能根据这套逻辑来适应生存或者被动淘汰？梁漱溟的回答是否定的，乡村建设即代表了这样一种全新的民族自觉："所谓从民族自觉而有的新趋向，其大异于前者，乃在向世界未来文化开辟以趋，而超脱乎一民族生命保存问题……中国人其果审于世界文化转变之机已届，正有待吾人之开其先路，而毅然负起其历史的使命，则民族前途之恢张，固又于此日之志气卜之矣。"②

---

① 梁漱溟：《中国之地方自治问题》，载《梁漱溟全集》第五卷，第341页。

② 梁漱溟：《中国民族自救运动之最后觉悟》，载《梁漱溟全集》第五卷，第113～114页。

三 前期梁漱溟与后期梁漱溟的分水岭

从文化哲学走向乡村建设，或许可以看作梁漱溟思想前期与后期的一道分水岭。贯穿这道分水岭的同一脉络是对理智主义的批判和对礼乐复兴运动的执着追求。但前期梁漱溟通过直觉主义来解释孔子的学说，作为批判理智主义的利器；后期梁漱溟则用理性主义来说明整个中国文化的特征，相比于理智主义，这是一种早熟的文化，也是将要复兴的世界未来文化。前期梁漱溟满怀一腔以担当中国文化命运为使命的热血，但实质上他很难称得上是一个保守主义者，因为在政治上他完全与新文化运动是同一归趋的；后期梁漱溟基本摆脱了对西方政治模式的迷信，开创了一种极为独特的设想现代中国之路的政治思考和社会运动方式。虽然限于时代，梁漱溟总是在一种中西对比的模式中来表达他的思考，这在今天看来似乎太过宽泛，而他的许多政治设想，除了小范围的影响之外，历史的实际走向可说是从根本上偏离了他的想象轨道，但是，他对理智主义、权利主义和物欲主义等的批判，其实基本切合现代生活世界的某些内在症结，对于越来越陷入或者即将被拉入这种困境中的我们来说，无疑是可以醒脑的清凉剂。更关键的是，现代生活世界试图通过不断的技术开发来榨取地球乃至整个宇宙的资源来满足不受节制的人类欲望，从整体来说，这就不是一条可以长期持续的道路；而资本主义的世界体系更是将大部分地区和绝大多数的人纳入一种实质性的等级序列之中，这与现代性自我宣称的自由平等也未必完全合拍，因此，梁漱溟对制度创新的具体设想可能需要伴随历史的变迁不断给予再修正，但这种大胆的追求却是值得高度叹赏的。

第四章　后期梁漱溟的思想路标

梁漱溟在20世纪20年代发生了一个重要的转变，即从文化哲学走向乡村建设，这也是早期梁漱溟向后期梁漱溟的转型。①在这个转变的过程中，他不断讨论"民族精神"这个概念和理念。在某种程度上，我们可说"民族精神"是后期梁漱溟的思想路标，既是理解梁漱溟本人的最重要的指示灯，也是反映那个时代思想文化问题的测量器。

一　作为求变方向的民族精神

鸦片战争特别是甲午中日战争以后，中国求变的时代意识已经是汹涌澎湃而不可阻遏了。正如梁漱溟所言："时至现代，是到了一个大剧变期，吾人应为人类开辟一新历史，此实伟事也。吾人把这个责任负起来，应欢喜踊跃，以接受此使命，不要畏难，不要退避。"②一个剧变的时代——这是几乎所有先觉者的共识。但是，变向哪里？如何变法？这些则是从未停止过的争议，甚至同一个人也会根据不同的历史形势和思想认识而不断探索乃至持续变化。到了1930年前后，梁漱溟终于敢自信且坦白地宣告他的"最后觉悟之觉悟"了。

那么，新方向是什么？是对民族精神的体悟及改造之后的再回归。这就是梁漱溟的"最后觉悟"，这种"最后觉悟"的表

---

① 王悦：《从文化哲学走向乡村建设——梁漱溟的变与不变》，《孔子研究》2013年第6期。

② 梁漱溟：《朝话》，载《梁漱溟全集》第二卷，山东人民出版社，2005，第108页。

现形式是学术思想上的文化论争，但其根源是政治问题："我在政治问题上用心，才慢慢找出中国民族精神；我要解决很实在的、很具体的政治问题，才慢慢地发见了中国民族精神。"[1]

需要注意的是，作为一种话语现象的"民族精神"并不是梁漱溟的创造。至迟从18世纪开始，伴随现代性的各种普遍力量从先进国家或地区扩展到其他国家或地区，"民族精神"作为一种抗争的话语形式就不断在这些后进国家或地区中浮现出来。事实上，"民族精神"从它诞生之日起，就承负着这样一种双重使命，既是抗击现代性的一种话语方式，又作为民族国家的话语建构起到了深化现代性逻辑的历史作用。海德格尔认为，在世界图像的时代，"文化就是通过维护人类的至高财富来实现最高价值。文化本质上必然作为这种维护来照料自身，并因此成为文化政治"[2]。民族精神的现代性转化就存在于这种文化政治的逻辑之中。

因此，"民族精神"话语在中国近代思想史上屡次出现，村治学派更是集中使用这个关键概念，甚至在其他的乡建派别中，这类话语形式也是普遍存在的。江问渔明确使用了"民族精神"这个词，晏阳初用的是"民族灵魂"这个词，他们都把这当成塑造现代公民的必备要素。[3] 梁漱溟的特色是，通过不断地辩驳

---

① 梁漱溟：《精神陶炼要旨》，载《梁漱溟全集》第五卷，第511页。

② 〔德〕马丁·海德格尔：《林中路》，孙周兴译，上海译文出版社，2005，第77页。

③ 江问渔说："注重公民教育——特别发挥民族精神和扩大民族意识。"晏阳初说："一个国家的历史是她所掌握的最有价值的塑造未来的资料。为了塑造伟大的现代人民，缔造中国历史的著名而有影响人物，是应当进行探索和研究的。应当做的不是抄录他们的道德箴言，而是呈现他们赖以生活的民族理想。此项研究应该发现最崇高生活中所表现的民族灵魂。……按照现代的需要，对伟大人物不朽的品质，作出新的解释，综合成为一体，使之变成中华儿女的血和肉。"江问渔：《参加第二次乡村讨论会后感想》，载章元善、许仕廉编《乡村建设实验》第二集，上海书店，1935，第488页；《晏阳初全集》第1卷，第266页。

与论证，将民族精神话语体系化了。

确实，对于他来说，民族精神既是最重要的概念，也是最核心的理念。作为概念而言，民族精神是他批判影响近代中国两大潮流的最终根据；作为理念而言，民族精神是中国历史文化的本真源头与本质属性，也是为什么乡村建设才是"建国运动"的有效方式的最终根据，而乡村建设则是民族精神在现代条件下得以持续活跃的一种体现形式。在某种意义上，我们可以说，梁漱溟后半生的所有思考都能浓缩于这个关键词里：《乡村建设理论》是其政治哲学的表述形式，《中国文化要义》是其历史哲学的表述形式，而《人心与人生》则是其伦理哲学的表述形式。

二 作为批判根据的民族精神

近现代中国存在两种强大的思想潮流：一种是晚清以来向西方学习的维新变法潮流，这被梁漱溟视作欧美模式的民治主义；另一种因受第一次世界大战及俄国革命的影响和刺激，伴随新文化运动逐步深入和国民革命蓬勃开展而掀动一时的社会革命潮流，这被梁漱溟称为党治主义。章士钊和梁漱溟等重视乡村问题的文化保守主义，与前期保守主义最不同的地方就在于，他们需要因应两种思想潮流的挑战而提出别具一格的精神道路。

1.民治主义批判

在一定程度上，对欧洲近代民主政治的批判，可说内在于对民族国家的批判之中，因为民族国家才是真正的目标："感受着欧洲近世潮流——其最有力之刺激则近在眼前之东邻日本——而讲富强，办新政，以至于革命共和，虽其间尽多不同，而总之结晶在一'近代国家'的目标。"①而作为民治主义内在核心的宪政则被视作通达这一目标的有效方法："中国怎样才能好？要改换一种政治制度才能好。因为政治制度是决定国家权力之如何运行与使用的；国家权力用得对，则国自会好。大约前期的民族自救运动，都是着眼在此，要废除数千年相沿的政治制度，而确立一种新政治制度，以此为救国之根本方策。"②但梁漱溟的深刻之处在于，他最先对这种宪政-民主策略化的做法表示了质疑：

> 请注意它原不是真正宪政运动。……真正宪政运动，是老百姓起来向秉国钧者要求确立国家根本大法的运动。所谓宪政便是一切事情都要根据此根本大法而行的政治。其内容意义要在自由权之保障和参政权之取得。它可以说是来自人民之一运动。然而中国当年之谈宪政，却出于挽救危亡之动机，是站在"民族立场"。如我从来所说，它只是含在民族自救运动之内的。③

这听来多像"救亡压倒启蒙"说的预告，可是发明这套说法的李泽厚先生却只是简单地将梁漱溟视作"民粹主义"的代表。④由此可见，梁漱溟对宪政-民主的批判，既内在于对民族国家的批判，又完全超越了对后者的批判，因为他看得很清楚，前者具有与后者并不一致的思想根据，理解和批判这种思想根

① 梁漱溟：《中国民族自救运动之最后觉悟》，载《梁漱溟全集》第五卷，第106~107页。
② 梁漱溟：《我们政治上的第一个不通的路——欧洲近代民主政治的路》，载《梁漱溟全集》第五卷，第133页。
③ 梁漱溟：《谈中国宪政问题》，载《梁漱溟全集》第六卷，第510页。
④ 李泽厚：《中国思想史论》（下），安徽文艺出版社，1999，第978页。

据只能在一种不同的思想格局里独立进行，民族精神这一概念为这种思想格局奠定了最终根据。

有必要把依据民族精神对欧洲民主政治的批判与一般批判从原则上（而不是程度上）区别开来。一般批判的一种形式可称为事实批判，根据这种批判，可以指责民主宪政不过是一批留学生受到外来影响而移植过来的一套新制度，它完全不是普遍大众的内在需求。事实上，大多数中国人民完全与这套漂浮在上的制度不相关切，但这其实并不构成对民主宪政的真正批判，相反，它常常转化为对中国文化本身的激进主义批判，因为这无非在说，中国民众的习惯太坏和素质太差，暂时性地不能适应好的政治制度，既然如此，完全可以通过对中国文化的彻底改造来提高民众素质。在这个脉络上，不仅新文化运动是如此看，包括后来被称为文化保守主义的现代新儒家，也大多如此看，甚至早期梁漱溟，同样是如此看。

一般批判的另一种形式可称为物质批判，这种批判主要是说中国的物质条件比较落后，一方面疆域太大，交通不畅，另一方面工商业不发达，而民主宪政普遍被看成奠基于资产阶级工商业之上的一种政治制度，缺乏经济基础的中国宪政自然是浮游无根了。这种批判只有在拒绝工业化的前提之下才构成有效批判，章士钊正是如此做的。而梁漱溟不是，工业化是国家权力的内在需求，在他那里，只有工业化的不同道路，工业化作为一个目标，从来没有成为一个问题。因此，这种物质批判仍是一种暂时性的批判，它并没有直接面对宪政民主是不是好的这样一个实质性的问题。对于梁漱溟来说，真正的思想问题都必须在原则和标准这个层次上加以衡量和估值："所谓哲学不必是一套理论，而是指人生最基本的取舍，一切因之而异。这就是我们必须严密注意之所在。"①

这正是梁漱溟的宪政批判的特异所在。一方面，在民族主义的时代潮流中，他坚持认为，不能将对宪政－民主的追求工具化，因为宪政－民主是具有内在价值的东西，就其主张公众的事必须公众做主（公民权）与个人的事各自做主（自由权）来说，它是合理的，即使在社会主义大兴的时代潮流中，他仍说："然而社会本位主义，必于人的个性伸展以后才能说；个性不立，绝不是健全的社会组织。个人在社会中的地位的尊重，毕竟为永恒的真理。"②就其能让不同的势力和人才在同一个宪政框架内保持权力均衡的稳定性与自由竞争的活力性，它还是极为巧妙的，具备消除古代一治一乱的循环政治而通达长治久安的实际效用。另一方面，他也正是根据内在价值的原则来估量立宪政治的内在价值对于我们意味着什么。他总是认为，文化是一种综合性的体系，国家及其内在的政治制度与经济结构都可以囊括其中，它们的有效运作依赖于文化体系的包容和支持，而文化又根源于人生的意欲与生活的路向，所以我们不能单看到其政治制度的合理与巧妙，而忽略了其背后深刻的人生态度和精神意向。

前期梁漱溟看到，中国人的旧习惯不适应权利主义的向前争求，"因为中国人，类多消极怕事，不敢出头，忍辱吃苦，退缩安分"③，但这是一种低劣的旧习惯，有必要培养新习惯来清除这种旧习惯。后期梁漱溟发现，这种低劣的旧习惯其实是民族精神的一种衰败形式。任何民族精神都可能有其堕落的衰败形式，但我们不能完全根据其堕落形式来评价一个民族的根本精

① 梁漱溟：《中国以什么贡献给世界呢？》，载《梁漱溟全集》第六卷，第475页。
② 梁漱溟：《我们政治上的第一个不通的路——欧洲近代民主政治的路》，载《梁漱溟全集》第五卷，第137页。
③ 梁漱溟：《自述》，载《梁漱溟全集》第二卷，第22页。

神；我们当然应该痛彻批判民族精神的衰败形式，事实上，这在被我们笼而统之地称为"传统"的古代也是不断发生的思想史历程，任何思想史上的真正争执从实质上来说都是再次激活或重新塑造民族精神的重大尝试。因为精神是生活习惯内在的核心要素，相对于一般的人类意识，它具有一种很强的能动力量和自求主宰的倾向。

假如在一个时代里，固有的民族精神（而不仅仅是其衰败形式）被看得低劣了，那么，这就意味着民族精神必须得到重新塑造。有关宪政的争执也必须作为这样一种重大尝试得到衡量和估值，而不能被看成一种单纯的制度选择。梁漱溟正是在前者的意义上来衡量和评估立宪政治制度的："此制度所需于社会众人之心理习惯，必依之而后得建立运行者，乃非吾民族所有；而吾民族固有精神实高越于其所需要之上。"①

梁漱溟说："中国人数千年生存至今，自有其妙理妙用，就是各自消极节制，而彼此调和妥协，适与西洋人之往外用力，辗转于彼压迫此反抗，或相抵消而剂于平者，其道相反。"②这与他在写作《东西文化及其哲学》的时候对中西文化及其人生哲学的理解并无二致，但不同的是，在那个时候，他实质上是要求中国人"全盘接受"西方文化（即从调和转为争执），而到了这个时候，他才认识到这里面存在着不能改移而下的民族精神，因为中国人受其历史文化的长期熏陶，早已经超入不争而知足的精神。虽然对这种高明和深厚的人生思想与人类精神倘无真正的体会，确实容易流为"消极怕事，不敢出头，忍辱吃

---

① 梁漱溟：《我们政治上的第一个不通的路——欧洲近代民主政治的路》，载《梁漱溟全集》第五卷，第146页。

② 梁漱溟：《我们政治上的第一个不通的路——欧洲近代民主政治的路》，载《梁漱溟全集》第五卷，第152页。

苦，苟且偷生等习惯心理"，但是，相比于西洋人的向前争持，这种精神在原则上要更高一筹。假如我们不是在原则上要求本来高明的中国人做到真正的不争而知足，而是希望他们像西洋人那样具有永远的甚至神圣的不知足精神，那么，这等于是原则的规范性之降格，则中国人不但得不到西洋人那种活泼泼的有力精神，反而丧失了自我更有力的精神，将更加地弛散懈败、陵夷就下、嗜利无厌以至于到了不可收拾的境地。这就是为什么立宪政治中的选举和三权分立的牵制机制在西方能行得通，且自有一种积极意味，而在中国则"惟有使各方面互相捣乱而已"①。

作为西方政治经济制度的枢纽的权利主义，在梁漱溟看来，有两大无法消除的症结。

第一，法律主义对生活的牢笼。权利体系的确立总是需要通过法律的界定来免除纷争，结果所有的纷争只能依赖法律诉讼来获得有效解决，可是生活的边界是无限交叉并且极其复杂的，这必然导致权利体系中的法律条文变得无限交叉并且极其复杂，律师由此成为权利主义世界中的新祭司。这种法律主义相对于西欧的封建社会是一种进步，但是相对于中国的礼乐文化则是一种倒退："封建社会之礼诎抑人格，其视近代西洋法律自为有所不及；而此中国特殊发展之礼则固根乎人类的无对精神而来；其视近代西洋法律制度一切植基于个人本位权利本位契约观念之上，不出乎人类有对性之表现者，正为有所超过。"②

---

① 梁漱溟：《我们政治上的第一个不通的路——欧洲近代民主政治的路》，载《梁漱溟全集》第五卷，第157页。
② 梁漱溟：《我们政治上的第一个不通的路——欧洲近代民主政治的路》，载《梁漱溟全集》第五卷，第164页。

第二，以个人自由为核心的权利主义必然消解人生的基本意义。个人自由被普遍视为从中世纪宗教神权的压抑中解放出来的人道、人文和人性，梁漱溟看到了这一点，并且与中国做了对比，认为这种权利主义通过区别公私，在防范公共权力的压制方面具有很强的合法性效应。因为在古代中国，诚如孙中山所说的，由于散漫的缘故，好像每人都自由得很，但那不是真正的自由，也没有区别开法律意义上的公私界限（道德意义上的公私之判倒很严格），公共权力的压迫干涉更是完全没有限度。

但是，个人自由其实还是脱胎于各种宗教争端的一种异端权利，它并不是要人完全脱离宗教，而是拒绝一种独断的教义的普遍化，特别是反对借助于行政权力来推行这种教义的普遍化，这就是近代政教分离的实质所在。梁漱溟没有看到这一点，但他看到了这一点的严重后果："欧洲近代政治，实是专为拥护欲望，满足欲望，而其他在所不计或无其他更高要求的；我名之曰'物欲本位的政治'。其法律之主于保障人权，即是拥护个人的欲望，不忍受妨碍；其国家行政地方行政（尤其是所谓市政），无非是谋公众的欲望之满足。"[1]通过将政治与宗教、法律与道德截然划开，权利总是优先于善（因为善是无法获得公认的），结果变成了所谓"私"无非是个人的欲望，所谓"公"也无非是各个人叠加的欲望，"其拥护自由亦即是拥护欲望"[2]。而中国从孔子以来早已经形成一种极为深厚的人文传统，以至于今人竟把韦伯的一个核心概念——"理性化"

---

① 梁漱溟：《我们政治上的第一个不通的路——欧洲近代民主政治的路》，载《梁漱溟全集》第五卷，第167页。

② 梁漱溟：《我们政治上的第一个不通的路——欧洲近代民主政治的路》，载《梁漱溟全集》第五卷，第168页。

用来说明当时的那种历史转化。[①]可是，中国的这种对现实人生的肯定并没有导致对个人欲望的肯定，毋宁相反，人兽之别，义利之辨，理欲之争，这才是中国文化几千年孜孜以求的关键所在。不从关键处去激活一个伟大民族的崇高精神而得以释放她的"真力量、真智慧、真本领"，却拿欲望去诱惑这个有悠久传统的民族，这绝不是救治她的做法，而是一种败坏、一种残贼、一种毒害，总之，这是堕落，而且是文化的堕落和民族的堕落。

2.党治主义批判

梁漱溟对党治主义的批判，不像对宪政－民主的批判那样是在原则层面展开的，而基本只是一种事实批判。梁漱溟的问题只在于说明党治主义在中国是否可行。

作为一种策略，梁漱溟对党治主义的有效称许远远超过对一般宪政的泛泛认可。中国地大人多，散漫无统，只能依赖一部分觉悟分子主动担当起来，假如能将他们锻造成为一个纪律严明和信念坚定的政党组织，当然是令人期待的。而中国作为一个在世界竞争中的后进国家，假如能由那样一个政党组织形成一个强而有力的革命政府，一方面，能够对抗列强的压迫并且解除各种不平等条约的各方面束缚，另一方面，彻底掌控国家权力，对整个国家建设加以一整套的规划、调度和主持，这绝对是一种值得期待的理想选择。正因如此，后来当共产党将历史事实摆在梁漱溟的面前时，梁漱溟可以说是由衷地感叹与羡慕的。

但是，依据马克思的历史唯物主义，社会政治革命必须有待于经济形势的变动与发展，党治主义不过是在对这种形势变

---

① 李泽厚：《历史本体论·己卯五说》，生活·读书·新知三联书店，2003，第156～188页。

迁的洞见中加以推动的一种人力而已。而在梁漱溟看来，列宁领导的俄国革命已经脱离了客观形势的限制作用，"几乎都赖主观人力为之调制，侥幸或有成功"[①]。至于中国，特别是从当时国民党的状况来看，首先，缺乏有利的客观形势。它没有真正的革命基础，工人、农民、小资产阶级、资产阶级等都不是可靠的革命队伍；作为革命对象，帝国主义是笼统的，既是中国必须依赖的经济力量，也是国民政府不敢招惹的政治军事力量；而军阀本身根本不代表一套合理的秩序，"以武力解决军阀的结果，不过是旧军阀倒，新军阀出！以暴易暴，无以自解"[②]。其次，缺乏有效的人力资源，无法形成党治主义。中国的历史不像欧洲那样长期处于国家与国家之间，阶级与阶级之间，甚至王权、封建领主和自治城市之间的斗争和紧张状态之中，大一统的帝国政治崇尚的是无为，这正是导致中国人只有身家意识而缺乏国家意识和阶级意识的关键，但是这也养成了中华民族的宽容和理性的德性，因此士人的风气向来是散荡浪漫的，他们难以忍受团体组织的纪律训练，把他们结合在一个党内只能导致党本身的分裂牵掣和麻木不灵。"党且无有，何有于党治。'以党治军''以党建国''以党治国''党权高于一切'……一切无非梦想而已！"[③]

三 作为社会结构分析的民族精神

我们已经看到，无论是对民治主义的原则批判，还是对党

① 梁漱溟：《我们政治上的第二个不通的路——俄国共产党发明的路》，载《梁漱溟全集》第五卷，第264页。

② 梁漱溟：《我们政治上的第二个不通的路——俄国共产党发明的路》，载《梁漱溟全集》第五卷，第284页。

③ 梁漱溟：《我们政治上的第二个不通的路——俄国共产党发明的路》，载《梁漱溟全集》第五卷，第288页。

治主义的策略批判，民族精神都是梁漱溟的最后根据。梁漱溟的"最后觉悟"，在一定意义上可说是针对陈独秀的一种颠覆：在陈独秀那里，"伦理的觉悟，为吾人最后觉悟之最后觉悟"，而作为中国文化象征的则是别尊卑明贵贱的"三纲"阶级制度，这也是名教和孔教的核心，与西方文化中的"新三纲"（亦即"自由、平等、独立"）构成不可调和的冲突；[①]在梁漱溟那里，"最后的觉悟"也是一种政治性的文化领悟，但作为中国文化的象征却变成了"人类的理性"[②]，这既是中国的长处，又孕育了中国（特别是在近代世界里）的短处，与西方文化中的权力意志构成鲜明对比。

但我们不能将这种颠覆看成同一个层次上的对比，与陈独秀在同一个层次上的思考是在《东西文化及其哲学》里，那是有关文化内涵中的习俗、伦理、道德等的一种政治性考察；而到了这个时候，梁漱溟的"最后觉悟"还受到了另一种方法论的刺激，即20世纪20年代末至30年代初有关社会史的论战。梁漱溟的"民族精神"已经是有关文化内涵中的社会结构的一种政治性考察了："如果就图式化这一点来说，第一代的激进变革者专注于政治制度问题，第二代关注继承传统的价值问题，第三代则将目光投向了解决所有其他问题的社会的深层结构。"[③]梁漱溟对"民族精神"的思考是围绕着第三代的问题而开启的。

---

① 陈独秀：《吾人最后之觉悟》，《青年杂志》第1卷第6号，1916年2月15日。

② 梁漱溟说："中国民族精神，照我的认识，就在'人类的理性'。"（梁漱溟：《精神陶炼要旨》，载《梁漱溟全集》第五卷，第516页）

③ 〔美〕阿里夫·德里克：《革命与历史：中国马克思主义历史学的起源，1919—1937》，翁贺凯译，江苏人民出版社，2005，第28页。

社会史论战起源于革命队伍的分裂以及国民革命的失败。[①]各派的革命者在有关国民革命失败的缘由及重新确认革命的性质、对象、任务、动力等方面都产生了极大的分歧，无论是否为马克思主义者，他们都借用了马克思主义的术语，通过对历史的解读来阐明革命的前途问题。[②]就当时的影响来看，他们争论的焦点问题与核心概念（比如历史分期中的五大社会形态、封建主义、亚细亚生产方式等）并没有被普遍接受。但是，不管革命者内部存在多少分歧，他们在梁漱溟看来有一种整体上的一致性，正是他们的一致性导致梁漱溟在如下两点上完全接受了他们的影响：首先，社会史论战导致了一种历史观的转变，"它对于历史发展的动力只有在社会经济结构的内在力量的相互作用中才能揭示出来的假定，改变了历史研究的范围，展现出一种对于历史解释的复杂性的全新的意识"[③]，这意味着历史研究的根本任务即在于探索社会结构演变的内在轨迹；其次，将对社会结构的历史研究与革命问题紧密连接在一起，革命必须根

---

① 国民革命的失败并不是被所有国民党承认的一个事实，我们只能在如下两重意义上来界定其"失败"：第一，革命联合战线的破裂，国民党的清党运动和共产党的工农暴动，证明国民革命中的联合战线不复存在了；第二，以统一、建国为目标的北伐已经变质为军事独裁和军事割据之间的相互斗争，而民众力量（无论是共产党的土地革命抑或是国民党激进主义的改组运动）都转化成这种新军阀的对立面或批判者。

② 侯外庐说："大革命失败以后，革命处于低潮时期，马克思主义者为了探索革命的前途，解决中国向何处去的问题，开始了对中国社会性质问题的研究。……理论界对中国现阶段究竟是资本主义社会、封建社会还是半殖民地半封建社会的问题展开了争论。既然要争论这样一个涉及中国国情的问题，就不能不回过头去了解几千年来的中国历史。于是问题又从现实转向历史，引起了大规模的中国社会史论战。"需要注意的是，最先"从现实转向历史"的是来自国民党激进主义的理论家（以陶希圣为首），共产党人被迫接受了挑战并且建构了对中国历史的宏观理论解释（参见侯外庐《韧的追求》，生活·读书·新知三联书店，1985，第222页；〔美〕阿里夫·德里克《革命与历史——中国马克思主义历史学的起源，1919–1937》，翁贺凯译，第56～57页）。

③ 〔美〕阿里夫·德里克：《革命与历史：中国马克思主义历史学的起源，1919—1937》，第6页。

据于对社会结构变迁的"科学性"洞见（虽然事实上又常常是革命目标的预先确定决定了什么问题才能成为历史研究的核心关注）。

社会结构分析的有效性来源于客观性，即对社会经济形势变迁的一种所以然的结构性分析。这种对客观性的追求其实早在《东西文化及其哲学》中已有鲜明体现。正如德里克发现正统马克思主义者即使在意识到欧洲和中国历史的差异的时候仍然坚持历史唯物主义的公式化解释那样，[①]梁漱溟对客观性的努力探求与他对中国历史上社会结构的分析基本上只是一种文化解释也存在很奇特的矛盾。艾恺在分析《东西文化及其哲学》的时候就指出过梁漱溟的这个矛盾："他似乎承认历史唯物主义适用于西方社会而不适用于中国社会。"[②]更准确的指责应该是，梁漱溟也承认历史唯物主义适用于中国的现代社会，但他一直明确拒绝历史唯物主义对中国古代史的解读。社会结构分析作为一种客观主义的方法论甚至被梁漱溟用来解释中国的数千年历史，但是解释的中心问题仍然不是经济形势的变迁，而是文化问题，是作为生活样法的文化，包括家族、伦理、道德、阶级、职业、国家、政治等，而社会史论战中的土地、商业资本主义、历史分期等问题完全消失了。之所以如此，是因为梁漱溟从来没有接受马克思主义中的社会存在决定社会意识的唯物主义。在他那里，"精神"概念并不是单纯被物质生活条件决定的"意识"，而是近于一种黑格尔式的"精神"，虽然他的"精神"并不像黑格尔式绝对精神那样具有本体论意义上的创发作用，但却具备存在论意义上的独

① 〔美〕阿里夫·德里克：《革命与历史：中国马克思主义历史学的起源，1919—1937》，翁贺凯译，第187页。

② 〔美〕艾恺：《最后的儒家——梁漱溟与中国现代化的两难》，王宗昱、冀建中译，第82页。

立的和能动的力量。①他引入社会结构分析，正是为了解读民族精神："指出中国文化的特别处（长处短处），从而领会其民族精神，这是历史文化分析的意义。"②

这种客观主义的方法论又是他的革命论的前提，因为只有首先辨别了中国历史上的社会结构，领悟了为中国所需的现代意识何在，才能明确中国将要建设的社会结构究竟意味着什么。这正是为什么首先需要"指出中国文化的特别处（长处短处）"：一种对民族精神的历史解读不等于无条件崇拜所有的文化要素，甚至连某些被辨别出来的重要形式（比如语言、文字、音韵、典章、史书等"国粹"）都未必真正要紧，要紧的是内在于社会结构之中的精神底蕴。每一个民族的精神底蕴都是独特的，它总是在某些特定的历史时期为圣人及其传人所辨明，作为历史的路标和内在的导向，它还能规定什么样的社会结构得到生长、发育、繁荣，而其他的倾向则被阻碍住了。

中国文化的第一个特别之处可从家族制度说起。人人都能看到家族制度在中国历史上的源远流长（在形式上当然有变

---

① 张志敏指责梁漱溟说："他观察近代中国因资本主义经济的侵入而产生的变乱，不从经济生产条件（国际的和国内的）之物质的变动上来认识，而从文化上或习惯上来认识这种变乱。文化或习惯，其本身都是依从的（依从于某种经济基础上的制度），因而没有它们的独立发展的前途。只有物质生活条件才是真实的基础，又是发展的根源。"但梁漱溟说的却是："文化的特殊方向既萌，后之人皆于是竭尽其聪明才思，益为种种安排种种教训，上而为精神，下而为习惯，以振以励，以濡以染。所谓'无有异议者'，事实所在，不得不尔；虽圣智有不能越，而别为计者已。'民族精神'一词，宽泛用之，兼赅有力精神无力习惯以为言，狭义唯指精神。"张志敏的批评只是针对"文化或习惯"，而漏掉"精神"。但这种遗漏也未必重要，因为两者的差别，实质是两种哲学观在历史认识上的不同表现。张志敏：《评梁漱溟先生的乡村建设理论之"方法问题"——客观主义与保守主义》，载千家驹、李翔翔编著《中国乡村建设批判》，第189~190页；梁漱溟：《我们政治上的第一个不通的路——欧洲近代民主政治的路》，载《梁漱溟全集》第五卷，第153页。

② 梁漱溟：《精神陶炼要旨》，载《梁漱溟全集》第五卷，第516页。

化），但梁漱溟不仅在这个意义上来理解中国文化的特色。从他对冯友兰的批评中可以看出来，他尤其拒绝那种通常的观点（冯友兰不过将其表述得很清楚），即把这种家族制度视作某种落后生产方式的附属物而已，伴随生产社会化时代的到来，家族制度自然而然就要衰落了。梁漱溟认为："中国人的家之特见重要，正是中国文化特强的个性之一种表现，而非第为生产家庭化之结果，自亦非生产家庭化的社会之通例。"①家族制度表现了中国文化的独特个性，但这也只是中国文化个性的一个起步，我们不能将中国文化视作家族本位的。在梁漱溟看来，中国文化最特别的地方其实在于从家族制度衍生出来的伦理本位，这是一种将整个社会家庭化的组织方式，"每一个人对于其四面八方的伦理关系，各负有其相当义务；同时，其四面八方与他有伦理关系之人，亦各对他负有义务。全社会之人，不期而辗转互相连锁起来，无形中成为一种组织"②。这种伦理本位的社会组织方式试图将中国的经济关系和政治关系统统伦理化和情谊化，其本身具有替代宗教的安慰勖勉的效用。在某种意义上，我们可以说，这种伦理本位的社会组织正是礼乐共同体，梁漱溟称之为"礼俗"："即此礼俗，便是后二千年中国文化的骨干，它规定了中国社会的组织结构，大体上一直没有变。"③它导源于周孔的礼乐教化，把上古时期浓厚的宗教氛围道德化，"相信人都有理性，而完全信赖人类自己"④。假如说原先是道德、礼俗、法律都孕育于宗教之中，那么，从此之后的宗教、道德、法律甚至政治、经济等人类可能有的关系都被礼俗囊括进去了。

---

① 梁漱溟：《中国文化要义》，载《梁漱溟全集》第三卷，第41页。

② 梁漱溟：《中国文化要义》，载《梁漱溟全集》第三卷，第82页。

③ 梁漱溟：《中国文化要义》，载《梁漱溟全集》第三卷，第119页。

④ 梁漱溟：《中国文化要义》，载《梁漱溟全集》第三卷，第105页。

中国文化的第二个特别之处是没有形成长期稳定的对立性阶级结构。因为有大量的独立生产者，由于遗产均分制等种种原因导致土地和资本流转分散，无法形成经济上的垄断阶级，而在政治上，唐宋以来的科举制度早就对普通人开放了，因此古代士农工商的区别并不是固定的阶级分化，而是流动性很强的一种职业分途。梁漱溟承认列宁主义有关国家学说的一个前提，即对外防御攻击、对内维持秩序的国家必然是一种武力统治，这种武力统治又必然是一种阶级统治，因为必须要有一个统治阶级作为主体来掌管武力的应用。而中国文化的特殊性导致中国不像一个国家，对内以无为政治为主，对外则是浑然没有界限的天下观念："国家消融在社会里面，社会与国家相浑融。国家是有对抗性的，而社会则没有，天下观念就于此产生。"①在某种程度上，我们可以说，正是以伦理本位组织起来的社会体系（亦即礼乐共同体），内而能追求"封建性"的自治（作为无为政治的基础），外而能消泯一定的血缘和地缘界限（作为天下观念的实质），它才起到了消融国家的历史效用，而这也的确就是几千年来儒家孜孜以求的文化至上主义的那个"文化"理念。

所有的这些特别之处都是参照西方文化而得出来的：伦理本位相对于个人本位/社会本位，道德相对于宗教，礼俗相对于法律，职业分途相对于阶级对立，天下相对于国家，等等。

中国文化的长处和短处也是在与西方文化的对比中总结出来的。从长处来看，中国文化最早（也是过早）开发了理性，中国的文化至上主义可说正是理性至上主义。假如我们思辨地看待理性，那么，理性就是人类的本质特征，代表了整个宇宙

① 梁漱溟：《中国文化要义》，载《梁漱溟全集》第三卷，第163～164页。

大生命的最高倾向性。宇宙大生命的演化从一般物质到一般生物再到一般动物，最后才是人类："生命本性是在无止境地向上奋进；是在争取生命力之扩大，再扩大（图存、传种，盖所以不断扩大）；争取灵活，再灵活；争取自由，再自由。……唯一代表此生命本性者，今唯人类耳。"①但人类的身体不过是一般动物的本能的聚合物而已，停留于欲望之中的人类并没有真正脱离一般动物的层面，只有人心才能开启生命本性，才能把握住那种无止境地向上奋进的自由力量，而"理性者人心之美德"②。

我们还可以历史地看待理性，那么，理性相对于一般宗教，它把道德的评判标准交给人类自己，而不是神或上帝，这正是中国文化有别于西方中古的地方，是开明通达对于独断迷信的胜利；理性相对于科学，前者是有关人性和品性问题的离却主观好恶即无从认识的情理，后者则依赖一种有关一般物性（人性只是物性的一个特殊类别而已）问题的不离主观好恶即无从认识的理智，这正是古代中国不同于现代西方的地方，"西洋偏长于理智而短于理性，中国偏长于理性而短于理智"③。严格来说，理性和理智都是人类能够脱离动物本能的本质特性，但相比于理智，理性更是人类贵于物类者，"世俗但见人类理智之优越，辄认以为人类特征之所在。而不知理性为体，理智为用，体者本也，用者末也；固未若以理性为人类特征之得当"④。中国文化通过伦理本位组织起来的社会体系在人类历史上最先开启了理性，这正是独特的中国文化能够绵永长存、同化吸收、成熟稳定、影响广泛的原因所在，相比于欧洲，"我民族之泱泱大

① 梁漱溟：《人心与人生》，载《梁漱溟全集》第三卷，第580页。
② 梁漱溟：《人心与人生》，载《梁漱溟全集》第三卷，第614页。
③ 梁漱溟：《中国文化要义》，载《梁漱溟全集》第三卷，第127页。
④ 梁漱溟：《人心与人生》，载《梁漱溟全集》第三卷，第618页。

国举世无比，与西洋小国林立者相较，正为文化植根深浅之有殊，明眼人当早见之"①。

从短处来看，因为伦常秩序的长久熏陶，中国人小则只有身家观念，大则是漫无边际的天下观念，相比于西方文化，严重缺乏个人意识和国家意识。在一个世界互联互通和国家竞争的时代，这导致中国作为一个国家在政治、经济、军事等方面都显得极为虚弱；国家的强大总是以国内人民的能力、智慧、德性的开发作为前提，没有人民在能力、智慧、德性方面的总体活跃，国家是无法在竞争中取胜的。而"伦理本位则促成其修己安人之学问。职业分途则划出农工商，使不入于学问"②，结果是中国有关人性和生命的学问很发达（这即是理性发达的表现），而有关一般物性的知识研究则严重缺乏（这即是短于理智的表现）。在现代世界的竞争中，知识才是权力，缺乏科学的知识传统，在政治、经济、军事等技术研发中将毫无优势可言。

中国问题的复杂性就来源于此。假如中国只是一个没有开化的野蛮民族，那么，面对如此强势的西方文化，除了被消灭之外，当然只能全面西化以求自存；但是中国不是野蛮国家，中国文化之高，甚至能将西方文明反照得像野蛮国家的角斗场。然而世界毕竟变了，历史的潮流是无可回避的，在强势的西方文化的攻击下，中国必须在两个方面改造自己：首先是科学技术的大力汲取和自我研发，其次是通过培育新的团体组织来锻炼人民的国家意识和个人意识。但这样一种巨大的民族自我改

①　梁漱溟：《中国文化要义》，载《梁漱溟全集》第三卷，第299页。他还说："我们由分而合，他们却由合而分。我们从政治到文化，他们却从文化到政治。我们从国家进为天下，他们却从天下转回国家。"（第214页）

②　梁漱溟：《中国文化要义》，载《梁漱溟全集》第三卷，第269页。

造工程不应该成为一场民族精神被彻底废弃的历史运动。梁漱溟说：

> 在这左右来回的矛盾中，非有真正高明的眼光，深澈的认识，对中国伦理本位的道理有了解，能承认；对西洋近代的思想有了解，能承认；对反西洋近代的潮流有了解，能承认；把事情全看得通，找出一个坦荡的大道来，让这许多矛盾都不成矛盾，让这三方面的不可否认点，能够统统容纳而从事实上表现出来，则不得解决。换句话说：在这一个矛盾的时候，需要一个真正的通人，才能把这个事情通得过，才能开出我们现在应当走的道路，解决许多矛盾，建立新的社会。[①]

引入社会结构分析来解读中国的历史文化，是为了让民族精神被普遍理解和领会；依据民族精神对民治主义和党治主义做出批判性分析，却不是要将近代潮流的合理性全部清除出去。梁漱溟的政治哲学试图把三者的"不可否认点"统一包容在一套变革了的社会结构之中，而这正是《乡村建设理论》的最大目的所在。

四　弦断有谁听？

20世纪30年代乃至整个后期的梁漱溟，为新时代辨析民族精神的内在底蕴，为民族精神择定新时代的方向，他在此方面用力最勤，费时最多。不要以为他如此用力和如此费劲的话语都与乡村建设无关，恰恰相反，"尽有些文章，或并不直接谈乡

---

① 梁漱溟：《乡村建设理论》，载《梁漱溟全集》第二卷，第208页。

村问题，而正是我们文章要紧的所在"①。

那么，他到底是想对谁说话？首先，这最普泛地指向"国人"，因为要"转移国人盲目地往西走的方向"。②其次，他最用心的是青年，"专意在对着青年——尤其是左倾青年——说话"，因为在他看来，这批左倾青年是最有希望、最有活力的好人。③再次，他一生推崇宋明时代的讲学之风，与自己的学生一直存在相互启发、彼此激励的互动关系，20世纪30年代前后，他也对一大批乡村建设工作人员进行诸如此类的点拨和训话，这最集中地表现于为山东乡村建设所独有的"朝会"和"精神陶炼"之中。最后，不可忘记，起码在1930年前后那个节点上，他最迫切的说话对象是国民党：

> 十三年改组后之国民党所以见精神者，亦正赖有共产党为灵魂，亦正赖吃得一剂共产党的兴奋药。清除又清除，不知所余尚有何物？不几为一空躯壳乎！欲不为空躯壳，是不可不急谋内容之充实，不可不急谋新精神之代兴。是无他，亟当回头认取吾民族固有精神来作吾民族之自救运动耳。——这本是孙先生民族主义的固有涵义，非常重要者。凡一切在党务上政治上经济上的问题，皆当以此为衡，而采取新方针新办法；一洗旧染于欧人俄人者之污。我所谓国民党应当要变化者盖谓此。④

他甚至说："照我自己的解释，我依旧算国民党人，旁人如

---

① 梁漱溟：《主编本刊之自白》，载《梁漱溟全集》第五卷，第24页。

② 梁漱溟：《主编本刊之自白》，载《梁漱溟全集》第五卷，第24页。

③ 梁漱溟：《主编本刊之自白》，载《梁漱溟全集》第五卷，第24页。

④ 梁漱溟：《主编本刊之自白》，载《梁漱溟全集》第五卷，第27～28页。

何论法，就非我所知。"①那个时候的国民党，初握政权，虽似为无精神之空躯壳，但究为有朝气且将开新局面。希望中国有一个稳固的政权，希望这个稳固的政权走向正确的方向，这不必避讳，也无可厚非，甚至本来就很光明正大。问题仅仅在于：谁最有能力实现这一点？毕竟这从来不是一件靠嘴皮子说或光拍脑袋想即可成就的事业。梁漱溟在20世纪30年代的愿望最终是落空了。1949年，梁漱溟时作时辍的《中国文化要义》完成；10月，他为此书作自序：

> 然一旦于老中国有认识后，则于近几十年中国所以纷扰不休者，将必恍然有悟，灼然有见；而其今后政治上如何是路，如何不是路，亦遂可得而言者。吾是以将继此而请教于读者。②

意在言外，悠然难尽。

五　作为话语现象的民族精神

民族精神作为一种话语现象，常常流行于后发国家和地区，既是反抗先进国家现代性模式的一种策略方式，作为民族国家的话语建构又起到了深化现代性逻辑的历史作用，梁漱溟有关民族精神的讨论和思考亦不例外。但他的讨论和思考不仅复杂，而且系统化，是他这一代保守主义回应晚清以来向欧美学习的维新变法思潮和第一次世界大战以来向苏俄学习的社会革命思潮的根本文化要义。而为了让作为文化要义的民族精神被普遍

---

① 梁漱溟：《主编本刊之自白》，载《梁漱溟全集》第五卷，第28页。
② 梁漱溟：《中国文化要义》，载《梁漱溟全集》第三卷，第7页。

理解和领会，梁漱溟还吸纳了20世纪30年代社会史论战中有关社会结构分析的方法论来解读中国的历史文化，这使得这个核心概念和理念成为后期梁漱溟的思想路标：《乡村建设理论》是其政治哲学的表述形式，《中国文化要义》是其历史哲学的表述形式，而《人心与人生》则是其伦理哲学的表述形式。如果我们拿梁漱溟和钱穆做一个比较，可以看得很清楚，二人同样重视中国文化传统的内在精神脉络，钱穆采用的是一种史学的方法和思路，而梁漱溟无疑更倾向于哲学的思辨和综合。尽管梁漱溟寄予厚望的说话对象长期以来似乎并未理解他的苦衷，但他有关民族精神的讨论和思考，特别是根据这种思考对现代最有影响的两种潮流的较有深度的批判，或许仍值得我们重新反思和品味。

第五章 乡村建设话语的谱系

一 作为旗帜的乡村建设话语

1927～1937年这十年是一个遍插旗帜的时代，也是一个旗帜逐渐整合和统一的过程。蒋介石主导下的国民政府虽于1928年在形式上统一了全国，但实际能控制的地域、人口和资源只占相对优势，并无绝对优势。在这种背景下，梁漱溟借助地方军事实力派的支持，以此获得属于村治派的新阵地，希望树立村治派的新旗帜，并最终开辟村治派的新道路。

乡村建设运动偃旗息鼓未久，陈序经回忆说："自民国十五年至民国二十五年的十年间，'乡村建设'这个口号，可以说是震动一时。"①陈序经虽未亲自参与乡村建设运动，但他的批评之声相伴乡村建设运动之始终，艾恺就认为他"是对乡建运动最激烈、最刻薄的一个批评者"，也"是梁漱溟的令人生畏的批评者"。②但即使如此，时过未久，他对"乡村建设"这个口号震动一时的回忆已经出现偏差了。

第一本梁漱溟的传记（艾恺：《最后的儒家——梁漱溟与中国现代化的两难》，20世纪70年代出版），第一本集中研究梁漱溟乡村建设的学术著作（朱汉国：《梁漱溟乡村建设研究》，1996），第一本全面研究民国时期乡村建设的学术著作（郑大华：《民国乡村建设运动》，2000），都没有考证过乡村建设概念

---

① 陈序经：《乡村建设运动》，大东书局，1946，第88页。
② 〔美〕艾恺：《最后的儒家——梁漱溟与中国现代化的两难》，王宗昱、冀建中译，第194、200页。

的历史。以至于如今，试图划分乡村建设派别的时候，只能遵从乡村教育的视角，划分为所谓村治派、晓庄生活教育派、定县平民教育派、中华职业教育派和无锡民众教育派。[①]从乡村教育的视角来如此分派，这并没有什么错误，但如果依据当时人的看法，则乡村教育的视角并不是主要的分派原则，后人依据乡村教育的视角来划分乡村建设的流派，反而会产生诸多问题。[②]更有某些著作，以"乡村建设思潮"为研究对象，居然分出了"乡村建设派"、平教派、乡村生活改造派、职教派。[③]何以"乡村建设派"成为"乡村建设思潮"的一个支派？作者并未明言其故。如此看来，在乡村建设派分概念形成史的考溯之前，有必要先对乡村建设概念本身的生成史进行一番考溯，否则随着研究的深入，各种混乱现象也难免日见其多。

二 梁漱溟之前乡村建设概念出现情况考略

1930年10月16日，梁漱溟主编的《村治》第9期发布了《山东乡村建设研究院开办消息》，[④]这似乎是村治派最早最明确提及此概念的文献。可知至迟在1930年10月初，原村治派同人已协定使用"乡村建设"概念了。因乡村建设概念与梁漱溟的关系最为关键，故笔者将时间界限划在1930年10月，考察乡村建设概念在此之前的出现情况和在此之后的使用态势。这对于我们辨别乡村建设运动的各种历史脉络或有帮助。

笔者目前见到比较早且比较明确提及"乡村建设"概念的

---

① 董宝良、周洪宇主编《中国近现代教育思潮与流派》，人民教育出版社，1997，第463～485页。

② 曹天钟：《乡村建设派分概念形成史考溯》，《广东社会科学》2006年第3期。

③ 吴星云：《乡村建设思潮与民国社会改造》，南开大学出版社，2013，第122～217页。

④ 《山东乡村建设研究院开办消息》，《村治》第1卷第9期，1930，第8～9页。

文本，似乎是1927年6月份以谭廷闿、谭平山、邓演达、毛泽东和陆沉署名发布的《全国农协对于农运之新规划》，其中第四节即"开始乡村建设事业"，具体内容为：

> 乡村自治机关之建立，为镇压反动封建势力，巩固农民已得胜利，消灭乡村无政府状态而使农民运动适应于革命新环境之重要工作。已由本会呈请国民政府早日颁布乡村自治条例，各级农民协会，应即联络乡村革命平民，努力进行，务于最短期间，使乡村自治机关，完全建立起来。农民银行，生产合作社，消费合作社，及其他建设事业，各级农民协会，亦应与其他革命平民，共事建设。①

1926～1927年，全国农民运动蓬勃发展，但也遭到了很多非议，此时谭廷闿、邓演达等人强调"乡村建设"，可以看作一种宣传上的应对。1927年，大革命失败之后，乡村一级的政权建设也更加需要各项建设事业的配合，"乡村建设"本来就是顺理成章的事。总之，"乡村建设"是共产党领导下的农民运动在新的历史条件下的产物，这是"乡村建设"的缘起。

1928年，因痛感"军事胜利，政治失败"②，一批国民党人为阐发三民主义的真谛，创刊《先导》。8月15日出版的第3期上刊出一篇《乡村建设问题》，提出破坏之后的建设问题，文中说："本文所提出的乡村建设问题，本是整个中国建设之一部分。"③可知自南京国民政府于1928年6月份宣告完成统一大业不

---

① 中央档案馆编《中共中央文件选集（一九二七）》，中共中央党校出版社，1983，第173页。

② 《发刊词》，《先导》第1卷第1期，先导月刊社，1928，第1页。

③ 乡民：《乡村建设问题》，《先导》第1卷第3期，1928，第1页。

久，国民党内已有人认识到乡村建设问题的重要性了。

1930年1月7日~2月8日，卢作孚在重庆北碚的《嘉陵江报》上发表《乡村建设》一文。在此文中，卢作孚提出的乡村建设是相对于城市建设而言的，文章论述了乡村领域的教育建设、经济建设、交通建设、治安建设、卫生建设、自治建设等各个方面。[①]从内容来说，此文也含纳了这个概念在此后的发展过程中几乎所有重要的内涵。

1930年5月28日，土地整理委员会公函（第317号）江苏省民政厅，提出要代测汤山乡村建设实验区图。[②]可知早在山东乡村建设研究院之前，已有政府规划的实验区号称"乡村建设"了。就目前所能搜罗到的材料来看，汤山乡村建设实验区大概是最早以"乡村建设"命名的政府规划区了。

使用"乡村建设"一词不是很确切，但类似此词的使用频率应该很高，诸如"农村建设""乡村的建设""新村建设"等。早在1922年，因章士钊的提倡，"以农立国"论一时风行于世，有人希望以农产物比较会、聚粮会和苗种检疫会来组建"农村建设农业团"。[③]教育学界很早就关注到了丹麦的农村建设。[④]1930年，汪精卫因为西北问题也认识到农村建设的重要性。[⑤]

1928年，田中忠夫在《上海周报》上发表《江苏宜兴的农村经济与共产党暴动的真相》一文，文末就说道："就此次暴

---

① 卢作孚：《乡村建设》，载凌耀伦、熊甫编《卢作孚集》，华中师范大学出版社，2011，第53~65页。

② 《土整委会代测汤山乡村建设区划图》，《江苏省政府公报》第454期，1930，第25页。

③ 郝春台：《农村建设农业团》，《湖北省农会农报》第3卷第6期，1922，第18~19页。

④ 朱然蔾：《丹麦的农村建设与丹麦的农村教育》，《教育杂志》第20卷第11期，1928。

⑤ 汪精卫：《最近西北各省情况及农村建设之重要》，《中央党务月刊》1930年第23期，第1774~1779页。

动事件，可明悉中国农村的疲敝，和农村建设的不彻底，使故（引者注：原文如此）共产党乘机隐伏。"[1]根培在《高呼建设声中之农村问题》一文中不断提到"农村建设"一词，"对于农村建设的研究可以说是完全置诸不顾"，"本来谈到农村建设，先要培植农村自治的基础"，甚至第四小节的标题即为"农村建设与农村教育"。[2]有人说要"努力新农村经济的建设"[3]，有人强调："新的乡村的建设，也是刻不容缓的。"[4]杨开道的《新村建设》虽出版于1930年11月，但他于1929年春写成的《农村生活丛书编辑旨趣》里，列了14项有关农村改进的方面，其中第13项即为"新村建设"。不过，他虽也将"新村建设"称为"农村建设"，但"新村建设"谈论的主要是垦殖事业，与一般所习用的"乡村建设"反而相去甚远。[5]

三 梁漱溟与乡村建设概念的通行于世

1977年的时候，梁漱溟回忆说：

> 1930年蒋阎冯中原大战之后，河南村治学院被迫停办，原河南省主席韩复榘转任山东省政府主席，邀请原河南村治学院副院长梁仲华暨诸同人在山东继续进行工作。同人协议不延用"村治"或"乡治"名词而改称"乡村建设"。于是成立山东乡村建设研究院，选定邹平县为其实验区，于1931年年初开始工作。又由我写成《山东乡村建设

---

① 〔日〕田中忠夫：《国民革命与农民问题》（下卷），李育文译，村治月刊社，1932，第270页。
② 根培：《高呼建设声中之农村问题》，《村治月刊》第1卷第10期，1929，第1～10页。
③ 天明：《中国农民与农村现状》（下），《村治月刊》第1卷第11期，1930，第4页。
④ 周意彪：《乡村教育与社会发展》（续），《村治月刊》第2卷第1期，1930，第6～7页。
⑤ 杨开道：《新村建设》，世界书局，1930。

研究院缘起及办法概要》一文，自此乡村建设一词遂通行于世。①

何以从河南迁到山东，村治学院会变成乡村建设研究院？梁漱溟晚年的回忆仅说是"同人协议"的结果，却没有说明创议人和如此创议的原因。由于此前公开出版的资料里，很少见到相关的回忆，此事一直不得而知。直到最近，温铁军及其团队将晏阳初遗留的亲笔笔记《每日纪要》整理出来，笔者才看到梁仲华于1947年9月17日在乡建学院全体师生大会上的一个发言，他说：

> 那么这"乡村建设"一词，又起于何时呢？那是在民国二十年，本人在（山东）邹平筹办中国乡村建设研究院时，才创立这个名词的。当时一般同仁，都觉得这个名词，不见经传，纯系杜撰，时以为什么不用"村治"一词相诘，殊不知今日中国社会不是"治""乱"的问题，而是破坏得只有乱而不能治了，针对破坏，故须建设，没有建设，就谈不到治，建设成功，治的问题当然解决。②

可知山东乡村建设研究院的名号，原来是出自梁仲华的创议。这应是可信的。笔者看到许多有关农村题材的刊物，皆请梁漱溟去题字，偏偏山东邹平的《乡村建设》旬刊，却是梁仲华的题字。

我们还知道，时至今日，学术界都理所当然地把梁漱溟视

---

① 梁漱溟：《我致力乡村运动的回忆和反省》，载《梁漱溟全集》第七卷，第425页。

② 参见温铁军等《每日纪要集注》，未刊稿。

作乡村建设的代言人，自21世纪以来，更是涌现出大量研究梁漱溟有关乡村建设的理论思想和实践运动的著作，却极少有人关注梁漱溟与村治学派之间的关系。[①]从大体上来说，梁漱溟当算是村治学派的集大成者，但倘若穷根究底，他与村治学派的关系其实很微妙。

1934年1月6日，梁漱溟尝公开解释说："我等来鲁之后，皆以'村治'与'乡治'两名词不甚通俗。于是改为'乡村建设'。这一个名词，含义清楚，又有积极的意味，民国二十年春季即开始应用。但我之主张，则仍继续已往之村治主张，并未有所改变也。"[②]似乎是他人要用"乡村建设"概念而梁漱溟反倒想坚持"村治"的提法。但仔细查考当时的文献记录，事实似乎略有出入。

1931年山东乡村建设研究院出版《乡村建设》，创刊号上有一篇韩复榘的讲演，其中说："梁漱溟先生及正院长副院长和各教师，皆不是谋升官发财的，而是来作这种村治工作的。"[③]另有一篇读者来信说："贵刊名曰'乡村建设'所以更该促悟以往的青年，使其共同努力于村治。"[④]可见在山东的主政者和一般读者看来，大家认可的正统衣钵仍是"村治"。

至于梁漱溟个人，他在接办《村治》之际，特意写了篇自白，其中提到：

> 我所用"乡治"一名词的拈出，亦在广东时；何以不

---

① 目前似乎只有李德芳对村治派及其与梁漱溟的关系稍有关注。参见李德芳《中华报派及其村治思想》，《河北学刊》2001年第3期；李德芳《梁漱溟与村治派》，《历史教学》2001年第9期。

② 梁漱溟：《自述》，《梁漱溟全集》第二卷，第31页。

③ 《韩复榘讲演记录》，《乡村建设》创刊号，1931年10月1日，第1页。

④ 《梁本华来函》，《乡村建设》第1卷第4期，1931年11月1日，第24页。

用"村治"呢？这自有些意思，将来总可谈到。彼时我与鸿一先生，一南一北，音讯不通；所以亦不得商榷。现在彼此各自用惯了，亦难改得；然这其间固没什么大计较的，所以我亦不妨从着北方朋友，就用"村治"字样。说到内容主张，则鸿一先生与我亦只是大体极相近，尚不曾归一。我在本刊所欲开陈的，自是我个人的主张。①

"乡治"与"村治"的差异，梁漱溟此后并未详细谈到，但严慎修以"读者论坛"的形式发表《村治与乡治之研究》，其中列了五条"乡本位"优于"村本位"的理由，②梁漱溟见了大喜过望，盛称"乡治"易"村治"实为"切中肯綮"。③而"不妨从着北方朋友"的结果，主要是保留了刊物，仍叫作《村治》。1930年6月的文章，但凡并列提及"乡治"或"村治"时，前面均列有"我眼中的"或"我们的"等字样，谈个人主张的时候则是"我的乡治"。如《中国民族之前途》目次第二篇的标题，便是"中国民族唯一的出路——我所谓乡治"。自7月以后，"乡治"易为"村治"，这最集中表现在对"我所谓的村治或乡治"的新篇目的列定上，已经都命名为"村治"。④但到10月，他在发表自己的演讲时，又号称是"我的'乡治论'中之一片一段"⑤。可见梁漱溟从未真正弃用"乡治"而"从着北方朋友"使用"村治"。

1929年，梁漱溟北游，参观了苏冀晋三省的乡村改进工

① 梁漱溟：《主编本刊之自白》，载《梁漱溟全集》第五卷，第17页。
② 严慎修：《村治与乡治之研究》，《村治》第2卷第3期，1931，第1页。
③ 梁漱溟：《敬答严敬斋先生》，载《梁漱溟全集》第五卷，第258页。
④ 梁漱溟：《中国民族自救运动之最后觉悟》，载《梁漱溟全集》第五卷，第115页。
⑤ 梁漱溟：《中国问题之解决》，载《梁漱溟全集》第五卷，第206页。

作，归来后发表《北游所见纪略》，其中对阎锡山主政下的山西村治表示了较强的批评意向。梁的这种批评后来得到艾恺及许多外国学者的强烈认同，区别政府主导下的控制体系和社会团体推动的参与活动，是他们兴奋的焦点，也成为他们看待地方自治的主要视角。但其实，在当时，梁漱溟此文遭到村治学派的强烈反弹，学派最初的开创者米迪刚就说："专好吹毛求疵，舍事实而谈理论，充类至尽，特唱不负责任之高调者，实亦不乏其人，无短则不能见长，此真所谓别有深心，局外人不知局中甘苦者也。……故甚至谓山西村治已走入歧途者，实不知村治为何物，妄为臆断，而不自知其非是也，盖村治者征诸吾国所固有之政治哲学，及明亲止善合乎国性民情之唯一正路也，既办村治，即是走入治平正路，更有何歧途之可言哉？"①茹春浦也说："理论不能代替事实，必以事实代替事实。"②可见村治学派的几位中坚人物对好唱理论高调的梁漱溟的认同度并不高。

此外，值得注意的是，梁漱溟自主编《村治》开始，即发布一则启事说："漱溟承村治月刊社聘请担任主编本刊事宜，自十九年六月一日新编第1卷第1号起负责；对于以前本刊言论或本社事务，均不负责。"③这里其实已经暗含着梁漱溟对《村治》此前言论的不满了。结果是：在梁漱溟主编的《村治》刊物上，从未有过米迪刚和茹春浦的文章；而《乡村建设》于1931年10月1日创刊，负责人更换成张筱珊，不是梁漱溟而是梁耀祖为刊物题名，米迪刚和茹春浦的文章马上就出现这个刊物上了。其

① 米迪刚：《参观山西村治归来后之感想》，《村治月刊》第1卷第9期，1929，第2~3页。
② 茹春浦：《山西村治之实地调查》，载村治月刊社编《村治之理论与实施》，北平村治月刊社，1930，第53页。
③ 梁漱溟：《梁漱溟启事（为任〈村治〉主编事）》，载《梁漱溟全集》第五卷，第29页。

125

第五章 乡村建设话语的谱系

间不难想象存在某种关联。

　　梁漱溟对来自同道中人的批评，并未撰文回应。1930年7月，他的一个学生来信痛彻反思（亦可谓大力攻击）山西村政，梁漱溟将其公开刊出，虽特意写了一篇答书作为正文，在其中不断强调要体谅当局存心之苦和求方之急，但也借此反驳"莫不以我为太空想，太好说高明话"的诸人，仍然认为正面直接应用官府之力是"自救适以自祸，救人适以祸人"。① 而在同人协定"乡村建设"之后，就在挂出《山东乡村建设研究院举办消息》的同时，也挂出了《梁漱溟启事（为〈村治〉延期出版事）》，其中谈到他的"失眠"和"精神疲顿"。②

　　据此来做一个推测的话，"同人协议"用"乡村建设"，未尝不是想弥缝"乡治"与"村治"之间的裂隙，这是村治学派内部隐伏着的矛盾。否则，以一个坚持用"乡治"口号的人来主编《村治》，这似乎显得有点不协调。因此，1930年10月协定之后，11月梁漱溟发表《山东乡村建设研究院设立旨趣及办法概要》，自此之后，梁漱溟的所有理论思考，皆冠以"乡村建设"，不再用"乡治"或"村治"称谓了。就此来说，"乡村建设"概念在山东的使用，起到了村治学派在内部旗帜上的整合作用。

　　梁漱溟主编《村治》之后发生了一种显著的变化，即他开创了一个"各地乡村运动消息汇志"栏目，这个栏目相随梁氏主编《村治》之始终。他为之写的"弁言"说：

　　　　一切努力于乡村改进事业，或解决农民问题的，都可

---

① 梁漱溟：《答马儒行君来书》，载《梁漱溟全集》第五卷，第174～188页。

② 梁漱溟：《梁漱溟启事（为〈村治〉延期出版事）》，载《梁漱溟全集》第五卷，第221页。

宽泛浑括地称之曰"乡村运动"，或"农民运动"；——类如乡村自治运动，乡村教育运动，乡村自卫运动，农业改良运动，农民合作运动，农佃减租运动等皆是。我们的"乡治"或"村治"主张，则是有特殊意义和整个建国计划的一种乡村运动。近年来，中国乡村问题（或农民问题）的重要，已得有识者的公认；因此向着这方向努力的，在各地方先后继起，不可计数。持一较宽态度说，这自都是我们的同调。[1]

这最能体现梁漱溟的怀抱和眼界。在他担任主编的4年里，《村治》共出27期（其中有4次两期合刊），汇录了山东、江苏、浙江、湖南、广东、安徽、江西、湖北、南京、河北、河南、山西、广西、四川、福建、绥远、陕西等省区市的各种乡村运动消息，大到国民政府内政会议开会涉及地方自治与农村建设，小到黄墟开办碾米厂。自始他就不把眼光局限在"乡治"或"村治"一家的见解，故而特别提出"乡村运动"或"农民运动"来"宽泛浑括"地统称各类乡村改进事业；但自始他也就强调"乡治"或"村治"在一般乡村运动中的特色。1930年10月以后，山东乡村建设研究院的消息，仍是"乡村运动消息汇志"中的一个类别。

1931年，张筱珊初编辑《乡村建设》的时候还说："'乡村建设'这名词似乎是新的，而这类事却早有人在作了，一定不少的。"[2]到1933年的时候，情况就发生了很大的变化："'乡村建设'一词现在已很流行；但其内容意义如何，则人多有

---

① 梁漱溟：《各地乡村运动消息汇志弁言》，《村治》1卷1期，1930；另见《梁漱溟全集》第五卷，第30页。

② 张筱珊：《发刊词》，《乡村建设》创刊号，1931年10月1日，第1页。

望文生义，不免误解者。"①从刊物来说，在此之前，似乎只有山东乡村建设研究院主办的《乡村建设》旬刊出版。在此之后，青岛市政府编辑出版了《乡村建设月刊》（1933年3月创刊），绥远省政府编辑出版了《乡村建设委员会会刊》（1936年创刊），《温江乡村建设》亦于1938年11月1日创刊。从文章来说，以《东方杂志》为例，笔者遍查1904年以来的《东方杂志》篇目，直到1933年才出现一篇古楳的《乡村建设与乡村教育之改造》。②事实上，1933年梁漱溟写作《乡村建设是什么？》，不仅仅是阐述乡村建设理论，也开始解释乡村建设概念能够容纳的范围，这其实已经是变相地推广乡村建设概念。《乡村建设是什么？》中的"乡村建设"，完全不是山东乡村建设实践的代称，而是面向所有乡村运动的一种普遍性的指称。

1931年下半年，与职教社有关的镇江黄墟农村改进会尝试发起组织"全国乡村改进机关联合会"，得到山东乡建同人的热烈支持，③惜未成会。但此时世界性金融危机已经蔓延到了中国，农村金融枯竭，农业大恐慌现象完全暴露。④1932年底，国民党召开全国内政会议，一批地方事业的专家如梁漱溟、王柄程、梁仲华、晏阳初、李景汉、汤茂如、冷御秋等出席并发表意见。他们借机相商组织一个全国性的乡村工作机构，后又

---

① 梁漱溟：《乡村建设是什么？》，载《梁漱溟全集》第五卷，第373页。

② 古楳：《乡村建设与乡村教育之改造》，《东方杂志》第30卷第22号，1933。

③ 茹春浦：《乡村改进机关大联合的时机到了》，《乡村建设》第1卷第4期，1931年11月1日，第1页；《全国乡村改进机关联合会喜讯》，《村治》第2卷第7期，1931，第1页。

④ 参见许涤新、吴承明主编《中国资本主义发展史》第三卷《新民主主义革命时期的中国资本主义》，人民出版社，2003，第16页；〔日〕城山智子《大萧条时期的中国：市场、国家与世界经济（1929—1937）》，孟凡礼、尚国敏译，江苏人民出版社，2010，第104页。

在北平继续讨论，终于确定在邹平第一次聚会。联合会的名称，"原拟定名为'乡村建设协进会'，嗣因此项名称似太铺张，遂在邹平大会，改名为'乡村工作讨论会'"①。一般读者未免莫名其妙，单以名称而论，何以"乡村建设协进会"会比"乡村工作讨论会"让人感觉"太铺张"呢？章许二人身处其境，当然不好明言。多年后，杨开道才点破其中关窍："'乡村建设协进会'这个名称是邹平派的建议，当时'乡村建设'这个名词只有邹平使用，首次开会地点又决定在邹平，这是邹平派同定县派竞争而取得上风的一次大胜利，其中起推波助澜作用的主要是燕京同人。"而"晏阳初对这次会议本来不予重视，也不想亲自参加，后来被某个国际友人（姓名不详）劝说，才亲自到邹平来参加的"②。

但是，一个会议机构是称为"乡村建设协进会"还是称为"乡村工作讨论会"，这并不重要。重要的是，当时组织联系工作的两位值年，章元善主持华洋义赈会，许仕廉来自燕京大学，均非邹平派同人，可是他们已经基本接受了乡村建设概念，并把所有参加讨论会议的各机关及其实践都纳入"乡村建设实验"范畴，并且于1934～1936年连续三年编辑了三集《乡村建设实验》。这确实是邹平派的大胜利，也是梁漱溟的大胜利。同时，这也意味着乡村建设概念在全国范围内的通用，是各地乡村运动在旗帜上的一次大整合。

① 章元善、许仕廉:《乡村工作讨论会发起经过及邹平之集会》，载乡村工作讨论会编《乡村建设实验》第一集，中华书局，1934，第4页。

② 杨开道:《我所知道的乡村建设运动》，载全国政协文史资料委员会编《文史资料存稿选编·教育》，中国文史出版社，2002，第1086～1087页。值得注意的是，晏阳初在会上公开发言时，第一句话说的却是:"这次'乡村建设协进会'开会的价值，非常重大。"（晏阳初:《中华平民教育促进会定县工作大概》，载乡村工作讨论会编《乡村建设实验》第一集，第53页）

四 乡建同人与批评者的使用态势考略

作为一场正在进行的社会政治运动，命名权处于一种分散和竞争的状态之中，它不可能是一锤定音的，而是交叉纷乱、莫可究诘的。命名权的最终确立，并不是单向度地取决于发明者和推广者，在很大程度上也受制于使用者的认可度和解释权，不管使用者是同路人还是批评者，在相互交锋和重叠使用的过程中，都会促进命名权的稳态化发展。乡村建设概念的历史命运亦是如此。

其实，在当时，与乡村建设概念处于竞争状态的概念有无数种。即使迟至1934年，仍有人主张说："现在我国各地所倡行的乡村建设运动、乡村教育运动、农村自卫运动、农业推广运动、农村合作运动等等，虽然他们所注力的工作各有其中心，因为他们的目的都是在改造农村，于此便总称之为农村运动。"[①]在这里，乡村建设是与乡村教育、农村自卫、农业推广、农村合作并列在一起的一项乡村工作，是含括在"农村运动"之中的一个分支，这甚至曾是梁漱溟处理过的方式。

但更多来自非邹平派的同人坚持采用乡村建设概念来指称当下这场运动。许仕廉就说："乡村建设，虽为吾人所习见之名词，惟其范围，则包罗至广，含义亦殊模棱。在中国，乡村建设运动，有时亦以'农村复兴'、'农村改良'等名称表示。惟此种名称各有其本身的特殊意义，殊不足概括的予整个乡村建设运动之进行方式以恰当之解释。所谓'农村复兴'、'农业改良'及'乡村改革'等，实为各整个乡村建设运动之一部分，

---

① 孔雪雄：《中国今日之农村运动》，中山文化教育馆，1934，第2页。

其工作范围及方式，容有殊异，然其目的则皆不外在中央政府、各省当局及地方公私团体策励之下，推进并指导整个农村人口之社会经济的发展。"①这就是说，乡村建设概念不是乡村运动中的一项事务或某种工作，而是乡村运动本身的替代名号，是囊括所有乡村事务或乡村工作的普遍指称。

民国时期这场社会政治运动，虽是机关杂多，派别纷呈，声势不小，"在全国有六百多个团体从事乡建工作，有一千多个地方创办乡建机关，有数万知识分子直接间接的加入乡建阵线"②，但其中究以梁漱溟领导的邹平和晏阳初主持的定县为影响最大，这两者之间，因实质类同而方法各异，故而存在既合作又竞争的关系。体现命名权的乡村建设概念能否最终确立，晏阳初的取向绝非微不足道。因此考证他如何处理这一概念就很有必要。

晏阳初一直以"平民教育"相号召，20世纪20年代后半期下到农村以后，仍复如此。1932年3月28日，始见其提及："近来国内人士对于农村建设已渐感重要。焦先生为中央负责人员，于国事蜩螗的时候，热心来定，足见农村建设的空气之浓厚了。"③1932年4月16日，他说："对于平民教育、农村建设，务须研究出'所以然'。……使农民教育与农村建设扣起来，方能希望完成县单位的教育与建设。……内容分'农民教育'、'农村建设'两大立场。"④可见此时"农民教育"和"农村建设"已成并列的两个概念和两项工作。到1934年

---

① 许仕廉：《中国之乡村建设》，彭加礼译，《实业部月刊》第2卷第6期，1937，第7页。

② 齐植璐：《现阶段中国乡建运动之检讨》，嘉兴县政府合作事业推广委员会编《农村建设半月刊》创刊号，第7页。

③ 晏阳初：《在周会上的讲话》，载《晏阳初全集》第1卷，第213页。

④ 晏阳初：《在欢迎来宾会上的讲话》，载《晏阳初全集》第1卷，第221、222页。

7月，晏阳初发表《定县的乡村建设实验》，明确说："过去的几年，乡村建设的觉醒已经弥漫全国。……乡村建设是全国性的建设，而全国性的建设亦即乡村建设。……乡村建设运动，既是能动的，又是基本的，既提供科学技术力量又提供胜任的人才，是能够满足今日中国之需要，而且能为明日之中国奠定基础的。"①至此，"平民教育"只是一个机构的名称了，作为实践运动代称的"平民教育"已基本消融于"乡村建设"概念之中。1937年，晏阳初发表《十年来的中国乡村建设》，开始总结其历史意义，不仅把文化教育、农业、经济、自卫、卫生等工作全纳入乡村建设的范畴，而且将乡村建设运动视作继太平天国运动、戊戌新政运动、辛亥革命、五四新文化运动、国民革命之后的第六次民族自觉和文化自觉的体现，这几乎构成了一种谱系性的历史叙述，足见其对乡村建设概念认同之深。②

在乡村建设概念通行于世的过程中，不能忽视的一点是，批评者的批评其实也起到了很大的推动作用。对乡村建设运动的集中批判主要来自两个阵营，一个是马克思主义学派，另一个是自由主义学派。马克思主义学派不仅以自办《中国农村》为阵地反思作为改良主义的乡村运动，且是最早编辑论文集的批判者。1936年4月，他们出版了《中国乡村建设批判》，在其"编者序"中说：

> 另一部分智识阶级和小资产份子，却在对于将来的革命怀疑，对于目前的现状不满之一种烦闷下，遂广泛地发

---

① 晏阳初：《定县的乡村建设实验》，载《晏阳初全集》第1卷，第283、284、285页。

② 晏阳初：《十年来的中国乡村建设》，载《晏阳初全集》第1卷，第559～571页。

展了一种改良主义的运动。这一种运动，虽然包含各种形形色色不同的内容，各具有不同的理论和出发点，其背景既殊，其办法亦异，但我们可以统而名之为"乡村建设运动"。①

因此，他们将一般的理论和实践、定县和邹平的特色、合作社和土地村公有等各领域各方面的涉农事件与事业，都纳入"乡村建设"范畴之内加以批判。这无疑从反面提升了乡村建设概念的使用效率。

在自由主义学派批判乡村运动的人里，以陈序经为最激烈，产生的反响也最大。其中影响最大的是1936年发表的《乡村建设运动的将来》一文，对各地的乡村工作事业抱有一种普遍广泛的批评和具体而微的指责。②此文遭到了杨骏昌、傅葆琛、瞿菊农和黄省敏等人的激烈反击，以至于陈序经对这些回应又给出了回应。③值得注意的是，艾恺虽把陈序经看成梁漱溟最令人生畏的批评者，但梁漱溟从未回应过他。对陈序经更多的回应来自平教会的人。而在批评—回应—再回应的反复与循环过程中，双方都是以"乡村建设运动"为基本概念来讨论问题和提出看法的，足见"乡村建设"概念至此已成一般的共识了。此后不久，陈序经甚至写了一章"乡村建设运动的史略"，上溯中

① 千家驹、李紫翔编著《中国乡村建设批判》，第2页。
② 陈序经：《乡村建设运动的将来》，《独立评论》第8卷第196号，1936年4月20日，第2~7页。
③ 所有这些文章都发表在《独立评论》上。杨骏昌：《论乡村建设运动》，第8卷第198号，1936年4月26日；傅葆琛：《众目睽睽之下的乡建运动》，第8卷第199号，1936年5月3日；瞿菊农：《以工作答复批评》，第9卷第202号，1936年5月24日；黄省敏：《读〈乡村建设运动的将来〉敬答陈序经先生》，第9卷第216号，1936年8月30日；陈序经：《关于〈乡村建设运动的将来〉》，第10卷第231号，1937年4月25日。

国古代的经典论述，而现代的开创仍从翟城村自治开始，延及山西村政、严慎修的村自治、平教会的定县实验区、燕京大学的清河实验区、河南镇平内乡和青岛市城府的乡村建设等，统统串以历史略述。①对乡村建设运动的意义的看法和期待，陈序经与晏阳初虽一反一正，但建构谱系性的历史叙述，则刚好相同。

另外，值得注意的是政府部门或带有官方背景的使用情况。1934年冬，湖北地方政务研究会组织调查团参观了定县、邹平、青岛、上海、无锡、江宁等地的乡村工作，归来后编辑出厚厚一册《调查乡村建设纪要》，张群"览而善之"。②可知在政府眼中，虽然定县、邹平、青岛、上海、无锡和江宁等地的工作各有特色，但也都可以纳入乡村建设概念之中加以共同考察。1935年，中央大学农学院院长邹树文甚至写了一本小册子，论述新生活和乡村建设的关系是："乡村建设是新生活最后的目的，而新生活也是乡村建设的惟一手段。"③此书作为叶楚伧主编的"新生活丛书"之一，带有很强的应景色彩，也足见乡村建设概念可与官方话语结合到什么程度。

五　乡村建设概念的边界与阵线

1933年7月在邹平、1934年10月在定县、1935年10月在无锡举行了三次乡村工作讨论大会。大会情况列表统计如下（见表5-1）。

---

① 　陈序经：《乡村建设运动平议（续）》，贵州农村建设协进会编《农村建设》第1卷第2期，第68~71页。

② 　湖北地方政务研究会调查团编述《调查乡村建设纪要》，湖北地方政务研究会，1935。

③ 　邹树文：《新生活与乡村建设》，正中书局，1935，第4页。

表5-1　三次乡村工作讨论大会统计

年份	到会人数	机构总数	机构性质
1933	63人	38个	政府11个，社团9个，学校15个，慈善2个，金融1个
1934	150人	71个	政府23个，社团16个，学校28个，慈善1个，金融3个
1935	171人	104个	政府27个，社团46个，学校23个，慈善2个，金融2个，宗教4个

注：对机构性质的统计无法精确，因为机构性质的区分难免模糊。陈序经就把山东乡村建设研究院视作政府方面的机构（陈序经：《乡村建设运动》，第1页），笔者则出于对梁漱溟自我理解的尊重，而将其看成社会团体性质的机构。至于学校、慈善和宗教其实也可笼统地算作社会团体方面，在此单独列出，仅供参考而已。而西超甚至把民众教育馆和报馆都单独开列，未经采用（西超：《全国乡村工作讨论会的印象》，《中国农村》第2卷第1期，1936年1月1日，第39页）。

资料来源：乡村工作讨论会编《乡村建设实验》第一、二、三集。

　　无论从哪方面看，都可见在乡村建设概念通行于世的过程当中，乡村工作联合的声势也是一年比一年浩大。当然，参加会议的人未必都认同乡村建设运动，比如千家驹就参加了第二次集会，而他正是批判乡村建设运动最激烈的人之一。同时，因每年集会地点的不同，许多小团体只能择近参会，因此每年参加集会的机构亦有不同。但正如乡村建设概念一样，这绝非仅仅指山东乡村建设研究院的实践活动，而是内在具有开放性的一个普遍性指称概念，乡村工作联合会也是具有普遍开放性的一个大会。那么，这是不是意味着乡村建设概念没有边界，只要是做乡村工作的运动，均可纳入其内呢？答案是否定的。

　　1933年的时候，梁漱溟为了强调乡农学校的特殊意义，对比了共产党的农民运动和一般乡村教育，明确说过："我们的运动，不称农民运动，而称乡村运动；不称乡村教育，而称乡村建设。"①在全国大联合的趋势中，乡村建设不再是与乡村教育并列的一个概念，而是囊括乡村教育的一个指称。而在1930年的时候，"乡村运动"和"农民运动"还是梁漱溟同时用来"宽泛浑括"地统称一般乡村改进事业的名称，但此时为了对比和批评共产党的乡村工作，"乡村运动"和"农民运动"已经变成截然不同的概念了："我们要求整个乡村社会的改善与进步，故我们所作的工作，是积极的、培养的、建设的，而他们是消极的、破坏的。"②因此，在走向全国大联合的高峰时期，乡村建设概念能将各种机构的乡村工作纳入进来，但村治学派从一开始就极为关注共产党领导的农民运动。因为1927年以后，"共产党的活动，乡村盛过都市"③，"因为乡村是中国最大多数民众的所在"④。"与其怕共产党利用民众，而停止农民运动，不若努力提高农民运动，而紧握在本党的手里……这就是农民运动，在村治的重要和急切。"⑤梁漱溟也说："农民运动为中国今日必定要有的，谁若忽视农民运动，便是不识事务；要想消除共产党的农民运动，必须另有一种农民运动起来替代才可以。"⑥

20世纪20年代，历经章士钊的以农立国论（1922～1927）、国民革命的农民运动（1925～1927）和村治学派的异军突起（1927～1930），他们都不同程度地反思和批判资本主义经济路径及其必然带来的城市化对资源的汲取和集中过程，为此，他们也都带动了20世纪20年代的政治意识逐渐关注农业、重视农民并走向农村。到了20世纪30年代，乡村建设概念被普遍接

① 梁漱溟：《乡农学校的办法及其意义》，载《梁漱溟全集》第五卷，第354页。
② 梁漱溟：《乡农学校的办法及其意义》，载《梁漱溟全集》第五卷，第353页。
③ 李朴生：《从剿共说到银借款用途》，《村治》第1卷第11、12期，1930，第2页。
④ 王惺吾：《民运与村治》，《村治月刊》第1卷第2期，1929，第5～6页。
⑤ 梦涛：《村治之研究及其出路》，《村治月刊》第1卷第20期，1930，第14页。
⑥ 梁漱溟：《乡村建设理论》，载《梁漱溟全集》第二卷，第407页。

受，其要害在于"建设"一词。强调"建设"，正是为了否定"破坏"。其实，从1927年由共产党主导的乡村建设概念的缘起亦可看得清楚，任何试图巩固政权的乡村工作都必然重视"建设"。到了20世纪30年代，各路人马汇集在乡村建设概念的旗帜之下，一个未经明言的前提是，他们都默认当时现实存在的国民党政权的合法性。批评政府是可以的，但颠覆政权则是被拒绝的。而共产党领导的农民运动在20世纪30年代以土地革命和战争的形式表现出来，显得太具"破坏性"，所以也就要被明确划在界外了。此外，梁漱溟认为共产党的农民运动方式是"分化乡村而斗争于其间"。他认为从根本上来说，乡村问题是整体性的问题，即如何整顿乡村社会、建设现代国家来应对资本主义世界体系中的虎狼环境；而不是乡村内部的问题，硬生生将乡村社会的阶层分得过细而将农民协会的资格定得过严，这等于破坏本该有的大家庭关系。①

从列表中可以看得很清楚，各级政府在乡村建设运动中的存在与作用从始至终都是不可小觑的。那么，这是否能说乡村建设运动只是国民党政权的应声虫呢？当然也不是。晏阳初最响亮地表白过："我们从事平民教育，不是那一党的工具，不是那一个人的走狗，我们的头衔是三万万以上农民的走狗。中国今后的希望，不在城市，而在乡村，而在乡村里的农民。中国除了农民无所谓民。"②1933年第一次工作联合会，李石曾率领9人代表团以6个单位的名义出席，被推为第一个公开演说者，他提供了如下意见：第一，"由乡运渡到政治"；第二，"乡运者单做政治以外社会以内之事"；第三，"方针不必定，自然会发生

---

① 梁漱溟：《朝话》，载《梁漱溟全集》第二卷，第104～105页。
② 晏阳初：《在周会上的讲话（1931年12月）》，载《晏阳初全集》第1卷，第182页。

出来"。并且讲明了两个原则性的口号："创造而不夺取；合作而不斗争。"①但因为他的政治背景如此深厚，大家也心知肚明："其实他是有政治目的的，是来争夺乡村建设运动领导权的。"②因此，主席团成员并没有推选他，作为联络机构的"乡村工作讨论会"也没有组织和会章，都是为了抵制他的进攻。第二次联合会他即不再参加，第三次也仅由他人代替列席而已。从这些细节处透露出来的信息其实有关乡村建设运动的基本阵线，即乡村建设运动完全可以容纳甚至会主动争取来自政府方面的各项支持，但乡村建设运动的领导权需要保留在社会团体（其实主要是梁漱溟的邹平派或晏阳初的定县派）手中。

乡村建设运动的这个基本阵线，还体现于1936年预计要开而最终未开的第四次乡村工作讨论大会上。乡村工作的大联合，是所有积极参与并真心认同乡村建设运动的人们所最期盼的大事。但是，大概从1936年7月开始，亦即从《中国农村》第2卷第7期开始，这本刊物的第二封面不再是版画，而换成了内部文章的节录，这些节录文字全是从民族角度来谈联合问题的精粹。9月，中国农村经济研究会联合生活教育社和妇女生活社发布《第四次全国乡村工作讨论会提案》，公开号召要"以全力使全国乡村工作人员一致团结共赴国难"③。10月份，他们又组织了一场"乡村运动联合问题特辑"，包括章乃器、平心、千家驹、孙晓村和陈君谋等多人的文章。④尽管他们的运作势头很旺，也特意避开了"统一战线"这类名称而改用"大团结"的名义

---

① 乡村工作讨论会编《乡村建设实验》第一集，第23页。

② 杨开道：《我所知道的乡村建设运动》，载《文史资料存稿选编·教育》，第1087页。

③ 《特载：第四次全国乡村工作讨论会提案》，《中国农村》第2卷第9期，1936，第63~64页。

④ "乡村运动联合问题特辑"，《中国农村》第2卷第10期，1936。

所听到的，是由于一二位乡村工作领袖的消极"②。然而，对比
来看，抵制李石曾的进攻，乡村工作讨论会的声势一次比一次
开得更旺；抵制农研会的进攻，乡村建设团体就只能偃旗息鼓，
消极退避了。运动能力之高下，于此可见一斑。

六　乡村建设的政治底色

作为一个单纯的概念，"乡村建设"很难确定是由谁发明出
来的；但是，作为20世纪30年代那场社会政治运动的普遍指称，
"乡村建设"起初是村治学派从河南迁往山东的过程中，整合自
己内部裂缝的一面富有积极意味的旗帜，这面旗帜至1933年已
广为人知，通过几次乡村工作联合大会的召开，它完成了各地乡
村运动在旗帜上的大整合。"乡村建设"能获得20世纪30年代那
场社会政治运动的命名权，这并不是一个单纯概念的自我确定过
程，事实上也不存在先验正确的概念；存在的是概念的生成史，
是在动态的竞争过程中，被同路人逐渐认可也被批评者不断批
判，在正反两个方向的合力潮流下共同塑造和建构起来的。

对于20世纪30年代的乡村建设运动来说，山东乡村建设研究
院并不是最早以"乡村建设"命名的团体机构，梁漱溟的乡村建
设理论更不是仅仅为山东一隅的乡村建设实践提供政治规划和哲
学基础，因此，不能把"乡建派"从乡村建设运动中割裂出来单
独指称山东乡村建设学派。但是，确实可以说，村治学派是乡村
建设运动中的旗帜性学派，是他们首先推动了乡村建设作为普遍
指称概念的生成性，其他从教育、慈善、自治等路径走向乡村工

---

① 薛暮桥：《关于中国农村经济研究会及白区工作问题——给少奇同志的报告》，载《〈中
　国农村〉论文选》，人民出版社，1983，第26页。

② 千家驹：《乡村工作与救亡阵线》，《中国农村》第2卷第10期，1936，第42页。

作的机构、团体和学派，都逐渐容纳、融合和汇流到乡村建设运动之中。就此而言，乡村教育的视角无法囊括乡村建设运动，乡村建设的视角却可以吸纳乡村教育工作，这一点最鲜明地体现于晏阳初的认识变化过程之中。因此，从乡村教育的视角来看待乡村建设运动或者为后者划分流派，将不可避免地存在很大的偏差。

由于20世纪50年代出现过针对梁漱溟个人的大批判，连带针对乡村建设运动也多有批判。①但其实，早在1933年，作为旁观者的冯友兰就极为敏锐地觉察到乡村建设运动的政治意义了。②农研会之所以要花费很大力气批判乡村建设运动，也是因为深刻认识到后者作为一场社会政治运动还具有比较广泛的影响力。因此，从客观的学术立场来说，对乡村建设概念边界的考察，有利于加深我们对乡村建设运动的政治意蕴的历史理解。需要注意的是，乡村建设概念的这个边界，基本限于20世纪30年代；而时至今日，更有人编辑了四大册《延安乡村建设资料》，以"乡村建设"这个范畴来概括共产党在延安时期有关乡村改造方面的种种运动、措施和政策文件。③这提醒我们，正如不存在先验确定的概念，也不存在先验固定的边界，一切都在历史的长河之中发生流变。

乡村建设运动虽包含政治底蕴，但并不是政党政治。无论是梁漱溟还是晏阳初，他们都极力避免乡村建设运动被党派政治所圈定和牢笼。在乡村建设运动盛行之初，梁漱溟即怀抱"最后之觉悟"的历史激情，认定乡村建设运动是中国民族自救

---

① 参见《梁漱溟思想批判》（论文汇编）第一辑，生活·读书·新知三联书店，1955；《梁漱溟思想批判》（论文汇编）第二辑，生活·读书·新知三联书店，1956；李达《梁漱溟政治思想批判》，湖北人民出版社，1956。

② 芝生：《乡村运动之政治的意义》，《独立评论》第3卷第60号，1933，第7~10页。

③ 参见孙晓忠、高明编《延安乡村建设资料》，上海大学出版社，2012。

运动的最后也是最好的道路；[①] 在乡村建设运动盛行过后，晏阳初回头反思这十年的社会政治运动，也将乡村建设运动视作继太平天国运动、戊戌新政运动、辛亥革命、五四新文化运动、国民革命之后的第六次民族自觉和文化自觉的历史体现。只有在这个高度上，我们才能相对贴切地理解，为什么当年那批先贤要投入如此大的热情和心力，又为什么会得到那么多的实权人物和知识青年的赞助与支持。这其实也体现在他们对乡村建设运动基本阵线的坚守之中。

---

① 梁漱溟:《中国民族自救运动之最后觉悟》，载《梁漱溟全集》第五卷，第44~118页。

第六章　乡村建设作为一种现代化的努力

一　"现代化"、"建国运动"与乡村建设

"现代化"作为一个关键词早在20世纪30年代的中国知识界一度流行。1933年7月份《申报月刊》特别组织了一个"现代化问题号"特辑，在看完他们的讨论之后，胡适首先感慨"现代化"概念本身的含混性，因为曾经作为中国知识界信仰对象的19世纪西方政治经济模式，遭遇到20世纪俄国革命及其国内建设的冲击，导致了"一切价值的重新估定"："个人主义的光芒远不如社会主义的光耀动人了；个人财产神圣的理论远不如共产及计划经济的时髦了；世界企羡的英国议会政治也被诋毁为资本主义的副产制度了。凡是维多利亚时代最夸耀的西欧文明，在这种新估计里，都变成了犯罪的，带血腥的污玷了。"①针对这个严重的现象，胡适不惜抽空"现代化"的各种先验规定，即从所有"主义"的信仰对象中脱离出来，而与国家建设直接等同起来："主义起于问题，而迷信主义的人往往只记得主义而忘了问题。'现代化'也只是一个问题，这个问题的明白说法应该是这样的：'怎样解决中国的种种困难，使她在这个现代世界里可以立脚，可以安稳过日子。'中国的现代化只是怎样建设起一个站得住的中国，使她在这个现代世界里可以占一个安全平等的地位。问题在于建立中国，不在于建立某种主义。"②

---

① 胡适：《建国问题引论》，《独立评论》第77号，1933年11月19日。

② 胡适：《建国问题引论》，《独立评论》第77号，1933年11月19日。

现代化的关键仅仅在于建设一个在现代世界中可以立足的现代中国，这可能是最少招致分歧的一个定义。在这个意义上，梁漱溟的乡村建设完全是一种现代化的努力："作乡村运动而不着眼整个中国问题，那便是于乡村问题也没有看清楚，那种乡村工作亦不会有多大效用。须知今日整个中国社会日趋崩溃，向下沉沦，在此大势中，其问题明非一乡、一邑或某一方面（如教育一面、工业一面、都市一面、乡村一面等），所得单独解决。所以乡村建设，实非建设乡村，而意在整个中国社会之建设，或可云一种建国运动。"①对于梁漱溟来说，乡村建设绝不仅仅止于救济乡村，更重要也最根本的是作为一条通往现代中国的康庄大道。我们需要在这种最根本的意义上来考察梁漱溟的乡村建设，因为只有这样，才能真正把握其思想的本质性的价值与缺陷。

二 乡村建设的制度构想

1.作为基层制度的乡农学校

梁漱溟有关乡农学校/乡学村学的设想在他的乡建理论中既是基层制度构想，又占据着核心地位，所以历来有关乡村建设的研究都很重视乡农学校/乡学村学。在一定意义上，这似乎也被普遍看作梁漱溟最独特的一种构想。这种独特性需要在如下几重力量中得到透视：第一，因为梁漱溟对儒家乡约的明确溯源，他的乡农学校不可避免地带有一种复古的色彩；第二，由于在具体的实施策略、方法和手段等方面，总是存在某些可以辨认出来的差异性，梁漱溟的乡村建设作为一种模式也常被拿来与晏阳初、卢作孚等人的乡建模式做比较；第三，作为时代

---

① 梁漱溟：《乡村建设理论》，载《梁漱溟全集》第二卷，第161页。

最强烈的一种刺激，国民革命时期盛行的农民协会其实是乡农学校最为有效的挑战对象，它在正反两面都形塑了乡农学校的精神目标，只是因为当时人们的视线都转移到另一种整体模式的比较，反而忽略了更微妙的历史性起源；第四，从晚清以来，地方自治就已经成为一种时代的呼唤和断断续续的地方实践，国民政府在1928年完成形式统一以后，也大力倡导地方自治，这同样构成了梁漱溟与之持续对话和竞争的一种时代背景。

作为一种具体的社会组织，乡农学校与村学乡学也存在不少细微的差别。乡农学校是梁漱溟最初的设想，但在邹平实践时，他却是从村学乡学入手的，乡农学校倒成了菏泽的一种不太成功的实践。但是，到出版《乡村建设理论》时，梁漱溟仍然认为，乡农学校的设想更具有一般性，因为村学乡学是需要获得地方自治实验权的一种方法，而乡农学校单以私人力量亦可推行。① 在此，我们将按照梁漱溟自己的用法，以"乡农学校"来指称他有关基层制度的一般构想，而不是实践时的具体形式或构想中的组织部分；为了避免烦琐，我们也不再详细分析乡农学校和村学乡学的细微差别，因为二者作为基层制度的组织构想，在本质性的方面是基本一致的。

梁漱溟的基层制度构想以划分四种基本力量作为最基础的组织构架：校长/学长，校董会/学董，一般乡民，教员。前三种人均出自本地人士：一般乡民是乡村大众，他们是乡农学校的普遍基础和主体性力量，但这种主体力量并非现成之物，恰恰相反，一般乡民首先是被改造的对象，通过改造他们来解决他们的问题并且获取建设现代中国的政治能量，这正是乡农学校的一般宗旨；校董会/学董是乡村中的行政机关，一般性的行

---

① 梁漱溟：《乡村建设理论》，载《梁漱溟全集》第二卷，第346页。

政事务主要交给他们来处理，他们起码需要经过一般乡民开会才能获得承认，常务理事则由校董会/学董推举出任；校长/学长代表德高望重的师位，德望需要时间的累积和民众的公认，因此师位须长者方能居之，但仍由校董会/学董们推举出任，他不负责任何具体的行政事务，但有权教训所有乡民（包括常务理事），这种教训不能只是一种规范性的约束（尤其不应当成为一种公开的当面指责），关键在于内在德性的彼此感通和相互激发。他不但调和一般乡民的纠纷，更重要的是，他还是一般乡民与常务理事之间的调解者。教员则作为一种外来力量（未必全是外来人员）参与到乡农学校之中，他们是乡村建设运动的一般工作人员，在乡村建设上层机关的培训与指导之下，作为乡农学校的引领者和推动者负责乡农学校的各方面事务。

前面已经提到，在梁漱溟看来，中国必须在两个方面改造自己：首先是科学技术的大力引进和自我研发，其次是通过培育新的团体组织来锻炼人民的国家意识和个人意识。在某种程度上，这其实也就是"五四"以来高扬的"科学"与"民主"的两大旗帜。

梁漱溟有关乡农学校的制度构想正是中华民族在两大旗帜下的自我改造工程的具体化。所有乡民（包括校长/学长，校董会/学董，一般乡民）寄托着梁漱溟的独特的民主的理想：这是民主的，因为梁漱溟的真正目的在于锻造所有乡民（特别是一般乡民）的政治主体性，将他们的国家意识和个人意识唤醒，作为国家权力的普遍政治地基；这又是独特的，因为梁漱溟的民主理想不是分化的利益群体，而是组织化的礼乐共同体，这种礼乐共同体的真正基石是师位的保留，它将成为伦理情谊和人生向上（亦即梁漱溟所谓的中国文化要义）的政治保证。教员（亦即乡村建设运动的一般工作人员）在基层制度构架中代表着科学的理想：首先是一般性的有关民主机制在基层制度构架中如何运作的知识及其意义，这需要教员向所有乡民做出长期的解释；其次是将外界有关经济（特别是农业经济）的知识和技术传入乡民之中；最后是搜集乡民实际生活中的各类经济问题，作为乡村建设上层机关的研究材料。

（1）乡农学校与乡约。梁漱溟的乡村建设与新儒家的乡约一样，都致力于在分化、分散和分裂的社会现实中重建礼乐共同体，因此，两者都高度重视道德教化的社会效应。但古代乡约常常过于偏重某种形式化的标准礼俗，人的道德行为被看作礼仪规范的尽心尽力的个人践履，而梁漱溟的道德论在强调内在心性方面与新儒家是一致的，可是他基本不重视形式主义的标准和规范。在他看来，宇宙大生命的人性是一种至高无上的可能性，"善是一个无穷的，时时在开展中的"并且能够不断自我超越的境界，[1] 人们应当在一种社会化的场域中相互激发彼此向上的可能性。乡农学校与乡约作为一种基层制度构架具有高度的一致性：区别了道德教化的师位与日常事务的行政位置，一般乡民都是必要的第三方参与者。但比之乡约，乡农学校更强调一般乡民的政治主体性：一般乡民在新儒家的政治想象图景中只是被治理和仁爱的对象性存在者，在梁漱溟这里，一般乡民却成为"改进乡村社会解决乡村问题的主力"[2]。此外，乡农学校中的教员设置在乡约中是缺乏的。这是因为，乡约只是为帝国秩序提供稳定而公平的政治基石，乡村内部人士的共同约定已经构成一种比较完整的规范；而乡农学校在梁漱溟的设想中，不仅仅是一种单纯的国家行政治理的补充手段，还承担着

梁漱溟与现代儒家激进主义的兴起

---

① 梁漱溟：《乡村建设理论》，载《梁漱溟全集》第二卷，第332页。
② 梁漱溟：《乡村建设大意》，载《梁漱溟全集》第一卷，第677页。

社会大改造与文化新创造的历史任务，需要教员将各种新时代的知识输入往往趋向封闭的乡村共同体之中，来引领这种改造和创造。

（2）乡农学校与农民协会。作为资本主义经济发展的产物，农会早在清末就已经开始出现了，那时的农会只是"以绅商为主体、旨在农业改良、依附于政府的咨询性的近代社会团体"[①]。国民革命时期的农民运动深入乡村社会，重新创建的农民协会相比于此前的农会发生了质的改变。正是这种改变深刻震动了梁漱溟。

国民革命及其农民运动方兴未艾之日，是梁漱溟最犹疑、不自信之时；直到国民革命及其农民运动危机日甚，梁漱溟"数年往来于胸中的民族前途问题，就此新经验后，从容省思，遂使积闷凤瘄，不期而一旦开悟消释"[②]。即使如此，国共两党联合试图通过对农民政治主体性的锻造来解决中国问题，这条被国民革命中的农民运动开启的道路已经内在于梁漱溟的乡村建设了："已往的革命工作中的农民运动……在某一点上说是与我们相同的，就是要农民自觉、有组织而发生力量，解决他们自身的问题。"[③]这也是梁漱溟总是特别强调训练一般乡民如何做乡农学校的积极分子的原因。

但是，农民运动总是严格区别乡村社会中的地主、富农、中农、贫农和雇农，农民协会主要成为贫下中农针对地主/绅士（被视作乡村中的封建势力）成立的组织，其对农民政治主体性的锻造是通过斗争的方式来实现的。而梁漱溟反对"分化乡村

① 朱英：《辛亥革命前的农会》，《历史研究》1991年第5期；李永芳：《近代中国农会研究》，社会科学文献出版社，2008，第15页。
② 梁漱溟：《主编本刊之自白》，载《梁漱溟全集》第五卷，第13页。
③ 梁漱溟：《乡农学校的办法及其意义》，载《梁漱溟全集》第五卷，第353页。

而斗争于其间"，他认为从根本上来说乡村问题是整体性的问题，即如何整顿乡村社会、建设现代国家来应对资本主义世界体系中的虎狼环境；而不是乡村内部的问题，硬生生将乡村社会的阶层分得过细而将农民协会的资格定得过严，这等于是破坏本该有的大家庭关系。①

因此，我们能够看到梁漱溟的一个悖论。一方面，梁漱溟认识到了"农民运动为中国今日必定要有的，谁若忽视农民运动，便是不识时务；要想消除共产党的农民运动，必须另有一种农民运动起来替代才可以"②，所以他将乡村建设视作中国农民运动的另类途径，而且是最正当、最合适的一种。另一方面，梁漱溟认为，被国民革命视作敌人的土豪劣绅根本不是"封建"的遗产，恰恰相反，这是"封建"既作为理念也作为事实为现代国家的建设过程所完全破坏的副产物，而梁漱溟的乡农学校特别保留的师位，只有德高望重的长者方能居之，而且他强烈要求乡村建设的一般工作人员首先必须尊重这些齿德并茂者。③由此，这种将乡村社会作为礼乐共同体加以重建的乡村建设不能简单地被称作一种农民运动："故我们的运动，不称农民运动，而称乡村运动。"④

（3）乡农学校与地方自治。地方自治的呼声从晚清即已开始，清末新政明确提出了实施地方自治的行政程序，"自治筹办事务所"都办到了县一级。民国以来，特别是袁世凯逝世以后，地方自治的声浪仍然很高，虽然实际步伐一直很小。这种声浪从一开始也是国民革命的题中应有之义。根据《国民政府建国

梁漱溟与现代儒家激进主义的兴起

---

① 梁漱溟：《朝话》，载《梁漱溟全集》第二卷，第104～105页。

② 梁漱溟：《乡村建设理论》，载《梁漱溟全集》第二卷，第407页。

③ 梁漱溟：《请办乡治讲习所建议书》，载《梁漱溟全集》第四卷，第836页。

④ 梁漱溟：《乡农学校的办法及其意义》，载《梁漱溟全集》第五卷，第354页。

大纲》的规定，在军政停止之日和训政开始之期，"政府当派曾经训练考试合格之员，到各县协助人民筹备自治"，这被当作宪政实施的政治基础和前提条件。[1]南京国民政府成立以后，对县政及县以下的行政规划从未停止过，这包括几个实验县的设立，县参议会、乡民大会和保民大会的分层规定，但在"匪乱"的时代背景下，最多的却是保甲制度的历史再现。

严格来说，乡村建设与地方自治并不能构成对应关系，因为"地方自治"中的"地方"是相对于"中央"来说的，这是一个包括多层次（可大可小）的概念，比如说清末新政中的地方自治章程就被称作"城镇乡地方自治章程"[2]。但即使如此，我们仍能看到，国民政府统治下的地方自治与一般乡村建设存在着许多交叉之处：一方面，在三次全国性的乡村建设实验讨论会上，诸如全国经济委员会、行政院农村复兴委员会、实业部、内政部卫生署、江宁实验县、兰溪实验县等由政府部门主持的行政改革和经济筹划都参与其中；另一方面，一般乡村建设（比如河北定县和山东邹平、菏泽等）后来都获得了县政改革的实际权力，他们的领导人也被邀请参加国民政府的内政会议，这证明把乡村建设纳入地方自治范畴之中的做法是有相当历史根据的。[3]这种交叉取决于两个因素：首先，两者都对共产党领导下的工农武装割据和土地革命抱有一定的敌意；其次，两者在意图上都指向宪政/民主的预备工作。

作为理念的地方自治常被看成宪政－民主的政治基础，就

---

① 孙中山：《国民政府建国大纲》，载《孙中山全集》第9卷，第127页。
② 故宫博物院明清档案部编《清末筹备立宪档案史料》下册，中华书局，1979，第727~741页。
③ 庄光胜：《地方自治背景下的乡村建设运动——以梁漱溟的山东乡村建设运动为例》，硕士学位论文，山东大学，2011。

其概念的内涵来说，"地方自治"是相对于"中央集权"的一种因地制宜的治理方式，通过训练地方人士的自治能力来提高他们关心乃至参与国家事务的政治素质。吴士鉴说得很清楚："恐权集中央，彼国臣民或但知有服从之义务，而不知有协赞之义务也，则又有地方分治之制以维之。"①在一个国际竞争的大环境里，一国的强大不能依赖于国民的单纯服从，而必须调动国民的积极性和能动性，这是"协赞"的第一重意味；但"协赞"还意味着"地方自治"并不构成针对"中央集权"的掣肘力量，毋宁相反，本身就作为政府行为的地方自治其实只是国家权力向下延伸的一个触角。

这种延伸导致的第一个后果是以"地方自治"的名义对原来帝国统治下带有"自治"倾向的乡治传统造成了侵蚀与排挤，却并没有换来现代意义上的政治自治，因为地方自治的实验多半只是"第一，订定公布种种法令章则，和自治施行程序计划；第二，依法将县区乡镇等组织编制起来，机关成立起来"②，这种法令、章则、计划的颁布和机关组织的编制与一般乡民无疑是漠不相关的。相关的倒是第三项："竭力筹经费"。因为地方自治并不意味着行政事务的缩小，而是扩大，更需要囊括教育、治安、交通、卫生等建设性事务，但恰恰因此，导致了更恶劣的第二个后果，也就是"没有土豪劣绅的地方，亦要造出土豪劣绅来"③，地方自治的各项规定对于一般乡民的政治自治能力的训练是空泛无效的，但却有利于成为土豪劣绅的合法化工具和方便借口。

这正是梁漱溟反对由政府来办理地方自治的原因：政府总

---

① 故宫博物院明清档案部编《清末筹备立宪档案史料》下册，第711页。

② 梁漱溟：《敢告今之言地方自治者》，载《梁漱溟全集》第五卷，第240页。

③ 梁漱溟：《敢告今之言地方自治者》，载《梁漱溟全集》第五卷，第245页。

是倾向于成为一种机械性很强的力量。它要么是一种官样文章，在无关紧要的地方热衷于颁布各种好看的制度法令；要么就是一种强制手段，在它需要汲取资源或者控制危机的时刻根本不顾及一般人民的意愿。因此，地方自治不能成为一种政府行为，而只有作为一种社会运动才能获得它的真实生命。此外，"地方自治"的名义是伴随"宪政"而来的，它们都是西方文明的产物，中国历来的"地方自治"也无可避免地都是抄袭西方模式，正如梁漱溟对"自由–民主"的批判一样，他理所当然地批判了地方自治中的西方模式。

这些都构成了乡农学校的独特性。首先，教员的安排当然是为了顺应时代的潮流，将民主政治带入乡村社会中，这是地方自治的本意，但他们都是作为乡村建设运动中的志愿人士，而不是被编制进来的行政人员，他们的存在意味着这种地方自治在本质上是社会运动。其次，在政府推行的基层自治中，它的机构设置是乡民大会/乡公所/监察委员会，似乎也对应着乡农学校中的学众/董事会/学长，但前者的运作原理是西方模式中的牵制与平衡，乡民大会的公共选票、乡公所的行政治理、监察委员会的纠察防制三者互相牵制着以推动自治的运行。在乡农学校中，学众的选票并不是第一位的决定性要素，尤其不是作为个人权利的硬性表达方式，虽然也有类似的公共集会需要他们积极参与，可是他们更被要求尊敬学长和信任理事；理事则要勤于报告，起到上下沟通的作用；而学长在其中则占据着真正的枢纽地位，他代表着乡农学校的道德尊严，无论是对外还是在内他都是一个超然的人物，他并不是政府系统里的人物，政府只能尊敬他而不能命令他，他不负责任何具体事务，只负责营造乡农学校最关键的和谐的整体氛围。总之，政府的基层自治最终造就的是一个以事务为核心的组织团体，而乡农学校却要在基层造就普遍的礼乐共同体，在后者这里，伦理情谊和人际关系被放到了最根本的地位。梁漱溟相信，所有事务在人心被调动起来之后自然就会做好的。

（4）乡农学校与一般乡村建设。梁漱溟和晏阳初的工作，就思想而言也好，就实践而言也罢，无论根据多么严格的定义，都是乡村建设的真正标志。[①]因此，借用晏阳初的定县实验作为参照系来考察乡农学校与一般乡村建设的关系，应该没有太大问题。事实上，迄今为止有关乡村建设的历史研究，基本把注意力集中在邹平模式与定县模式的比较上，有关二者之间的差异早就得到了相当充分的考察。笔者只想补充一点：在晏阳初的定县实验里，不是具有与乡农学校有差异的类似组织，而是根本没有这样的组织构想。

这与梁漱溟的独特民主观有关。在他那里，为西方所拥有的优势而为中国所缺乏的民主其实就是指普遍的组织效率，民主的有效运作必须得到普遍的组织力量的支撑才有可能，而乡农学校正是要将向来散漫的中国乡民锻造成具备组织素质的现代公民。梁漱溟的深刻之处在于他特意区别了组织与编制："自治即是团体，即是组织，而现在各省所做到的，通只做到编制。编制和组织的不同，就是编制为多数人被动，而组织为多数人自动；编制表示统属关系，而组织表示有自体。"[②]这里重要的是组织本身的效能与组织者的能动性之间的互动关系：组

---

① 千家驹等人集中批判的乡村建设运动就只是以梁漱溟为首的邹平实验和以晏阳初为首的定县实验，这是最早的一拨且影响很大的批判者；在郑大华那本迄今为止最全面的有关民国时期乡村建设运动的研究著作中，他仅仅考察了晏阳初和梁漱溟两个人的乡村建设思想，在总结实验模式的时候，他又集中比较了邹平模式和定县模式。这或许能说明他们两人在乡村建设运动中的代表性。参见千家驹、李紫翔编著《中国乡村建设批判》；郑大华《民国乡村建设运动》，社会科学文献出版社，2000。

② 梁漱溟：《中国民众的组织问题》，载《梁漱溟全集》第五卷，第797页。

织者的能动性是组织效能最必要的内在因素，正是这一点将组织与编制区别开来。因为一套有效的编制，通过行政命令即可将团体建构起来，个人的能动性不是一个必要的限制条件；但是，组织者的能动性还需要在一个组织框架之内发挥作用，缺乏组织效能的能动性不过是个人主观任意的发散。假如说由政府举办的地方自治容易带来单纯编制的流弊，那么，一般乡村建设则容易忽视组织自身的建设。梁漱溟曾批评一般的乡村教育运动和民众教育运动"不免枝枝节节的帮助农民，给他一点好处"，而忽视了启发乡民的自觉。[1]假如这个批评仅仅是说一般乡村建设忽视了启发乡民作为个人的自觉，那么，这种批评完全不能适用于晏阳初，恰恰相反，晏阳初比梁漱溟更强调"人"的问题；但是，梁漱溟真正的意思是说，一般乡村建设运动忽视了启发乡民作为一种组织性的能动力量来解决自身的问题这样一种政治自觉，后者正是梁漱溟从国民革命中的农民运动领悟到的历史使命，正是这一点将他的构想与一般乡村建设区别开来。

事实上，假如只是在思想层面上比较梁漱溟和晏阳初，我们会发现，晏阳初虽然在理论的深度上无法和梁漱溟比肩，但在思想的开阔程度上并不弱于梁漱溟。作为一个经常在世界范围内活动的平民教育家，晏阳初对国家、个人、民主等现代观念都有适当的直观印象与贴切理解，这些现代观念在他的平民教育和乡村建设中都起了相当大的作用。但是，他确实缺乏将一般平民或乡民组织起来的政治设想，他做到的仅仅是将平民教育促进会这样一个机构组织起来，然后在各种现存的制度构架下来做教育和建设工作。即使在定县实验中，他获得了县

---

[1]　梁漱溟：《乡农学校的办法及其意义》，载《梁漱溟全集》第五卷，第353页。

政改革的行政权力，改革的重心也只是在于行政效率和廉洁方面。

（5）小结。乡农学校是独特的：相比于乡约，乡农学校是民主政治的普遍地基；相比于农民协会和地方自治，乡农学校的礼乐色彩不容忽视；相比于一般乡村建设，乡农学校作为一种组织制度的政治设想是它们所没有的。从思想史的视角来看，乡农学校构成了梁漱溟的礼乐–民主主义的基层制度，这无疑是一种典型的制度创新论；从社会史的视角来看，梁漱溟顺应了时代的革命潮流，将一般乡民的政治主体性作为其制度构想的原则与目标，但同时也试图以礼乐和道德的名义保留士绅在基层社会的主导影响力，明显与国民革命以来的主要政治潮流构成了紧张关系。

2.作为"总脑筋"的文化运动团体系统

梁漱溟有关文化运动团体系统的构想几乎不被人注意，这有两个方面的原因：其一，大家通常只是把梁漱溟的乡村建设看成一般的乡村建设；其二，在梁漱溟的乡村建设实践中确实还看不到这个系统的现实形态。但缺少对这个层次的考察，我们将无法理解梁漱溟何以能将乡村建设与中国的根本政治问题直接关联起来。在一般的乡村建设中，我们普遍可以看到如下的设想。首先是将乡村建设与民主政治关联起来。晏阳初说："聪明的人，就得脚踏实地的作共和国家以民为主的工作，从根本上唤醒民众，使他们知道人民都应该参与政治运动，人民都能参与治政，才是真正的民主的政治。不参与政治，让一般军阀、官僚、政客去把持，就是假民主的政治。"①其实即使是来自一般官方（无论是中央下派抑或

---

① 《平民教育概论》，载《晏阳初全集》第1卷，第127页。

是地方军阀）兴办的乡村建设，同样有通过地方自治来训练民主政治的诉求，虽然事实上这种地方自治常常成为官僚系统控制地方民众的一种方式。其次，只要一县之内的乡村建设实验得以成功，则可将这种成功经验扩展到全国，因为"一个县的生活大体上与其它县类似。在一个县建立一种生活模式后，通过平民教育，就可将其推广到其余1834个县"①。梁漱溟的乡村建设也包含了这两个层次的构想，但并没有止于此，因为中国的根本政治是国家权力的问题，民主政治虽然极端重要，但仅仅构成现代国家权力的一个部分，梁漱溟有关文化运动团体系统的构想，牵涉到的是国家权力的主位性问题，即由谁来统领国家建设。

这才是梁漱溟真正独特的制度构想。支撑乡约的实际力量是现存帝国秩序，而构建乡约的文化理想却是宋明儒学念兹在兹的礼乐秩序。农民协会的背后是革命政府的大力支持，地方自治不过是中央政府调动民力、民智、民德以参与国际竞争的一项国家战略策划，而一般的乡村建设可说完全没有制度构想。但是，与其把这看成梁漱溟的乡村建设与一般乡村建设的区别，不如将这看成梁漱溟试图整体性地思考所有乡村建设的政治出路。

众所周知，梁漱溟有关乡村建设的思想是整体性的，但以往我们都是这样来看待这种整体性，即梁漱溟自己多次说到的，他的乡村建设是囊括政治、经济、文化等社会结构的整体建设。我们还有必要深入一层来理解其思想的整体性。梁漱溟的一个学生，曾根据梁漱溟的意思，在一篇文章中写道："我们对现政权的态度不只是为我们一切主张中的一个根本见地，而且同时

---

① 《有文化的中国新农民》，载《晏阳初全集》第1卷，第142页。

在整个的'乡运'中也是个很重要的见地。"①梁漱溟思考的一个特点正在这里，即他思考的真正对象是作为整体的乡村建设，而不仅仅是他自己参与其中的某个地方实践。事实上，梁漱溟从来就没有局限于一隅的乡村建设的地方实践，如果这种地方实践从始至终只能局限于一隅的话，那么乡村建设必然只是无关紧要的一种零星的历史实践；乡村建设甚至不能通过一个县的成功实践示范给所有其他县这样一种方式来获得其普遍性，而必须考虑如何把已经兴起并且不断兴起的各地方实践联合起来。这就指向了他的文化运动团体系统的制度设想：

> 从学术研究以至学校教育社会教育，应当融合贯通成为一个系统，与各级行政机关大小地方组织，相配合相沟通，来担负推动社会谋一切改革进步之责。此一大机构实为建设新中国所必要。此新机构成功，自无名色杂多，条理不清，如今日之弊。所有知识分子，无论为专门为普通，均可于此系统中，有其地位。或居实验室，或入乡村，各尽力于建设新社会之大业。……乡村运动此刻正从不同的来历，在不同的地方，各自活动开展而互相影响着。大约将先为横的联络，纵的系统才得跟着而有；纵横辗转扩大去，逐渐走入系统化合理化。因事实在先，理论在后，结果自当如此。能于推进社会有最大效率的，要在纵的系统机构建立之后；而能于稳定政局开出社会进步机会的，则在横的广大联合之时。②

---

① 王静如：《我们的乡村运动与现政权》，《村治》第3卷第1期，1932年11月30日。
② 梁漱溟：《乡村建设理论》，载《梁漱溟全集》第二卷，第472~473页。

在另一处他还说道：

> 这个大系统的建立，是推进社会的一个根本，没有这个系统，则不能推进社会；有这个系统，对于各种学术的研究，各种知识技术，则不能推进社会；有这个系统，对于各种学术的研究，各种知识技术，都能利用得上。这个系统彷佛是个总的脑筋，乡农学校的教员，是一个末梢神经；有此总的脑筋，才可以应付种种问题，解决种种问题。[1]

首先，文化运动团体系统的第一个原则是普遍联合原则。普遍联合原则不是针对单独的地方实践而言的，而是针对所有作为地方实践的乡村建设运动而言的。普遍联合主要是从它们之间的广泛联络开始的，"由乡与乡的联络，而渐及于县与县、省与省的联络，要普遍的去联络，相往来，通消息"[2]。

其次，文化运动团体系统的第二个原则是系统化原则。第二个原则建立于第一个原则基础之上，用梁漱溟的话说，第一个原则是横的广大联络，第二个原则则是纵的融合贯通，融合贯通需要在广大联络的基础之上才可望得到合理化的贯彻。在这里，系统化是指这个文化运动团体系统将被整合成一个具有普遍意志的主体，而合理化则是指在这个文化运动团体系统内部必然将具有极为复杂的分工合作。只有到了这个地步，它才能承担得起"总脑筋"的称号。

文化运动团体系统的第三个原则是知识原则。它不是一般

---

[1] 梁漱溟：《乡村建设理论》，载《梁漱溟全集》第二卷，第358～359页。

[2] 梁漱溟：《乡村建设理论》，载《梁漱溟全集》第二卷，第333页。

平民的普遍联合，而是知识分子的普遍联合。这将是更高一级——确切说，这是最高级别的——师位，它与乡农学校中保留的那个师位不仅仅有级别的差异，在性质上也是完全不同的。乡农学校中保留的师位根据的是"德望"原则，"德望"在一个小型的礼乐共同体里面无疑是可以得到相对稳定的鉴定与评价的，而文化运动团体系统的规模将作为整个国家的一套系统被建构出来，对其中人员的鉴定与评价将主要根据知识原则来运作。这一点，其实在乡农学校中就可以看到端倪了，教员是文化运动团体系统的基层工作人员（"神经末梢"），他们代表文化运动团体系统参与到乡农学校中的作用是科学技术以及民主政治等知识的输入，而不是有关"德性"的教导。

这样的文化运动团体系统将成为通往现代中国之路上的"神经中枢"或者说"总脑筋"。"总脑筋"的第一个内涵意味着中国的根本政治问题将通过普遍联合原则形成比较明确的社会意志而获得解决。这种可能性取决于如下因素。

首先，梁漱溟认为中国社会的特点是"散漫"，"沟界不分明，壁垒不严，矛盾不深刻"，[①]这与西方社会那种普遍的民族矛盾和阶级冲突形成鲜明对比。当考虑到梁漱溟是在近代中国战争频仍和"匪乱"猖獗的大背景下做出如此判断的，我们不由感到惊讶。而梁漱溟想要说明的恰恰也是，中国的分裂实质上就是政治上和军事上的分裂，社会本身则没有隔阂。但没有隔阂的社会却是散漫无疆的，只好常常处于各种分裂的政治和军事势力的宰割之下。文化运动团体系统的出现则意味着中国社会的政治转型：它既是中国社会本身的现代转型，因为中国社会必须被高度组织起来，方能获得真正的力量；也是中国政治

梁漱溟与现代儒家激进主义的兴起

---

① 梁漱溟：《中国政治问题研究》，载《梁漱溟全集》第六卷，第762页。

的现代转型，因为中国政治的统一将由理性的社会意志作为主导力量。

其次，中国以往的历史（特别是近代史）都说明了这样一种情况，即"思想潮流之为物，力量大过武力"①。这当然不是说某个人的主观上的思想意见就能够主宰军事武力，而是说作为时代精神的思想潮流才是真正统领中国命运的力量。"单纯的武力是不配出头的"②，"思想潮流配合上武力，无敌于天下"③。文化运动团体系统的出现则意味着思想潮流将不再以纷杂错乱的面貌展示，主观意志通过时代精神的客观化而获得其统一形式，意志统一成为武力统一的前提，武力必将丧失纷争的任何合法化理由。

最后，文化运动团体系统的基础工作是广泛开展的乡村运动，这不仅有利于知识分子之间的联合（作为思想意志的统一力量），而且有利于知识分子与乡民大众的联合（作为社会意志的统一力量）。因为乡村运动揭示出来的是几乎所有人都承认的问题；它的一般建设也是几乎所有人都承认的基本要求；不能把乡村运动看成各种主义中的一种，它只是切近事实的工作，不会惹起过多的意见纷争；乡村运动的联合工作是从各人的自愿工作慢慢转进来的，而不是从一开始就由某个中心指派与包办的；作为先从地方实践开始的乡村运动还能够免掉党魁之争带来的困难。乡村运动的第一个突破仅仅是要求知识分子能够走下乡去，乡村建设的号召也仅仅在于为这种突破营造必要的社会氛围。知识分子只有自我组织化并且掌握了普遍的群众，群众也只有自我组织化并且乐于接受知识分子的教化，社会意

---

① 梁漱溟：《中国政治问题研究》，载《梁漱溟全集》第六卷，第769页。
② 梁漱溟：《乡村建设理论》，载《梁漱溟全集》第二卷，第485页。
③ 梁漱溟：《中国政治问题研究》，载《梁漱溟全集》第六卷，第769页。

志才会拥有明确的理性形式和实质权力，这是现代中国最可欲的统一之路。

"总脑筋"的第二个内涵意味着国家建设将通过系统化原则和知识原则获得效益和规划性。关于这一点，梁漱溟很少有正面的论述，这是因为文化运动团体系统的高级形态从始至终都只是作为纯粹的理念形态而存在。但我们仍能通过他的一些零星论述看到这一点（虽然只是作为远景被引进来）。他曾经听到一种针对乡村运动的批评，即作为实验区来建设的乡村运动都是得不偿失的，因此乡村工作人员就被人称为"蝗虫"，梁漱溟坦承自己也不过是"蝗虫"中的一个，但他说："一切问题都是因为总组织没有建立。在总组织没有建立的时候，实验区决不能见效。我在这里又可说一句话，将来总组织可包成功的，实验区将来可包赚钱的。"①他在另外一处又说："乡村建设是普及运动，有方针有计划的向前进行，达预期的目标，以完成我们的建设，这话是表示零碎、各不相谋的乡村建设运动（如划邹平县为县政建设实验区），这不是我们的意思。他是要在大的方针之下来作，然而现在我们的作法就不对吗？不！这是个开头，是创造一种风气。真的乡村建设，是普及发展、平均发展，达到预期的目标。"②最明确的一个地方是在讨论经济建设的时候，他说："我们将以全国乡村运动联合的中枢组织，为知觉和用思想的机关，而以政府为行动机关。但我们并不想从法律上取得什么地位，凭借法律所赋予的权来过问政治。我们只想从事实上能够做到代表大社会的痛痒，同时对于全国各地方各种问题都有精确的知识和消息，而集中学术人才以学术头脑规划其前

---

① 梁漱溟：《乡村建设运动中的三大问题》，载《梁漱溟全集》第五卷，第633页。
② 梁漱溟：《乡村建设运动纲领讲述》，载《梁漱溟全集》第五卷，第953页。

途，为政府施政的指针。"[1]

三　非资本主义的合作主义——工业化的中国道路

1.非资本主义的合作主义

要相对贴切地理解梁漱溟的经济建设思想，可能需要先在理论上澄清如下几点：第一是资本主义与工业主义的不同，第二是"非"资本主义不能等同于"反"资本主义，第三是合作主义的社会主义与马克思主义的社会主义之间的异同。

资本主义和工业主义不仅在历史经验上，而且在理论阐释中，都常常处于一种暧昧的境况之下，既相互交叉，又互有歧异。吉登斯认为："在欧洲历史进程中，资本主义的发展要早于工业主义的发展，而且要早相当长一段时期。资本主义还是工业主义得以产生的必要条件。可是，资本主义和工业主义各自都具有自己的特性。它们在概念上不能互相取代，在经验上它们处于某种实质性的分离状态之中。"[2]

资本主义意味着一种社会经济制度，根据这种制度安排，商品化生产关系得到最激进的发展与推进，特别是将土地与劳动力从原先的任何带保护或束缚色彩的社会关系中扯脱出来，纳入市场中以形成契约形式的自由流转与货币形式的等价交换。私有财产被国家法律当成神圣不可侵犯的权利保护起来，经济团体内部依据现代会计方法独立核算盈亏，外部则需要明确可计算的法律体制作为统治的核心手段。这一切构成资本家有效组织生产和追逐资本利润的空间。而工业主义首先意味着物质能源和机械力量主导一般生产过程并且影响着其他经济过程，

---

[1]　梁漱溟：《乡村建设理论》，载《梁漱溟全集》第二卷，第518~519页。

[2]　〔英〕安东尼·吉登斯：《民族－国家与暴力》，胡宗泽、赵力涛译，生活·读书·新知三联书店，1998，第155页。

推动着人类生活在一个几乎完全是人造的环境之中，这是工业主义的技术基础；其次则意味着生产流程的正规化和工作场所的集中化，带来了一套分工细密和层级分化的严格的生产秩序，这是工业主义的组织基础。

在推动欧洲历史的经济转型过程中，资本主义和工业主义是交叉在一起共同起了作用。但比之工业主义，资本主义具有变换各种方式以无止境地追求资本利润的长期动力，这是工业主义所缺乏的。吉登斯的如下看法应该会有助于我们理解作为生产制度的资本主义与作为生产秩序的工业主义的差异："资本主义作为在一特定社会中居支配地位的生产体制，其基础是'经济'和'政治'的结合，这种结合是通过私有财产和工资劳动的商品化得以实现的。可是，就更为普遍的制度结合来说，工业主义只居于'中立'位置。这就是说，工业主义是否对那种会使之成为一种特殊类型的、更为广大的社会整体具有任何明确的内涵，根本就不存在明确的答案。"①正是这一点让非资本主义的合作主义和反资本主义的共产主义具有了逻辑上的可能性。

事实上，我们在《申报》20世纪30年代有关现代化的讨论中就能很清楚地看到这种可能性。张素民说："就国家社会言，现代化即是工业化（industrialization）。凡一个现代化的国家，即是一个工业化的国家。至于政治是不是要民主，宗教是不是要耶稣，这与现代化无必然的关系。"②工业化是现代化最内在的核心要素，这可说是分歧最少的一个共识，只有在工业化的路径选择上，才存在最大的争议，而资本主义不过是这种路径选

梁漱溟与现代儒家激进主义的兴起

---

① 〔英〕安东尼·吉登斯：《民族-国家与暴力》，胡宗泽、赵力涛译，第175页。

② 张素民：《中国现代化之前提与方式》，载罗荣渠主编《从"西化"到现代化——五四以来有关中国的文化趋向和发展道路论争文选》，黄山书社，2008，第227页。

择中的一种，甚至是当时最不获支持的一种。他们中的大部分人认为："中国的国民经济的复兴和进展，绝对不能依靠那些很少数附庸于国际资本主义者的暴富户。"①就这一点来说，梁漱溟的经济思想是作为时代潮流的顺应者的面貌出现的，而不是孤例。"在强烈的竞争下，只有进步与毁灭两途；——不进步就得毁灭。"②工业化则是"进步"最明确的时代诉求："中国民族的能否复兴再起，中国社会的能否繁荣进步，定规要看中国社会能否工业化。"③而同样明确的是："走近代都市文明资本主义营利的路，片面地发达工商业，农业定规要被摧残，因为农业不是发财的好道，在资本主义之下，农业天然要受抑压而工业畸形发达（这亦是我们中国不能走资本主义路的缘故）。"④

即使如此，我们只能将梁漱溟有关工业化道路的设想看成"非"资本主义的，而不是"反"资本主义的。我们知道，20世纪30年代关于中国社会性质论战的焦点就是中国是否已经是资本主义社会。对于一般的知识界来说，中国的资本主义远没有发展起来，这并不构成问题。梁漱溟正是如此自然地将这一点当成"非"资本主义的前提：在中国，不同于在欧美，并不存在一个现成的资本主义需要我们加以反对，恰恰相反，中国的一个现实弊病是资本主义得不到通畅的发展。因此，"非"资本主义的实际逻辑是要在工业化的路径选择中反对走资本主义的道路，而不是在资本主义道路现实化的过程中再加以推翻或

---

① 罗吟圃：《对于中国现代化问题的我见》，载罗荣渠主编《从"西化"到现代化——五四以来有关中国的文化趋向和发展道路论争文选》，第275页。

② 梁漱溟：《乡村建设理论》，载《梁漱溟全集》第二卷，第493页。

③ 梁漱溟：《往都市去还是到乡村来——中国工业化问题》，载《梁漱溟全集》第五卷，第638页。

④ 梁漱溟：《往都市去还是到乡村来——中国工业化问题》，载《梁漱溟全集》第五卷，第642页。

改造。

我们把梁漱溟的设想看成"非"资本主义的第二个理由是，梁漱溟虽然否定作为生产制度的资本主义，也明确反对资本主义中的个人竞争手段，但因为具体条件下的历史需求，中国还必须通过开发产业来增殖财富，这导致合作主义在一段可能相当长的时期内无法完全排除资本主义的营利冲动。这一点，在梁漱溟对商业利润和产业利润的明确区别中表现得最清楚："在过渡阶段中的合作社，从某一意义说，也很像一种资本主义，除了借着他人的劳力来营取产业利润一点之外，其他地方（如营利），与资本主义没什么不同。……我们（中国）的合作社，商业利润是可以要的，产业利润绝不能要。"[1]产业利润是通过剥削他人的劳动而获取的，这正是资本主义生产方式（即资本家与自由劳动者的雇佣关系）的内在动力，合作主义"非"资本主义的实质意义即在对这一点加以坚决拒绝；但中国的合作主义除了构想美好社会的经济基础之外，还需要完成工业化的历史任务，而商业利润则是刺激合作社发展生产的必要动力，因此，非资本主义的合作主义在某种意义上也是合作资本主义的一种形式。

合作主义是在资本主义制度下产生的。根据冯锐的说法："由消费者组织抵抗资本家之消费合作社，渐渐演进，成立合作主义，推广至各种生产，借贷，贩卖等合作组织。"[2]在欧美的情境之下，合作主义具有针对资本主义弊病而谋改革的倾向，合作主义是消费者普遍联合以谋取逐渐消解资本主义生产制度的一种和平改良方式。

---

① 梁漱溟：《中国合作运动之路向》，载《梁漱溟全集》第五卷，第616页。

② 冯锐：《从合作主义以创造中国新经济制度》，《村治》第1卷第3期，1930年7月1日。

对于中国的合作主义者来说，合作主义首先是一种生产者的联合方式，这被看成"中国合作运动的先决问题"："中国的合作运动，应当以农业生产合作社为主体。但是要求生产合作社的充分发展，推行无碍，同时更须组织健全的信用合作社为之辅助。至于纯以便利消费者为目的的消费组合，如合作商店之类，在中国的经济状况没有相当的发展以前，除去繁华都市等特别情形的地点以外，是没有即行提倡的必要的。"[①]这也就意味着，中国的合作主义必须是生产者的普遍联合；中国的合作主义与欧美情境下的合作主义不一样，不肯成为"个人资本主义经济的从属事业或补救工作"[②]。但是，在中国的情境下，因为缺乏资本主义工业社会的前提条件，这种需要普遍联合起来的生产者不是指已经具有现实形态的工业无产者，而是等待转化为工业生产者的最为广大的农业生产者。

根据梁漱溟这个中国的合作主义者的表述，合作主义当然批评资本主义制度总是造成资本家阶级对财富的垄断与对社会的压迫，它们的共同依据是平等福利原则。作为解决这种资本主义制度之弊的路径选择，中国的合作主义者发展出一种生命原则："最好的文化一定是最能让人类得以表现发挥其生命作用的文化。"[③]生命原则本身是无所谓公私之分的，虽然在现实的表现形式中有可能展示出为公共大义的牺牲，也有可能展示出对一己私利的追求，但作为一种人性原则，生命主义的核心要素是心思情趣的发挥和独特个性的发扬。

2.以农立国论的历史脉络

作为中国工业化道路的一种具体设想，梁漱溟的合作主义

---

① 邵履均：《中国合作运动的先决问题》，《村治》第1卷第1期，1930年6月1日。

② 梁漱溟：《乡村建设理论》，载《梁漱溟全集》第二卷，第542页。

③ 梁漱溟：《乡村建设理论》，载《梁漱溟全集》第二卷，第539页。

一向被研究者放在"以农立国论"的脉络里加以阐述，这在罗荣渠主编的《从"西化"到现代化——五四以来有关中国的文化趋向和发展道路论争文选》下册中体现得很明显。梁漱溟最明确地反对以都市文明为重心的资本主义道路，最详细地论证了"从农业引发工业是我们翻身之路"这样一种提法。由于梁漱溟在这方面的论证很清晰，有关这方面的重述也不少，我们在此只提醒注意如下几点：首先，"以农立国论"最完整的表述者是章士钊，章士钊不仅仅反对资本主义，他还最明确地反对工业化，而梁漱溟的"从农业引发工业"却是一种非资本主义的工业化道路；其次，不能将梁漱溟与胡适、吴景超等自由主义者放置在前者重农业而后者重工业这样的框架里加以比较，他们都把中国的复兴寄托于中国的工业化，问题仅仅在于现实道路的选择，是听凭实业家的个人竞争来完成工业化，还是通过广大乡村的农业发展来完成工业化；最后，梁漱溟在如下方面是与第一批"以农立国论"者一致的，即他们都认为农业、农民和乡村蕴藏着巨大的能量，这才是中国的立国之本，但第一批的以农立国论者将这当成构建农业文明的经济基础，而到了梁漱溟这里，以农立国论考虑的核心问题却是工业化的资本问题和市场问题，即在国际工业竞争剧烈、经济危机、商品倾销和国内不平等条约体制的大背景下，只有农业的发展才可能提供工业化的资本积累和市场销路。梁漱溟与章士钊的一致性正是能将他与其后的某些重视乡村工业论的人（比如马寅初）区别开来的地方，后者只是把乡村工业当成补充农业的一种手段，而梁漱溟却把农业及其工业的发展看作中国经济改造的根本大计；① 梁漱溟与章士钊不一致的地方则是他与后来的乡土重

---

① 梁漱溟：《乡村建设理论》，载《梁漱溟全集》第二卷，第514页。

建论者（比如费孝通）共通之所在，后者在一定程度上可说是把梁漱溟的许多表述社会学化了。

3.没有土地纲领的土地论述

国民革命在中国问题、农民问题与土地问题三者之间建构了一种基本的递进等式关系："中国现在的国民革命，质言之即是农民革命。农民问题的中心问题，就是土地问题，数千年当中，农民久不久起来革命，为的都是耕者没有其田，所以这个土地大问题，便是今日中国一切政治上的根本问题。"[1]

1927年以后，以国民党为代表的国民政府遵循孙中山的三民主义，在理念上坚持平均地权和耕者有其田的原则，在具体的施政过程中则试图逐步推进"二五减租"的政策，但是，正如当时的观察者所言："就过去几年情形而论，一切减轻封建剥削的改良政策，比较容易得到中央和若干省政府的同情，但很难得到县政府尤其是区乡长的拥护。"[2]

在20世纪30年代，强调土地分配不均成为一时的舆论风

---

[1] 俞塘：《土地问题与政治问题》，《中国农民》第2集第1期，土地问题专号。

[2] 益圃：《新土地政策的实施问题》，载薛暮桥、冯和法编《〈中国农村〉论文选》，人民出版社，1983，第313页。薛暮桥也说："中国是个半封建的社会，政治机构愈到下层，便带着愈浓厚的封建色彩，因此中央政府所颁布的进步法令，到县政府时便已打着一个相当大的折扣；到区乡保甲长的手中往往化为乌有。"（薛暮桥：《现阶段的土地问题和土地政策》，载薛暮桥、冯和法编《〈中国农村〉论文选》，第346页）这种观察绝非出于不同政党的意识形态偏见，在当代的台湾学者研究中，看到的是类似的事实："基本上，国民政府对土地问题虽非全无所见，但论及实际，仍不免予人束手无策之感，主要原因是：（一）土地改革的相关法规虽多，但推行不易。……（二）1930年代是国民政府大力推动经济建设的时期，建设经费来自财政税收，而田赋仍系岁入的最大宗（皖省田赋约占省财政收入的三分之一），基于税收的现实考虑，政府倾向于与地主合作，甚至于在土地法中舍弃可以抑制土地兼并的地价累进征收办法。（三）地籍散乱，整理匪易，以和平方式改革土地（包括土地清丈、自行陈报、整理地籍、重定地价、价买征收、重划分配等），非短期可以奏功。（四）土地政策之制定与推行，均倾向保守持重。"（谢国兴：《农业经济的困局：近代安徽的土地问题》，"中研院"近代史研究所编《近代中国农村经济史论文集》，"中研院"近代史研究所，1989，第268~269页）

潮。相比于这种舆论风潮，不仅梁漱溟一个人，而且整个乡村建设都似乎显得太不关心土地问题了。人们批判乡村建设的一个主要根据即梁漱溟等人忽视了土地问题，这种批判在20世纪90年代以来的有关梁漱溟的学术研究中被继承下来了。这种批判既对也不对。

说其不对，是因为"时下论坛，一提到中国经济问题，有最爱说的一些话：一是极论中国土地分配不均，妨害如何之烈"[1]，在这样的舆论风潮中避而不谈土地问题，与其看成忽视，不如看成谨慎。对于梁漱溟来说，土地是否分配不均，这首先有待于多方面和多层次的调查才能证明，各种调查数据的真实度也多有存疑，而以中国之大，各地的实际情形悬殊，衡量均与不均的标准也很难定于一尊。[2]但更重要的是，他认为："要知土地问题，问题却不在土地，而在人与人之间……所以我们认为调整社会关系形成政治力量，为解决土地问题之前提。"土地问题的任何调整牵涉到的都是根本利益的重新布局，这绝不是一个单纯的经济问题，而是一个彻底的政治问题。把有如此深刻认识的梁漱溟简单看成忽视土地问题，本身即为一种忽视。

尽管如此，这种批判在一定程度上仍然成立，因为梁漱溟完

---

[1]　梁漱溟：《乡村建设理论》，载《梁漱溟全集》第二卷，第555页。

[2]　谢国兴说："目前我们所能引用的农经资料，以民国以后（尤其是一九三〇年代）所整理者为多，其中有两个主要特色，一为全国或全省性的估算数据，主观性很强，水准参差不齐，在相同的时期，不同的个人或团体对同一区域之同一问题，可能得出差异极大的多组数据；另一为小区域的实地抽样调查统计，其客观性与准确度较高固不容置疑，但是中国不同区域之间社会经济（甚至文化）现象个别差异极大（有时甚至是两极），因此这种统计数字往往无法代表整体现象，以之作根据强加推论，自然十分危险。统计贵乎全面性与长期性，前述两类型之统计均不足以语此。"比之如今已基本被颠覆的舆论风潮，此或为持平之论。参见谢国兴《农业经济的困局——近代安徽的土地问题》，载"中研院"近代史研究所编《近代中国农村经济史论文集》，第224页。

全缺乏一种明确的土地纲领，这导致他在许多关键问题上都含糊其辞——这一点反过来说也成立：因为他在许多关键问题上都含糊其辞，导致他完全缺乏一种明确的土地纲领。他的最大的含混之处是，即使是在他的设想中（遑论实践了），我们都不清楚作为"解决土地问题之前提"的"政治力量"到底何所指。

他说："只有分散杂乱的个人意识或其较大意识，而没有一社会整个意识；只有分散杂乱的一些势力，而未得其调整凝聚之一大力量；这是问题之所由来。若不略略形成此意识、此力量出来，而只是你谈我谈他谈究竟没有负责的，又有何用！"①似乎只有文化运动团体系统才是这种关键的"政治力量"。但是，"大抵经济建设多要靠政府主持（类如土地问题，前说的金融问题等为尤然）；而乡村运动为一种文化运动，独宜于担负教育工作"②，可见乡村建设完全不敢承担这种根本性的利益格局重新调整的政治问题。

对于根本性的利益格局重新调整的政治问题，只有具备强制力的政权才是那种关键的"政治力量"，闪烁其词、模棱两可、含糊混淆的"理性"不可能是真正的担当者。在这个意义上，千家驹对梁漱溟的批评未必没有切中肯綮：

> 所以"整个的乡村"是与"全民"同样地是抽象的名辞，具体分析起来，他里面便不能不包括有地主、富农、中农、贫农、雇主、雇农、债主、债户、土豪劣绅，赤贫者等等，我们决不是说有这许多阶层便应该使他们互相分化，互相敌对，也不是说他们就没有共通的休戚与祸福，

①　梁漱溟：《乡村建设理论》，载《梁漱溟全集》第二卷，第528页。
②　梁漱溟：《乡村建设理论》，载《梁漱溟全集》第二卷，第527页。

我们的意思只是说：在由这种种经济地位不同的农民所组成的"整个乡村"，不能调和的矛盾与冲突是不可避免的，要使他们为着全乡村的利益而合作，这种"利益"名义上是全乡村的，事实上却是一部分人所独享。①

4.工业化的"血本难题"

资本主义工业化道路上的"血本"现象通常以如下两种形式展示出来。

第一种是马克思所说的"原始积累"。作为资本主义生产方式的起点，"原始积累"是对资本家阶级如何获得原初资本和自由劳动力的历史密码的破译。一方面，资产阶级学者常常将由生产者转化为自由劳动力这个过程称为"解放"，但是，"新被解放的人只有在他们被剥夺了一切生产资料和旧封建制度给予他们的一切生存保障之后，才能成为他们自身的出卖者。而对他们的这种剥夺的历史是用血和火的文字载入人类编年史的"②。这一把把"火"都是在国家的各种血腥立法、压低工资的法律和对土地的暴力掠夺中被煽起来的，而"血"则意味着人民群众在资本主义制度确立过程中被奴役的代价。另一方面，通过国债制度、现代税收制度、商业战争等，特别是殖民制度，西方国家为资本主义制度的开创积累了巨额财富，"资本来到世间，从头到脚，每个毛孔都滴着血和肮脏的东西"③，这里的"血"就不单单是资本主义国家内部人民的血汗了，更多的是来自对殖民地人民的残忍屠杀和凶狠掠夺。

第二种则体现在技术主义的扩张中。"现代工业的技术基础

---

① 千家驹：《中国的歧路》，载千家驹、李紫翔编著《中国乡村建设批判》，第140页。
② 马克思：《资本论》第一卷，人民出版社，2018，第822页。
③ 马克思：《资本论》第一卷，第871页。

是革命的"[1]，每一次技术主义的扩张在节省人力的进步当中也隐含着工人失业的危险，"在自由竞争的资本社会呢，不顾他人是死是活，只要减低成本增加利润的，什么技术马上就被采用实行。多数工人遭受无情的排斥，工业的进步实在残忍中进行……工业化的高度文明，简直都是血换的"[2]。

正如马克思针对资产阶级学者的尖锐讽刺，"血本"现象在工业化的资本主义道路上没有成为一个问题，因为它总是被屏蔽、被压制，乃至在高度文明的外观之下完全被遗忘了。对于梁漱溟来说，"血本"不仅是一个问题，还是一个"难题"。

> 我们这条路呢，则一意从平稳过渡那个地处设想，整个的打算从头到尾皆以多数人为重，结果怕是受多数人之累！盖既不使其有自相斫杀的残忍竞争，又没有将大权力量都提到上面来，则多数乡下人真或可以累赘着工业化的进行。[3]

在某种意义上，我们可以把梁漱溟的经济设想，即非资本主义的合作主义，看成他试图破解这个"血本难题"的一种方式。对于梁漱溟来说，首先，非资本主义是一种现实考量，在近代的国际条件和国内条件下，"中国工业不是没有起来的问题（欧战期间有显著的抬头），而是起来之后又被摧残的问题"[4]，只有乡村建设才可能完成这项任务，因为农业的竞争性不像工业那么大，发展农业的资本条件（土地和劳力）也比较现成，问

① 马克思：《资本论》第一卷，第560页。
② 梁漱溟：《乡村建设理论》，载《梁漱溟全集》第二卷，第560页。
③ 梁漱溟：《乡村建设理论》，载《梁漱溟全集》第二卷，第550页。
④ 梁漱溟：《往都市去还是到乡村来？——中国工业化问题》，载《梁漱溟全集》第五卷，第639页。

题仅仅在于如何将乡民们组织起来并将他们的生产技术化和机械化,通过这种手段为中国进一步的工业化预备资本和生产劳力,这恰好也就是合作主义试图解决的问题。

其次,非资本主义也是一种伦理考量,作为发展工业化的一种路径选择,我们不能依赖资本家的自由竞争,因为资本利润的最大化永远是资本家的第一原则,工业化的成果绝大部分会被资本家所攫取,城市和乡村的断裂也将是决定性的致命伤。

最后,合作主义不仅仅要将中国最广大的乡民组织起来加以团体训练,使他们习惯于现代工业生产秩序必需的纪律性,让他们不仅作为生产者也作为管理者参与到工业生产之中,工业生产的劳动成果在一个合作团体内部就能得到比较平等的分配,更重要的是,作为合作主义的高级形式,即在文化运动团体系统的调节、控制、指导之下,完成一种通盘规划和统筹建设,这样的合作主义将能够适应任何的技术主义的扩张。

第七章　乡村建设的运作条件、哲学基础与生活图景

一　政权力量与精神陶炼——乡村建设的运作条件

任何制度的有效运作都是有条件的。现代的制度拜物教常常否认这一点，他们认为，只要在国家建制上完成一套他们理想中的制度体系，这套制度就可以自我维持和良好地运作下去。梁漱溟与制度拜物教的区别不在于是否重视制度化，在前面的论述中，我们已经看得很清晰。梁漱溟最独特的地方正在于他对制度构想的重视，这既是他区别于其他现代新儒家的地方，也是他区别于其他乡村建设者的地方。事实上，那些完全缺乏制度构想的人更有可能成为制度拜物教，正是由于他们缺乏想象力，所以他们认为，只要照搬一套被称为模范的制度体系就可以了。但将梁漱溟与现代的制度拜物教区别开来的地方还不在这里，因为对于是否吸纳另一种文化体系中的各种要素这个问题，在一个世界大交通的时代，答案必然是肯定的，差异也只能是程度上的；可是现代的制度拜物教认为，关键在于且仅仅在于一套国家建制，其他有关社会条件和文化条件的所有考虑都是多余的，甚至是适得其反的。这种制度拜物教的纯粹结论等于又回到了梁漱溟思考的起点，梁漱溟所有的思考其实都是针对这种制度拜物教而来的，只不过现代的制度拜物教比之历史上的制度拜物教要远为自觉，历史上的制度拜物教终归是策略性的，而现代的制度拜物教却已经升级到原则性的地步了。

但在接下来的论述中，我们也不拟就制度构想的社会条件和文化条件进行探讨。这种社会条件和文化条件其实是作为梁漱溟的制度构想的目标被他加以思考的。这就是他的一个著名论断——"乡村运动便是我的宪政运动"——所要表述的真正意思。在接下来的论述中，笔者只想就制度构想的具体运作需要什么样的外部环境和内在机制做一点检讨。"条件"，在这里意指某些无法控制的力量，它们既不能为制度所规定，又为制度运作所必需。

不是所有的外部环境都能构成制度构想的运作条件，相反，许多外部环境作为社会问题是制度构想的历史任务。在梁漱溟的心中，其实只有一种外部环境是被作为制度构想的运作条件加以考虑的，即国家政权的力量。为什么国家政权的力量只能作为一种条件来加以考虑？这是因为，梁漱溟从原则上规定乡村建设只能是一种社会运动，而不能变质为国家机器的一部分；作为一种以和平改良自命的社会运动，乡村建设完全没有掌控国家政权的革命冲动。也就是说，作为社会运动的乡村建设既不希望被国家机器吞食，也不期待化身为国家政权。先前已经提到，梁漱溟如此执着于在社会运动与国家政权及其机器力量之间划清界限，源于他的一个根深蒂固的偏见，即作为国家政权及其机器化身的官僚本身总是代表着一种机械化的力量，它几乎永远无法消除自身的机械化倾向。这也就意味着，梁漱溟对一般行政改革完全不抱什么希望。国家政权的力量构成乡村建设不容忽视但又有明确边界的外部环境。

当梁漱溟说，作为社会运动的乡村建设不能借助于国家政权的力量时，他仅仅意指这样一种倾向，这在他朋友的一句话里说得很清楚："从事农村改进的人们，因为是发于不忍的精神，自动的服务，没有权利可言，所以一切的工作，都是实心实力为农民着想。农村改进之有相当成绩，没有流弊，就是这个缘故。"①社会运动的力量来源于"不忍的精神"与"自动的服务"，而国家政权的力量不仅带来机械化的强制，还可能带来权利之争的腐化。但是，只要社会运动的主体能动力量得到保证，梁漱溟实质上并不反对得到国家政权的力量的协助，相反，他还主动寻求国家政权的支持与配合。梁漱溟清楚得很，除非自己掌控国家政权，否则在国家内部要开展一场稍有声势的长期的社会运动，不得到国家政权的默许甚至配合，这是几乎不可能的事。乡村建设的运作不仅需要得到政权力量的消极配合，这包括来自中央政府的默许和地方政府的财政支持等，而且，在先前谈经济建设的时候已经提到，金融系统的存在也是乡村建设的外部力量，但又为乡村建设极度需要，要将这种力量纳入乡村建设中来为乡村服务，同样不是乡村建设所能决定的，梁漱溟将这个希望寄托于政权力量："经济建设多要靠政府主持（类如土地问题，前说的金融问题等为尤然）。"②

　　制度运作的第二个条件取决于内在机制的良好性质，乡村建设的优势和缺陷都体现在这里，即乡村运动工作人员的道德素质和精神气质。这是乡村建设最起码的自我要求，一般乡村建设普遍如此。徐宝谦在1934年第二次乡村工作讨论上的总结中认为如下几个问题最关键："（一）如何使本运动精进不懈？如何防备投机分子之羼入？（二）如何使从事本运动之各团体，互相合作，不生妒嫉龃龉？（三）如何使从事本运动之各级工作人员，真能深入民间，埋头苦干，不作沽名钓誉之想；（四）全国工作人才既如是缺乏，应如何物色？如何训练？如何使各大

① 李朴生：《农村改进运动之腐化的机兆》，《村治》第2卷第2期，1931年6月18日。

② 梁漱溟：《乡村建设理论》，载《梁漱溟全集》第二卷，第527页。

学卒业生，乐于从事乡建事业？（五）晏阳初氏所谓'牺牲的精神，与宗教家的信仰'应如何培养？"①除了第四个问题涉及职业能力方面，其他问题无一例外涉及道德和精神方面。乡村建设为什么如此突出道德问题和精神问题？因为乡村建设原来就是基于道义而兴起的一场社会运动，深入乡村工作一般来说不是一件舒服的事，在面对乡民的时候，乡村工作人员若不能以身作则，肯定就引导不了他们。

梁漱溟自脱离早期的功利主义以后，毕生再未改变的一个特色是，道德问题和精神问题在他思想的价值序列里永远居于最顶端的位置。但我们绝对不能将他对道德和精神的重视看成对严格遵守一般规范的重视，后者已经变成现代道德主义最核心的要求了，但这在梁漱溟看来，与其说是道德的表现，不如说是道德的衰败形式。真正的道德是对于人生意义的探索，是能将人心完全激活的一种状态，是领悟到个人生命与宇宙大全原为一体的"无对"境界。在所有的这些内在意义中，道德问题都可转化为精神问题，而精神比之道德，则更具有一种能动性质和自我主宰的倾向。道德和精神首先是一个自我修养的问题，但并非仅限于个人的范围之内，道德的激发和精神的感召对于一个民族的生命来说同样是必要的。梁漱溟从甘地在印度的作为和丹麦的民众教育中就很清楚地看到了这一点："这就是说，人感人；由少数人的精神感召起多数人的精神。"②关键在于激活生命本身的能量，因为生命的本性就是不断向上奋进和要求创造的，无论是作为个体的人的生命，还是作为集体的民族的生命，甚至是作为类的人的生命，莫不如此。通过精神感召被激发的生命，自身就知道寻求各

① 徐宝谦：《全国乡建运动之现状与问题》，载章元善编《乡村建设实验》第二集，第494页。

② 梁漱溟：《丹麦的教育与我们的教育——读〈丹麦民众学校与农村〉》，载《梁漱溟全集》第七卷，第656页。

种知识、技能和方法来补充自己，现代的知识、技能与方法作为生命之"用"，需要在这样一种生命之"体"之上才能得到最大程度的发挥。因此，对于一般乡村工作人员，他特意安排了"精神陶炼"的科目，"就是要启发大家的深心大愿。我们能有深心大愿，才没有俗见俗肠"。①梁漱溟的这种有关道德问题和精神问题的观点，或许可以称之为"生命主义"，这是他的乡村建设运动不同于一般乡村建设运动的第一个地方。

精神陶炼的第二个要旨，也是梁漱溟的乡村建设运动不同于一般乡村建设运动的第二个地方是："要向大家讲的、要指给大家认识的，就是民族精神。所谓历史文化的分析，就是指点中国文化的特质（就是民族精神）；所谓合理的人生态度，是讲中国古人的人生态度，也还是民族精神；乃至于讲修养的方法，也是源于古人，资借于民族精神。"②作为一种话语现象的"民族精神"绝不是梁漱溟的特色。至迟从18世纪开始，伴随现代性的各种普遍力量从先进国家或地区扩展到其他国家或地区，"民族精神"作为一种抗争的话语形式就不断在这些后进国家或地区浮现出来。即使在一般的乡村建设中，这类话语形式也是普遍存在的。江问渔明确地用了"民族精神"这个词，晏阳初用的是"民族灵魂"这个词，③他们都把这当成塑造现代公民的必备要素。事实上，"民族精神"从它诞生之日起，就承负着这样

---

① 梁漱溟：《精神陶炼要旨》，载《梁漱溟全集》第五卷，第492页。
② 梁漱溟：《精神陶炼要旨》，载《梁漱溟全集》第五卷，第507页。
③ 江问渔说："注重公民教育——特别发挥民族精神和扩大民族意识。"晏阳初说："一个国家的历史是她所掌握的最有价值的塑造未来的资料。为了塑造伟大的现代人民，缔造中国历史的著名而有影响人物，是应当进行探索和研究的。应当做的不是抄录他们的道德箴言，而是呈现他们赖以生活的民族理想。此项研究应该发现最崇高生活中所表现的民族灵魂。……按照现代的需要，对伟大人物不朽的品质，作出新的解释，综合成为一体，使之变成中华儿女的血和肉。"（江问渔：《参加第二次乡村讨论会后感想》，载章元善、许仕廉编《乡村建设实验》，第488页；《晏阳初全集》第1卷，第266页）

一种双重使命：既是抗击现代性的一种话语方式，又作为民族国家的话语建构起到了深化现代性逻辑的历史作用。海德格尔认为，在世界图像的时代，"文化就是通过维护人类的至高财富来实现最高价值。文化本质上必然作为这种维护来照料自身，并因此成为文化政治"[①]。民族精神的现代性转化就存在于这种文化政治的逻辑之中。

梁漱溟的"民族精神"表现出两个特色。

第一，这个概念在他那里，正如在德国浪漫主义那里一样，带有强烈的抗击现代性的倾向。现代性的理智主义以其普遍性的力量横扫一切被视为偏见和迷信的宗教、传统、风尚和习俗，在带来个性解放的同时也带来了精神上的动摇、颓败和破产。"民族精神"则作为一种有关"独特性"的创造物被反思现代性的人们创造出来，它的表述方式带有难以避免的特殊主义话语形式。梁漱溟也是试图从中国的历史文化中来总结"民族精神"，这无疑是一种特殊主义的话语方式。但如前所论，他的现代史观从根本上来说就是普遍主义的，甚至是激进的普遍主义。因为他认为，在世界交通的时代，任何文化，都必须首先是世界的和普遍的，如此才具有存在的意义和可能。作为特殊话语方式的"民族精神"在梁漱溟这里并不是特殊主义的，而是普遍主义的，因为中国历史上的"民族精神"将在未来文化复兴的意义上展示其普遍性。因此，这种普遍主义链条上的"民族精神"，就不能简单否定现代性的理智主义："此时非从彻底的批评怀疑，不能转出一个彻底的非批评怀疑的精神，不能用不批评、不怀疑的精神，而希图挡住批评怀疑的潮流。"[②]这就

<hr />

① 〔德〕马丁·海德格尔：《林中路》，孙周兴译，第77页。

② 梁漱溟：《精神陶炼要旨》，载《梁漱溟全集》第五卷，第503页。

意味着，只有经历了并且涵容了那种彻底的理智主义，"民族精神"才能为一般乡村工作人员提供新方向的确定性；这还意味着，"民族精神"绝非保护一般地方习俗和传统的代名词，毋宁相反，它将是改造一般地方习俗和传统的开拓者。

第二，"民族精神"的普遍主义导致梁漱溟从一开始即将它看成"人类的理性"，开创新的世界文明的理性根据。因此，梁漱溟的"民族精神"从来没有放置到国家政治的框架里加以论证，相反，他的"民族精神"在两个方面都对国家政治构成了强烈的批判。一方面，他认为只有有待创造的新社会体系才可能是理性的代言者，现代民族国家从根本上来说就是横暴残忍的怪物，它是非理性的集中代表（西方人的帝国主义在这方面表现得最赤裸裸，日本不过是其成功的学生而已）；另一方面，作为新世界文明理性根据的"民族精神"是世界主义的，而不是民族主义或国家主义的，因为中国的"民族精神"不过是恰好在此前的历史时代提早认识了人类之所以为人类的理性，"只要人类存在，中国人的精神即可存在"[1]，而理性不过是一种平静通达的心理，以无私的感情作为内核而能在人生正当性的取舍上给出应有的判断。[2]这正是中国伦理主义和天下主义的思想根源和精神特色，它与民族主义或国家主义首先以区别开来自我/他者作为评判标准的狭隘性是完全不一样的。从这个角度来说，民族主义或国家主义是最带有西方色彩的现代产物，而天下主义或世界主义则将是最带有中国色彩的"后现代"（仅取"现代之后的历史延伸"这样一个意思）产物。

---

[1]　梁漱溟：《精神陶炼要旨》，载《梁漱溟全集》第五卷，第504页。

[2]　梁漱溟：《乡村建设理论》，载《梁漱溟全集》第二卷，第181页；梁漱溟：《中国文化要义》，载《梁漱溟全集》第三卷，第122～126页；梁漱溟：《人心与人生》，载《梁漱溟全集》第三卷，第614页。

精神陶炼的第三个要旨，或许可称为历史主义的某种倾向。这与梁漱溟的自我信念也是相关的，他从来就没有把乡村建设看成只是针对20世纪30年代的乡村危机而兴起的一时回应性质的救治措施，他实质上将乡村建设当作某种历史使命或天命的降临。梁漱溟认为，这种历史使命或天命的降临与个人的情感和意愿是完全无关的："重在客观的事实能够有什么，不要斤斤于主观的要求什么……不要单从片面的'要'上去想，必须多从'能有什么'，有什么'可能'的地方来看。"① 乡村建设作为中国的政治出路和经济出路，是梁漱溟根据理智通过对历史变迁的客观社会形势的知识分析得来的，现在只需要某种能动的力量承担起这项历史任务，乡村工作人员恰好是这种能动力量中的一个组成部分。梁漱溟说："时至现代，是到了一个大剧变期，吾人应为人类开辟一新历史，此实伟事也。吾人把这个责任负起来，应欢喜踊跃，以接受此使命，不要畏难，不要退避。"②

二 作为第一原则的理性主义——乡村建设的哲学基础

制度构想的哲学基础是人性论，因为任何制度构想，"它的制造者和它的创造者；这二者都是人……要统治整个国家的人就必须从自己的内心进行了解而不是去了解这个或那个个别的人，而是要了解全人类"③。只有首先从哲学上明确了"人是什么"或者"人之所以为人究竟意味着什么"这样的问题，我们才能理解一套制度体系为什么要如此构想，也能据以审视一套制度体系的运作逻辑是否背离了它的初衷，更能因此检验一套制度体系的运作后

① 梁漱溟：《研究"乡村建设"的途径》，载《梁漱溟全集》第五卷，第526页。
② 梁漱溟：《朝话》，载《梁漱溟全集》第二卷，第108页。
③ 〔英〕霍布斯：《利维坦》，黎思复、黎廷弼译，商务印书馆，1997，第2~3页。

果是否合乎人性。这就是为什么每一个哲学反思的大时代（比如中国的春秋战国时期、欧洲的近代时期）都是人性论歧见杂出的时代。政治哲学上的人性论在具体观点上是非常庞杂纷乱的，但基本逻辑却可以区别为两类：一类遵循的是有效性逻辑，这类制度构想考虑的首要问题是如何控制与管理一定范围内的多数人；另一类遵循的是评价性逻辑，这类制度构想考虑的首要问题是如何发挥作为个体的人和作为类的人的本性。这是互有交叉但终归异质的两类逻辑，梁漱溟的哲学反思无疑是根据后一种逻辑来运思的。

1. 第一原则之辨：理性或自由？

梁漱溟在《乡村建设理论》的结尾部分把制度构想的哲学基础总结为人类社会建设的四项基本原则：（1）与万物一体之情的理性原则；（2）不以利害而泯灭是非的义理原则；（3）生命能量精进不已的自由原则；（4）代际相传而启人向学的教化原则。但这只是一种排列，他并没有详细说明四项基本原则之间的内在关系。在他精心预备了很长时间的《人心与人生》里，他再次论证了制度的评价标准问题：

> 人类社会发展史是大自然界生物发展史的继续；我们就从这一贯下来继续不断的发展上，认识出活动不已的宇宙大生命。宇宙大生命的活动不外基于宇宙内在矛盾争持而来。其争持也，似在力反乎闭塞隔阂不通而向着开通畅达灵活自由而前进。生物演进终于出现了人类者在此，人类社会发展前途将必进达共产主义世界大同无不在此。明乎此，社会生活规制只有符顺于此方向的才算对（好），否则，不对（不好）。不对者一时所难免或不可免，是其负面，不是正面。一切礼俗制度都应准此予以评价。不是没

有标准，而是有其明确不易之标准；不是有许多标准而是只有此唯一的标准。①

在某种程度上，可说梁漱溟通过现代生物学的知识并且根据进化原则重新解释了古典儒家的一个命题，即"人为万物之灵"，因为其他生物都局限于自然禀赋之内，只有人居于生物进化链条上的顶端，最能体现宇宙大生命生生不息的本性。但不是所有人的所有方面都能展现出来这种本性，因为"生命本性不外是无止境地向上奋进，争取其活动能力的扩大再扩大，灵活再灵活，自由再自由"②，它不是现成的某种物体，而仅仅是作为一种可能性内在于人的趋向之中。人通过理智的开发而脱离了本能的局限，但本能作为一种自然禀赋仍存留于人身之中，人要想展现生命本性，就必须依靠人心的自觉能动性挑战与突破任何局势的固定界限。但这不是说人身就完全不重要，或者仅仅是某种障碍物，对身体的极度蔑弃在印度的学术传统里可能色彩浓厚，比如甘地，而"中国的甘地"仍然恪守着中国的学术传统：梁漱溟认为人身各机能的高度统一与协调正是人心展现生命本性的必要前提，他要防止的仅仅是陷于人身的本能界限之内，而遮蔽了人心的可能性。这就是他说"世间至可宝贵者莫如人，人之可贵在此心。然心之显其用却一息不得离乎此身"③的要义。

这样来看，真正的或者说第一原则只能是生命能量精进不已的自由原则，梁漱溟似乎也承认这是"明确不易之标准"，是"唯一的标准"。可是，为什么在《乡村建设理论》中他将这个

① 梁漱溟：《人心与人生》，载《梁漱溟全集》第三卷，第691~692页。

② 梁漱溟：《人心与人生》，载《梁漱溟全集》第三卷，第620页。

③ 梁漱溟：《人心与人生》，载《梁漱溟全集》第三卷，第644页。

真正的原则排到第三项的位置，而第一原则却是理性原则？这是他随意处理的结果吗？还是哲学上的漏洞？有论者言："'生命'在梁氏思想中是比'直觉''理性'更为根本的一个概念。就其在梁氏哲学中的实际地位而言，生命乃不是本体的宇宙本体。……相形之下，'直觉'或'理性'不过是本体的朗现或通达本体的方式或途径，二者的区别不可不察。"① 从哲学上来说，这种看法或许更贴切地理解了梁漱溟，根据这种看法，梁漱溟在根本上就被归为生命主义儒家了。但这未必是梁漱溟的自我理解，我们也不能过于简单地就把他将理性原则作为第一原则的处理视作随意为之，或仅仅是出于对自我的误读。我们需要牢记一点，理性被梁漱溟看成中国的民族精神之所在，也是世界文化的人类归趋之所向。是理性规定自由，还是自由规定理性，这是一个问题。

一种可能的回答如下。首先，自由被看成宇宙生命精进不已的活动状态本身，而理性则是宇宙生命存在于并钟情于人类的一种独特体现。就展现了宇宙生命的本性而言，自由与理性是共通的，但自由意味着宇宙生命本身的冲动，它主要是针对任何可能存在的界限而言的，因此它实际上可以被任何物类所展示（即使只是不完全地展示），而理性则是宇宙生命的自由状态的最高展示（或者说完美展示），它只能体现于人类这一万物之灵之中，这就意味着理性才是人之所以为人的本质属性。其次，自由和理性都可以被用来说明人类为什么会有道德关系的存在，"道德之唯于人类见之者，正以争取自由、争取主动、不断地向上奋进之宇宙生命本性，今唯于人类乃有可见"②，而理性

① 郭齐勇、龚建平:《梁漱溟哲学思想》，北京大学出版社，2011，第195页。
② 梁漱溟:《人心与人生》，载《梁漱溟全集》第三卷，第617页。

是"人类之所由以成其社会者端赖于此，有异乎动物社会之基于其本能"①。自由仅仅是人类存在社会道德关系的能量来源和前提条件，而理性则意味着人类社会道德关系的人性基础，只有理性才能将人类组织成为良好的道德性的社会关系。最后，并不是所有自由都意味着道德，自由与道德完全不是一种等同的关系，毋宁相反，自由的另一种可能是强大的作恶能量。梁漱溟说："大恶人与革命家似乎甚相远，其实亦不然。革命家自是生命力强大之人，而造作大恶者往往亦就是这样的人。正以其同具有强大生命力，世间颇有恶人转变而贤智出众者，亦有先是革命家而堕落为恶者。"② 真正的道德与真正的邪恶都取决于自强不息的生命能量，因此，自由本身无法区别道德与邪恶，只有理性才可能鉴定这两种同出一源的人类行为的不同性质。这种最尖锐的冲突将问题暴露无遗：理性必须为自由立法。

这就是为什么根据评价性逻辑得出的制度第一原则只能是理性原则。其他三大原则都可以通过理性原则获得理解。根据事实序列来看，自由先于理性，理性也源于自由；但根据价值序列而言，理性高于自由，它确实是自由的"朗现"，但不是自由的"方式或途径"，而是自由的宗旨与目的，这就意味着，自由的方向与意义都必须通过理性才能得到规定。义理原则也需要在理性原则的基础上得到理解，是非义理也源于人生向上的冲动而为人类所需求，人之所以为人正在于人可以摆脱一切动物生存性的利害关系而追求纯粹的义理是非，但义理是非不能是一种盲目的向上冲动，它也需要得到理性的澄明才能成为人类的正当目标。人类无法再像一般动

---

① 梁漱溟：《人心与人生》，载《梁漱溟全集》第三卷，第615页。

② 梁漱溟：《人心与人生》，载《梁漱溟全集》第三卷，第734页。

物那样可以纯粹依赖本能而生存，因此，有关物质生产生活的工具、技能与知识都必须通过教育而得到代际传承。但对于梁漱溟来说，这仅仅是有关生命之用的教育，更重要的是有关生命本身的教育，后者才是教化原则的真正命题。而之所以存在教化，不是因为作为生命本性的自由存在差异，差异源自作为人性的理性，但这也不是本体论上的等级差异，而仅仅是因为理性作为一种可能性总是存在着现实层级上的差异。

2.理性主义之辨：道德与历史

梁漱溟的理性主义可以在两个坐标轴里得到理解：一个是理性与生命/意欲/自由，另一个是理性与理智。在认识论的坐标轴里，理智认识的是物理，理性认识的是情理；在道德哲学的坐标轴里，自由意志是人性的生命能量，理性则必须为自由立法。理性主义的这两种内涵，我们在理性主义的集大成者康德那里能看到更宏阔、更精深的阐释。因此，借用康德的理性主义作为参照系，我们或许能更好地理解梁漱溟到底表达了什么。毕竟，康德是公认的与中国儒家最接近的思想家，尼采早就语带讥讽地称他为"哥尼斯堡的中国人"[1]，今天许多著作都偏好将康德与儒家及其历代人物拿来做比较，而中国有哲学创见的现代新儒家（比如牟宗三）最借重的人物也是康德；康德更是公认的西方哲学史上的"蓄水池"，以往的哲学都流向他，以后的哲学都从他流出，通过他，能相对清晰地追踪至今深有影响的许多现代观念的源与流。

从道德哲学的角度来看，无论是康德还是梁漱溟，理性主

---

[1] 〔德〕尼采:《论道德的谱系·善恶之彼岸》，谢地坤、宋祖良、刘桂环译，漓江出版社，2003，第268页。

义的根本目的都在于为世界公民时代（或世界文化时代）的到来奠定道德实践的正当基础。在某种意义上，理性主义在道德上自我苛求的纯粹性与在历史上难以避免的悖论性都源自于这种根本目的。理性主义首先意味着一种普遍主义的道德主义，即世界范围内的所有人类作为一个整体第一次被纳入哲学的视野加以严肃思考，无外原则成为这种道德主义的首要原则。人，仅仅因为其作为理性的可能性存在者，就具备最低限度的人性尊严的起码资格。根据道德原则来衡量人的唯一标准只有理性，而不是任何通过历史偶然性延伸而至的其他存在者，比如氏族、家族、习俗、传统、宗教、种族、民族、国家等伦理规定物。伦理规定物通常具有强大的舆论氛围和道德威望，但伦理规定物总是具有明确的边界和严格的资格限制，事实上也只有通过这些边界和限制，伦理规定物才能建立自己的势力范围，这种势力范围既培育又依赖内部存在者的自我认同。但对于理性主义来说，伦理规定物中的一切人类行为是否具有真正的道德价值只能取决于理性，而理性则不受任何伦理规定物的规范性牵制："理性的立法所要求的是，它只需要以自己本身为前提，因为规则只有当它无须那些使有理性的存在者一个与另一个区别开来的偶然的主观条件而起作用时，才会是客观而普遍地有效的。"①

当然，梁漱溟并不认为理性主义的道德主义与伦理主义存在实质性的冲突，乡村建设的一个重要组成部分也正是要在一个流动性的世界内恢复伦理主义：作为礼乐共同体被重建的乡农学校只能视作伦理主义的，而不是道德主义的。康德出于哲学的严谨则在逻辑分析上把这种冲突处理成首要的考虑：自律

① 〔德〕康德：《实践理性批判》，邓晓芒译，人民出版社，2003，第24页。

就意味着自由意志必须能够斩断包括所有伦理规定物在内的一切限制，直接按照纯粹理性作为定言命令颁布的道德律而义无返顾地作为。这里存在着两种理性主义在共同的根本目的之下的第一个重大差异。对于梁漱溟来说，问题仅仅在于如何从伦理主义推向理性主义的普遍道德状态。而对于康德来说，梁漱溟的问题在于其不过将伦理主义和理性主义的差异看作历史性的和非本质性的，但康德却将这种差异当成哲学命题，道德律令针对任何可能有的理性存在者都是无条件的。自由，就其实践的意义而言，仅仅指这样一种无条件的道德条件（"自由诚然是道德法则的存在理由"[1]），而"无条件"的真正内涵，远不只是需要排除那些一般的被视为"恶"的各种自私自利的欲望，更在于抵制那些常常被视为"善"（这刚好是伦理主义的核心要素）的各种可能的限制、侵蚀与诱惑。权利优先于善的哲学根源正出于这种康德式的道德主义。

因此，两人虽然都把理性视作人生道德实践的正当性的唯一立法者，但在梁漱溟那里，作为立法者的理性被看成一种无私的感情，"感情"恰好就是伦理主义的内在要素，"无私"则意味着一种开放性的普遍倾向，正是理性的这种内核使得梁漱溟只能将伦理主义与理性主义贯通起来，而不愿看到它们可能存在的冲突性。在这个意义上，梁漱溟确实如他赋予自我的历史任务那样，让儒家的经典命题获得了现代的表述形式。这个经典命题在先秦时代以一种散在的形式被两个人表述出来。一个是孟子的伦理学表述形式，在他看来，主体的道德意志可通达天下万物（"万物皆备于我"），但通达的实现形式却是有等差、有分别的向外推展和扩延（正面表述是"老吾老以及人之

---

① 〔德〕康德：《实践理性批判》，邓晓芒译，第2页，注释1。

老，幼吾幼以及人之幼"，反面表述是责骂杨墨"无君无父"）；另一个是庄子的本体论表述形式，在他看来，天地万物并无本质性的差别存在，人也不过是万物之中的一物，生死寿夭只是能量的各种形式之间的转化而已，顺应自然意味着任随道体的变迁而变迁，其中人的任何情感都被看成不必要的赘疣。宋代的张载则完成了一种综合表述："气"之聚散、出入和形不形是有无、隐显、神化、性命之所从来。这是万物之为一体的本体论解释，但这种本体论在伦理学上的体现却是更加积极和炽烈的一体之情（所谓"无私的感情"），因为自我与天地万物并不存在真正的隔阂，天地万物都是自我的分内之事，政治关系和社会关系都可纳入家庭关系的模式，因此他人的一切苦难等同于父母兄弟的苦难。在这里，家庭关系的隐喻证明作为实现形式的等差主义仍然存在，而庄子的无情论则仅仅用作处理个人境遇的纯粹修养方法。梁漱溟以"生命"范畴替换了张载的"气"范畴，天地万物是生命能量的各种表现形式，人虽然只是万物中之一物，却是一个特殊的类种，因为只有人完全体现了宇宙生命的本性。理性主义的极致就是"无对"，这是与宇宙生命完全一体的精神境界，是与天地万物绝无隔阂的情感状态，因此作为人性的内在要求，人就必须承担将天下所有人的苦难当成自己的苦难的责任与义务。然而，不是所有人从来就能通达"无对"，伦理主义作为等差主义的一种形式仍是理性主义的历史前提。

可是康德却从一开始就将"真正的道德价值"与任何出于情感的人类行为剥离开来："许多人很富于同情之心，他们全无虚荣和利己的动机，对在周围播撒快乐感到愉快，对别人因他们的工作而满足感到欣慰。我认为在这种情况下，这样的行为不论怎样合乎责任，不论多么值得称赞，都不具有真正的道德价值。"①而纯粹理性的立法却是一种完全抽象的普遍形式："要这样行动，使得你的意志的准则任何时候都能同时被看作一个普遍立法的原则。"② 这种形式主义的普遍立法常常被指责为抽象与空洞，而作为立法前提的自由也被批评为虚无主义的根源。③ 他们的共同理由在于，理性主义作为普遍主义的道德主义必然抽空甚至摧毁伦理主义的根基。这种批评由于康德哲学对纯粹性的追求而显得很有吸引力，但我们仍有必要注意一点，康德的理性主义只能被恰如其分地理解为试图取代伦理主义成为道德实践的终极根据，两者并不必然处于一种绝对排斥的对立关系中。④

那么，两种理性主义在现代资本主义工业社会变迁的大背景下意味着什么呢？首先，康德那种看起来高不可攀的理性主义从实质上来说是一种彻底的个人主义，这为将个人从各种传统的社会关系中解放出来而被编制到资本主义的社会经济组织中提供了最严谨的道德通路；而在梁漱溟那里，作为理性主义

---

① 〔德〕康德：《道德形而上学原理》，苗力田译，上海人民出版社，2005，第14页。

② 〔德〕康德：《实践理性批判》，邓晓芒译，第39页。

③ 甘阳说："这个'自由'正是'虚无主义'（Nihilism）的问题。因为这个自主自足的自由实际先把人连根翻起，置于'虚无'之中，然后试图在虚无中再建家园。……奠定自由的途径因此绝不能象康德、罗尔斯那样先把所有人都提升到'绝对自由'的状态，这等于把所有人都连根拔起，等于必须以'虚无主义'才能奠定政治社会根基，结果只可能是彻底动摇政治社会的根基。"（甘阳：《政治哲人施特劳斯：古典保守主义政治哲学的复兴》，此文作为"列奥·施特劳斯政治哲学先刊"导言载〔美〕列奥·施特劳斯《自然权利与历史》，彭刚译，生活·读书·新知三联书店，2003，第56页）

④ 我们在上帝要亚伯拉罕献祭自己的儿子的例子中可以看到类似的关系。这个极端的例子真正想要说明的是，上帝的权能是无限的，世间的一切都必须以上帝的意志为依归。即使后来耶稣也说他来是要破坏人的家庭，但这也不意味着宗教与家庭处于一种完全排斥的绝对关系之中，关键仅仅在于取得终极根据的规定权。康德的《单纯理性限度内的宗教》则恰好就是要将上帝的这项权能收归于纯粹理性的名下，而这完全不妨碍上帝作为纯粹实践理性的公设仍是信仰的必要对象。因此，尼采宣告"上帝死了"和现代以来的宗教复兴能够并存于世不是偶然的（参见〔德〕康德《单纯理性限度内的宗教》，李秋零译，中国人民大学出版社，2005）。

的历史前提的伦理主义无疑限制了这种个人主义的彻底性，社会关系仍未被换算成纯粹的商品货币关系，即使是被高度重视的经济关系，还是需要镶嵌在经过改造的社会关系之中。其次，将康德的理性主义称为一种"彻底的"个人主义，这是针对资本主义和自由主义的"一般的"个人主义而言，因为"一般的"个人主义虽然强烈排斥一般的伦理规定物，但完全不排斥民族国家这个最现代的伦理规定物，毋宁相反，"一般的"个人主义需要这个最现代的伦理规定物来界定自我的"公民"身份。而康德的理性主义之所以"彻底"，正是因为这个最现代的伦理规定物的道德边界也被破除了。就这一点来说，康德的理性主义与资本主义的历史发展充满了紧张关系，因为在康德时代的前后，西方世界的资本主义原始积累和长足发展必须借助于对殖民地的凶残掠夺（原料、市场、人力、资源等），而我们在亚当·斯密那样的资产阶级学者和黑格尔那样的国家理性主义者那里，看到的都是把殖民地当成自然状态的学说，理性和人性的光辉没有也不必照射到那些地方，资本主义对殖民地人民的吞噬正如人需要吞食动植物一样，这完全不妨碍资产阶级的伟大的理性和人性。在这个意义上，梁漱溟与康德基本一致，他最明确地批判民族国家这个最现代的伦理规定物，正是为了反对国家殖民（通过奴役他国人民）和内部殖民（通过奴役乡村社会）。两种理性主义内在包含的世界主义构成了针对殖民主义、帝国主义、民族主义和国家主义的批判意蕴。最后，当今时代的"人权高于主权"虽然常常变质成为西方先进国家干涉他国内政的一个合法化借口，但这个命题却能在康德的理性主义那里找到哲学根据；而梁漱溟的理性主义明确诉诸的"和谐"与"和合"等儒家理念，却是一个尚未经明确阐释的国际原则，即使这个问题已经被许多人意识到了。

理性主义在历史观上的洞见是世界公民时代的到来。但世界公民时代是一种有待实现的可能前景，而不是现成的已然的历史前提。作为这个历史过程的哲学反思，康德开创了历史哲学的表述方式。根据这种表述，人类历史不仅被理解成一个合规律性和合目的性的理性过程，更重要的是，那种此前被当成田园诗和欢乐园想象的阿加底亚式牧歌生活与伊甸园现在却被视作受本能统治的奴役状态，而虚荣心、贪婪心、占有欲和统治欲等"恶"则变成了向自由发展和向理性过渡的历史动力，因为只有这种"恶"才能搅乱那种田园诗和欢乐园的"宁静"，通过动乱、灾难和战争推动人类步入改造自我、改造社会和改造世界的历程之中。①"恶"不再是单纯在道德上必须被排除的人性污点，而是自由的体现、理性的前提与历史的必要。但是，根据康德的道德哲学，纯粹理性无条件地要求任何有理性的存在者必须按照其颁布的法则行动，任何有理性的存在者都没有任何借口推辞这种道德命令，作为先验预设的自由足以确保有理性的存在者能够在当下实践，"而最大的无耻就是从被做着的事情中取得有关我应当做的事情的法则，或想由前者来限制后者"②。既然不存在道德实践的任何历史限制，那么必然导致历史哲学与道德哲学难以避免的悖论：天意是历史哲学最隐秘的立法者，它对于个体来说显得很阴险，因为它总是偏好利用各种欲望和激情来实现自己的目的，即使这个目的就整体来说是理性的和道德的，但个体的理性和道德其实是无关紧要的；而纯粹理性作为道德哲学最公开的立法者，则板着脸孔，试图告诉所有人，只有个体的理性和道德才是至高无上的。

---

① 〔德〕康德：《历史理性批判文集》，何兆武译，商务印书馆，1996，第1～21、59～78页。

② 〔德〕康德：《纯粹理性批判》，邓晓芒译，人民出版社，2004，第273页。

这是专属于康德的一个悖论，因为康德哲学是实践哲学，与黑格尔的反思哲学恰成一个对照。黑格尔的历史哲学囊括了康德的历史哲学的基本内核，却将之置于一个更宏阔、更精致、在逻辑上也更一贯的形而上学的体系之内。"'世界历史'不是快乐或者幸福的园地"①，绝对精神要在世界历史中实现其目的也必须借助于那一大堆欲望和激情，而人在践行道德、伦常和宗教虔敬的时候也确实能显示为人类所特有的那种绝对性和崇高性。但是，单个主体的作恶抑或行善，与绝对精神都不存在必然的关系，绝对精神不是纯粹理性，在世界历史的过程中不向任何人发布任何命令，即使是那种被视作代理人的伟大的历史人物，"当这类人物追求着他们那些目的的时候，他们没有意识到他们正在展开的那个普遍的'观念'"②。绝对精神从自我异化出来，在世界历史的长河中向各个方面与各个层次开展各种活动，毫不顾惜地牺牲与抛弃作为特殊事物的个人，也存留一些宝贵的真实价值，但它真正关注的只是自我的实现，在更高的阶段上荣耀地回归自我。世界历史就是绝对精神的足迹，历史不再是有关过去的记载，而是永久的现在，"因为'观念'永远是现在的；'精神'是不朽的；'精神'不是过去的，不是将来的，只是一个本质地现在的"③。哲学不再是一种预先的认识，也不体现为主体的任何实践，哲学只是一种反思：在夜幕降临的时刻，历史性地理解一切。黑格尔哲学充斥着对立、矛盾与斗争，但不存在康德那样的悖论。

这是专属于康德的一个悖论，还因为康德的实践哲学仅仅是一种道德实践，与马克思主义的历史实践也恰成一个对照。纯

---

① 〔德〕黑格尔：《历史哲学》，王造时译，上海书店出版社，2001，第26页。

② 〔德〕黑格尔：《历史哲学》，王造时译，第30页。

③ 〔德〕黑格尔：《历史哲学》，王造时译，第80页。

粹理性的明确立法召唤一切有理性的存在者，而天意的隐秘立法
虽有规律可循，也有目的可辨，但康德从未告诉我们天意的召唤
向谁传递。康德的实践哲学在两种意义上都是非历史的：道德哲
学的实践是一种无条件的自由实践，任何历史性的考虑都是被摒
弃的；历史哲学的实践则是一种主体缺位的自然演化，主体缺位
的后果无疑是历史含义的含混不清。正如黑格尔哲学一样，马克
思主义也吸纳了康德的历史哲学，但经过了一种彻底历史性的改
造。这种改造导致的一个结果不是道德逻辑的丧失，而是道德逻
辑的独立性的丧失。与康德一样，马克思主义者也认为"卑劣的
贪欲是文明时代从它存在的第一日起直至今日的动力"①，他们甚
至比康德更激进地指责这种文明的进步带来了道德的堕落。他们
同样比康德更激进的地方在于如下认识，即人类的根本问题不是
道德问题，而是历史问题，人类是否一定要追求个人道德上的完
善不是最紧要的，紧要的是人类如何根据对历史规律性的自觉把
握而有意识地规划未来的历史步伐。社会主义之所以要从空想发
展到科学，正因为必须从道德逻辑发展到历史逻辑，道德逻辑上
的崇高性与伟大性不再是关键问题，历史逻辑上的客观性与有效
性才是真正值得追求的。没有历史逻辑作为内在支撑，道德逻辑
就会沦为无用的谴责、叹息和幻想。因此，马克思主义首先把自
己理解成一种历史实践，对自我具有明确的历史定位，将资本主
义工业社会的长足发展看作历史前提，而作为资本主义工业社会
的必然产物的无产阶级则将"宣告现存世界制度的解体"②。马克
思主义的历史存在就是成为无产阶级的精神武器。在马克思主义

---

① 〔德〕恩格斯：《家庭、私有制和国家的起源》，载《马克思恩格斯选集》第四卷，人民
　　出版社，1972，第173页。

② 〔德〕马克思：《〈黑格尔法哲学批判〉导言》，载《马克思恩格斯选集》第一卷，人民出
　　版社，1972，第14页。

那里，甚至连天意的立法是否真正被把握了也不是一个理论的问题，而是一个历史实践的问题，即只有通过历史实践才能确切证明思维的真理性与天意立法的存在性。[①]先验立法什么都说明不了，先验立法本身也必须在历史实践中被确证。这种激进的历史主义事实上也意味着那种从历史"哲学"发展成历史"科学"的意愿是自相矛盾的。

当然，马克思主义也未尝不是一种道德实践，因为马克思主义是有关被奴役者如何自我解放的哲学，而被奴役者的自我解放正是人的解放的前提，只有被奴役者首先获得了解放，自由时代才可能真正到来。即使马克思主义从不避讳甚至高扬无产阶级革命的暴力可能性，但从根本上来说，只要是在现代资本主义工业社会的前提下，马克思主义作为历史实践与作为道德实践在逻辑上其实是基本一致的。但在处理前资本主义的社会斗争时则存在困难：依据历史的逻辑，马克思主义应该支持资本主义的发展，因为资本主义释放了前所未有的社会生产力；依据道德的逻辑，马克思主义则必须谴责资本主义的推进，因为资本主义也带来了更严酷的苦难与奴役。这一困难恰好就是近代中国社会要面对的现实问题，梁漱溟的理性主义则是一种尝试性的解答。梁漱溟明确反对将马克思主义的一般原则机械性地套用于中国的实际，但又正如马克思主义一样，首先把自己的政治哲学理解为一种历史实践。[②]他也认为，道德主义的方

① 〔德〕马克思：《关于费尔巴哈的提纲》，载《马克思恩格斯选集》第一卷，第16页。亦可参见如下一段话："我们看到，理论的对立本身的解决，只有通过实践方式，只有借助于人的实践力量，才是可能的；因此，这种对立的解决绝对不只是认识的任务，而是现实生活的任务，而哲学未能解决这个任务，正是因为哲学把这仅仅看做理论的任务。"（〔德〕马克思：《1844年经济学哲学手稿》，人民出版社，2018，第85页）

② 梁漱溟：《我们政治上的第二个不通的路——俄国共产党发明的路》，载《梁漱溟全集》第四卷，第264～268页。

式，在解决政治与社会方面的问题上常常是无效的，①只有在经济上寻求到解放生产力的有效方式，才能奠定解决政治问题与社会问题的良好基础，但所有这一切都必须依靠对社会结构变迁形势的理智分析："事情不是我要如何便能如何，必须将社会情势分析研究明白，找出一个天然能动的力量，而后一切才有办法。"②因为只有在理智分析的知识图示中，才能洞见历史的演化方向和客观需要，也才能把握到主体性力量存在于何处。而哲学则是将历史需要与主体力量结合在一起的自我意识，当这种自我意识被普遍化之后，历史实践的能动力量就足以发挥现实效应了。③这就意味着，梁漱溟拒绝了马克思主义知识形式下的具体内容（社会形态的递进模式、阶级分化与阶级斗争、暴力革命等），但基本接受了这种作为历史实践的知识形式（客观形势分析、经济制度的无比重要性、能动主体的历史使命感等）。

梁漱溟的理性主义作为历史实践的色彩较淡，但作为道德实践则浓墨重彩。从社会层面来看，农民的苦难与奴役被置于理性的高度光照之下，农民政治主体性的锻造作为对人的尊严的恢复也被提上了日程；从个体层面来看，道德被理解为作为

---

① 在一段最具道德激情的演讲中，梁漱溟最明确地表示必须从道德问题转向经济问题："总而言之，我们人人，都不必对社会抱什么好意，作什么好事；你果然抱好意想让社会好，你只有从这里着手。其余都是白说！这便是中国虽没有西洋从工业革新以来的那一回事，而经济制度的改正，依旧成为问题的意义了。"（梁漱溟：《槐坛讲演之一段》，载《梁漱溟全集》第四卷，第738~739页）

② 梁漱溟：《中国合作运动之路向》，载《梁漱溟全集》第五卷，第619页。

③ 梁漱溟说："所谓'最后觉悟'，或者现在还没成功为中国民族的最后觉悟；但在我是一个最后的觉悟。因为我是中国人，我是中国民族的一分子，彷佛我是最先觉悟到此，慢慢地才可以普遍此最后觉悟。"（梁漱溟：《精神陶炼要旨》，载《梁漱溟全集》第五卷，第512页）只有普遍化的最后觉悟才能形成有效的社会意志，这一点对于梁漱溟来说很关键。

主体的个人独立自主地亦即自由自律地遵守理性的判断，而理性既意味着生命本性的高扬与通畅，更是万物一体无私之情的内在体验；从制度层面来看，作为第一原则的理性主义绝不限于成为一种单调乏味的福利平等原则，还作为一种义理原则保留了内在化的道德向度。尽管存在这样或那样的差异，但梁漱溟的理性主义其实仍然是回到了康德的基本立场，因为道德实践又恢复到与历史实践同等重要的地步，历史实践只是提供道德实践的制度平台和经济基础，前者不仅代替不了后者，（就生命本性而言）后者甚至高于前者。这也正是理性主义与生命主义的根本差异所在：生命主义的彻底性在于，历史实践本身就含括了生命本性的本质场域；① 而根据理性主义，只有道德实践才能开辟生命本性的真正奥秘。但即使如此，梁漱溟的理性主义仍不存在道德实践与历史实践的康德式悖论，这是为什么呢？答案在于：在梁漱溟那里，"恶"并没有成为严肃的思考对象，包含在康德以来的哲学中的历史洞见完全被掩蔽于理性主义的一片祥和的雾气之中。这与梁漱溟的制度构想——作为官僚体系的民族国家与作为经济推动力的资本主义被视作不必要的"恶"而摒弃在外（虽然并不彻底）——倒是基本合拍的。

---

① 马克思说："人直接地是自然存在物。人作为自然存在物，而且作为有生命的自然存在物，一方面具有自然力、生命力，是能动的自然存在物；这些力量作为天赋和才能、作为欲望存在于人身上；另一方面，人作为自然的、肉体的、感性的、对象性的存在物，同动植物一样，是受动的、受制约的和受限制的存在物，就是说，他的欲望的对象是作为不依赖于他的对象而存在于他之外的；但是，这些对象是他的需要的对象；是表现和确证他的本质力量所不可缺少的、重要的对象。说人是肉体的、有自然力的、有生命的、现实的、感性的、对象性的存在物，这就等于说，人有现实的、感性的对象作为自己本质的即自己生命表现的对象；或者说，人只有凭借现实的、感性的对象才能表现自己的生命。"（〔德〕马克思：《1844年经济学哲学手稿》，第103页）这其实是作为马克思主义内核的生命主义。不能因为这是青年马克思的早期作品，而视作历史唯物主义之前的未成熟表述，毋宁相反，更贴切的看法或许是，晚年马克思的历史唯物主义不过是通达这个生命主义内核的有效方式而已。

三　现代理性社会——乡村建设的生活图景

政治哲学的终极意图是尝试告诉我们什么样的生活才是值得追求的。那么，梁漱溟通过乡村建设试图给我们描绘一幅怎样的生活图景呢？最直接的答案是，这是一个理性社会。理性是礼乐的宗旨，只有理性贯彻其中的礼乐才是真正的礼乐，重建礼乐共同体正是为了重建理性的社会地基；理性是中国人的民族精神，是世界未来文化必然回归的人生境界，保留传统与开创未来在理性中是融洽无间的；即使在世界互通和万国竞争的险恶环境中，无论作为战略目标抑或作为策略手段，理性也都是可取的，因为中国是一个具有深厚理性传统的国家，只有通过理性，才能建设成功最强大的国家权力。在这个意义上，梁漱溟几乎等于重述了孟子的话：仁者无敌。我们甚至可以说，由于深受几千年的周孔礼乐教化的遗泽，理性社会在中国已经具备了一种隐性存在的现实性，梁漱溟的乡村建设仅仅意味着让这种隐性存在转化成为更通透的真实存在。现代性的冲击赋予这种转化以千载难逢的历史机遇。因此，更准确的说法应该是，梁漱溟通过乡村建设试图给我们描绘一幅有关"现代理性社会"的生活图景。

现代理性社会首先必须是一个生产技术高度发达的社会。理性社会之所以必须是现代的，最关键的原因正在于此。没有生产技术的高度发达，人与人之间的相互关联性其实总是具有相当强大的隔阂，而生产技术的现代革命将铲除人类理性发展的物质障碍，迟早要在技术上把地球人整合成一个村里的人。这是生产技术高度发达的第一个内涵。生产技术高度发达的第二个内涵是让人类脱离自然的限制，因为高度发达的生产技术必然将产生极为丰富的剩余产品，这样人类就不必由于生产力不发达导致剩余产品过少而争得你死我活。在以前的时代，为了这种争夺的有效性和稳固化，阶级得以产生且国家得以建立；在以后的时代，既然人人皆可享受到足够的物质产品，阶级的存在就成为不必要的了，而"解除生存竞争的压迫，给人以创造的机会；人类生命中所有的聪明与德性，由群趋于创造而表现出来"①。

现代理性社会仍是一个充满伦理情谊的社会。伦理情谊意味着，对于身处其中的人而言，社会关系不仅不能被换算成纯粹的商品货币关系，而且还具有自我归属的内在意义。缺少伦理情谊的牵绊，人无论身处何地都只是彻底无根的过客；只有伦理情谊才能让人拥有家园的感觉。这正是必须重建礼乐共同体的实质目的，人要像人一样活着，就必须抵制现代资本主义那种全面商品化的动力机制。现代理性社会之所以需要通过乡村建设来完成，也是因为只有乡村才可能保留相对深厚的伦理情谊。假如从一开始就放任现代资本主义的工业化和城市化来冲刷、破坏以至摧毁乡土社会原有的根，然后再通过工业反哺农业，这不是理性之路。伦理情谊还意味着，不能把所有的社会关系都交托给法律来处理。法律在处理日常生活中的人际纠纷时常常是无效的，要使其有效运作，制度成本则将大幅增高。将一定的处置权托付给礼乐共同体，既能有效处理日常生活中的人际关系，又可以降低制度成本。但是，不可忘记的一点是，伦理情谊可以抗衡现代资本主义的经济势力与法律势力的合法来源是理性，因此，伦理情谊的有效运作必须得到理性的审视、鉴定和评判，这才称得上是正当的。

现代理性社会是民主的，但又不是民主的。现代理性社会之所以是民主的，是因为知识分子必须通过理性的途径，

---

① 梁漱溟：《乡村建设理论》，载《梁漱溟全集》第二卷，第416页。

既与人民大众普遍结合起来，又将人民大众组织成一个可表达自我意志的能动主体。只有在这样的民主条件下，社会意志才有望获得理性的表达，并且拥有掌控国家权力的真正能量。现代理性社会之所以不是民主的，因为在理性社会的制度构架里，那种"彼此牵制、彼此抵对、互相监督、互相制裁、相防相范"①的分权机制、一人一票的选举政治和多党竞争的政党政治都没有得到最高度的重视。在梁漱溟这里，理性的政治含义不是首先将一个人当成恶人、坏人或小人，然后通过各种制度化的设置迫使公共权力的运用得到规范，恰好相反，理性不是计算，而是情感的相通与德性的相激。因此，理性的政治含义是，只要将权力交托给某人，就意味着将大任托付予某人，对其的第一要务不是防范他，而是信任他，期待他能将事情办好。理性主义的人性论未必一定是性善论，但之所以在政治上也把信任置于防范之前，那是因为，理性主义认为，人性只是可能性，一种信任的期待比一种防范的牵制能更好地激发人的可能性。

现代理性社会是自由的，但又不是自由的。说现代理性社会是自由的，是因为理性社会的现代含义是让人类从自然的束缚中摆脱出来，现代社会的理性含义则是让人民大众从人类自身的强制中摆脱出来。人民大众在一定的经济基础上和制度条件下自由地追求自我的人性发展，把大自然赋予的生命能量以各种个性的形式率性地释放出来，现代理性社会的自由真谛就在于这种生命活力。说现代理性社会不是自由的，是因为理性主义不支持那种现代的自由观，即通过个人

---

① 梁漱溟：《我们政治上第一个不通的路——欧洲近代民主政治的路》，载《梁漱溟全集》第五卷，第157页。

权利的形式主义把人性的生命活力凝固化的政治意图。现代自由观的所有吸引力都源自于其政治意图，因为现代民族国家的发展导致各种行政力量深入日常生活的方方面面，抵触、防范和控制这种行政力量对日常生活的不正当干涉自然就成为现代自由的核心问题。现代自由观在面对公共权力的时候总是显出消极抵制的倾向，以至于被人不恰当地称为"消极自由"，但这只是表面现象。实际上，现代自由观在规范现代政治的走向上具有强大的习惯势力。正是这种现代自由观导致现代政治完全沦为一种"物欲本位的政治"，因为"其拥护自由亦即是拥护欲望"。①不仅如此，现代自由观以"法治论"作为挡箭牌，隐含的实质意义是，凡是法律未有明确规定的地方皆是自由可以肆意侵占之处。这导致这种所谓的"消极自由"在扫荡一切文化、伦理、风俗、习惯等传统势力的时候具备特别积极的破坏性。现代理性社会以理性的名义审查伦理情谊，正是为了给生命能量的自由发挥清除障碍；但现代理性社会还必须以理性的名义节制现代自由，这就意味着，凡是未经理性证明的地方，自由在扫荡一切文化、伦理、风俗、习惯等传统势力之处皆不具备天然自足的合法性。

现代理性社会是平等的，但又不是平等的。说现代理性社会是平等的，是因为现代理性社会首先赋予人民大众一种经济上的公平权利，即生产技术高度发达带来的经济效益不能为某些集团或单个阶级所独占。现代理性社会不仅不能忍受经济上的垄断权力的合法存在，而且不能忍受教育上的垄断权力的合法存在，因为"不是享受的均平，就是均平；要能力的均平，

---

① 梁漱溟：《我们政治上的第一个不通的路——欧洲近代民主政治的路》，载《梁漱溟全集》第五卷，第168页。

才是均平"①。现代理性社会必须为人民大众提供一条实质公平的起跑线。现代理性社会不是平等的，因为理性主义承认等差的合法存在。等差不同于等级，等级是通过政治权力来维护身份特权的一套权力秩序，而等差仅仅意味着人是不能被彻底抹平的。除了从尊敬亲长而来的等差之外，对于梁漱溟而言，最重要的是"从看重理性、尊尚贤智而来的等差"②。即使从道德上来看，理性主义也不否认这样一种平等主义，即作为预设而潜在的某种道德人格，通过形式主义的普遍化赋予每个人或所有人的最低限度的尊重。③但梁漱溟的理性主义之所以存在等差，是因为理性只是一种可能性，不是一种现成的存在物。作为可能性，理性存在于任何人的人性倾向之中；作为非现成性，理性只能依靠个体自我的现实践履才能开发出来。因此，从道德践履的角度来说，等差不仅是现实存在的，而且是合法存在的。梁漱溟的激进性在于他赋予这种等差以一种政治性质，即贤智者在政治上是作为人民大众的领导者存在的，而不是作为服务者听命于各种欲望的调度。

最后，万源归一，现代理性社会还是一个政教合一的社会。在梁漱溟的时代，政教分离作为现代性的政治原则已被普遍接受。但在此之前，在立宪政治的框架下，仍存在政教合一的两种努力。第一种认识到政教分离原则中的"教"指的是宗教，而以孔子为首的儒教并非像基督教那样的宗教："不必以中国无定名宗教为有歉于西方之定名宗教，即西方之定名，亦将蹈瑕抵隙而攻之，蔑不胜矣。盖神者，可以治盲昧之国民，不可以

---

① 梁漱溟：《乡村建设理论》，载《梁漱溟全集》第二卷，第417页。

② 梁漱溟：《乡村建设理论》，载《梁漱溟全集》第二卷，第296页。

③ 〔美〕约翰·罗尔斯：《正义论》，何怀宏、何包钢、廖申白译，中国社会科学出版社，2003，第507～509页。

治开明之国民。前乎此者，神与人共域以居，故能确立宗教，或隐寓宗教以与一国之政体相维系。后乎此者，人道伸，而神道屈，风霆雨露，水火木金，无非供给人类养生之资料，不能复以之眩惑群盲也。然则有政治之责者，盍亦于中国政与教之前途加意抉择而审所去取乎？"①正因为儒教并非托庇于"怪力乱神"的宗教，所以完全适应于理性化的现代世界，而不必像西方那样，一个理性化世界观的出笼还必须以去宗教化（即所谓"世俗化"）作为前提。与此恰恰相反，第一种认识中的优越意识转换为第二种认识中的危机意识，即儒教不同于基督教的地方，在立宪政治的推动下，不再是优点，而变成了致命的缺点。假如说基督教在政教合一原则之下常常导致宗教屠杀，那么，儒教在政教分离原则之下极容易走向涣散和衰败，因为所谓儒教从来不是一个宗教，不像基督教教会那样有特别系统的组织性。因此，在立宪政治的框架下，恰恰有必要将儒教按照基督教的组织模式重新建构成为现代的孔教。这即是康有为在民国初年领导的孔教会事件。正是这一事件，最直接地促使陈独秀等人认识到，要想让现代政治观念深入人心，也必须把排除以孔子为首的儒教作为前提条件，新文化运动由此兴起。

20世纪30年代，由于国家行政与乡村建设的相互需求，政教合一作为一个时代口号被再次提出来："有的是为推行教育需要借助行政力量而提出的；有的是为推行政令，认为借助教育的形势比较易为人民所接受；还有的为避免政治属性的强制作用，认为将政治纳入教育机构来缓和统治与被统治之间的矛盾，更为有效。"②梁漱溟基本不同意这种将现代行政与现代教育混

---

① 《政教合一论》，《东方杂志》第1卷第6期，1904。

② 徐树人：《我担任邹平实验县县长的前前后后》，载《梁漱溟与山东乡村建设》，山东人民出版社，1991，第98页。

合的企图，"因为教育行政亦有技术问题在内，不是没有分化的必要。所以政教合一这话不好随便乱讲，普通所说的政教合一都不很对"[1]。更重要的是，以"政教合一"的名号把行政力量与民众教育结合起来，"如此结果下去，有让乡村工作行政化的趋势——乡村工作变成地方下级行政"[2]。因此，与其把梁漱溟的政教合一混同于20世纪30年代那种出于一时实践的需求而提出的口号，倒不如将他的这个设想置于思想史的视域中来考察，后者更能触及他的政治哲学的实质。

与前两种努力不同的地方在于，梁漱溟的政教合一是以新文化运动作为历史前提的，也就是以现代政治原则已基本深入人心作为历史前提的。这导致梁漱溟关注的基本问题与此前相比发生了位移。他的基本问题不是儒教的存废问题，而是作为现代性核心理念的自由问题："政教的争点，即在自由问题上；如果承认个人行为是不妨害公众，自家可以任意去行，政教便不容易合一。"[3]现代自由观不仅导致现代政治完全沦为"物欲本位的政治"，而且导致现代教育完全沦为"知识本位的教育"。教育在现代社会中的重要性与自由无关，而与现代生产的技术要求相关。现代工业必须将具有一定知识技能的许多人组织在纪律严明的生产秩序中加以运作，现代学校应此需要即以大批量生产知识人才作为最主要的任务。现代自由有助于现代教育的地方在于，现代自由形成了自我内心的一个密封罩，把一切对自我内心的审视都当作外来入侵势力，这导致所有有关德性的教育变得几乎不可能了。这种对德性教育的剔除是如此彻底，以至于德性教育不仅在

---

[1] 梁漱溟：《什么是政教合一？》，载《梁漱溟全集》第五卷，第692页。

[2] 梁漱溟：《我们的两大难处——二十四年十月二十五日在研究院讲演》，载《梁漱溟全集》第二卷，第574页。

[3] 梁漱溟：《政教合一》，载《梁漱溟全集》第五卷，第673页。

学校制度中消失不见了，而且即使作为私人努力在公众视野中也显得莫名其妙了。相比于宋明时代的书院和讲学，这个现代现象无疑是奇特的，对于倾慕前者的梁漱溟来说，这更是荒谬的。

梁漱溟不是尼采，没有把这幅现代性的生活图景鄙称为"末人世界"。他也完全支持生产技术的高度发展和经济效益的平等分配，但想到这群饱食终日的人很可能无所事事而言不及义，他与尼采一样预感到这是不可忍受的，因为这"与禽兽无异"①。现代理性社会之所以必须是政教合一的，就源自这种对现代性的生活图景的不可忍受："生活问题非有一个总的解决，则更高的要求是不容易浮现于意识之上。这个更高的要求即是于人生上探讨意义，亦即我怎样生活才算对、才有意义和价值。这个要求乃超生存的更高要求。"②真正为人性所需的自由不是局限在权利的界限之内毫无目的可言，而是勇于投身于人生大义之中而不断寻求突破自我的局限和界限。个人如此，民族如此，社会也如此。政教合一即在于如下两点：第一，"把人生向上这件事情亦由团体来帮助，使人的生命往更智慧更道德更善良里去。换言之，把帮助人生向上的事情亦〔由〕最高有力的团体来作，这就叫作政教合一"③；第二，"在这样的团体生活中，天然的不以法为最高而以人为最高，因为他是从人生向上学求进步这一个动机来的，所以自然要尊尚贤智而不以法为最高，不以多数为最高"④。

这里不清晰的是政教合一中的"政"到底何所指。梁漱溟有时似乎认为"政"即指国家政治，因为"人类社会最有权威最有力量的团体生活就是政治，国家（政治）虽为社会团体生

---

① 梁漱溟：《中国以什么贡献给世界呢？》，载《梁漱溟全集》第六卷，第478页。

② 梁漱溟：《政教合一》，载《梁漱溟全集》第五卷，第672~673页。

③ 梁漱溟：《什么是政教合一？》，载《梁漱溟全集》第五卷，第690页。

④ 梁漱溟：《什么是政教合一？》，载《梁漱溟全集》第五卷，第691页。

活之一，但非平常的团体生活，而是具有最高权威最有力量的团体生活"①，而政教合一刚好就是说让最高有力的团体来引导人生向上。但他又明确认定："我现在主张政教合一，但不主张用国家权力来干涉个人思想行为。"②政教合一的实质是贤智政治，考虑到梁漱溟对行政官僚的根深蒂固的看法，他绝不会认为行政官僚才是他心目中的"贤智者"，因此，对贤智政治的推崇不仅不能等同于对官僚政治的推崇，恰恰相反，贤智政治本身就意味着"非"（而不是"反"）官僚政治。事实上，梁漱溟非常清楚，作为政教分离合理化的历史前提正是借助于行政权力来强制推行宗教信仰，这种强制既带来宗教冲突，又引发政治冲突。因此，重建政教合一的逻辑就必须将政教分离合理化的历史前提引以为鉴。这样看来，作为政教合一的"政"，一方面必须是国家政治，一方面又不是官僚政治，这无疑是一个难题，解决这个难题的制度构想正是文化运动团体系统。因为文化运动团体系统是国家权力的实际掌控者，它作为社会意志领导着国家政治；文化运动团体系统是知识分子的普遍联合，它是贤智者的组织而不是官僚系统的编制。

因此，政教合一是现代理性社会的本质性透露。现代性的诸种原则构成理性社会的历史前提，但也只是前提，而不是自明的真理，现代性的各项原则都需要经过理性的重新估值。理性是人性的最高体现，而现代社会只要期望成为人性的社会，人生义理作为社会需求是不可或缺的。但现代理性社会是社会理性主义，而不是国家理性主义。这就是说，只有以贤智者的普遍联合作为社会意志的集中表达是理性的，这才是现代理性

---

① 梁漱溟：《什么是政教合一？》，载《梁漱溟全集》第五卷，第690页。

② 梁漱溟：《政教合一》，载《梁漱溟全集》第五卷，第670页。

社会的至高目的，国家机器和官僚政治也只有在服从这种理性的领导中才获得属于它的理性。无政府主义要求彻底废弃这种强制权力；马克思主义则把改造（而不是废弃）国家权力当作社会主义时期的必要手段和无产阶级专政的内在需求，国家的自行消解只有在共产主义的条件下才是可能的；而梁漱溟既不主张废弃国家权力，也不主张通过革命手段占据国家政权，现代理性社会仅仅期待普遍联合的社会意志可以拥有国家权力的主体地位。

第八章 乡村建设理论的实践困境

一 乡村建设的历史任务及梁漱溟的要害

20世纪30年代，梁漱溟主持的山东乡村建设在当时的乡村建设运动中独树一帜，影响深远。[①]一般认为，梁漱溟的乡村建设和其他乡村建设一样，主要是为了应对20世纪30年代的乡村危机，因此，以往的研究都把注意力集中在他如何构想乡学村学及其意义如何；此外，乡村建设也被普遍视作一条走不通的改良道路。本书尝试提出一些新的看法，即梁漱溟的真正目的是以乡村建设为契机开启新的"建国运动"，文化运动团体系统才是其理论的核心机制，我们需要重新考察并辨析其成败得失，而不能一味笼统地断言其失败。

梁漱溟认为，乡村建设面临如下几重历史任务：首先，必须应对20世纪30年代的乡村危机，救济乡村是最初步的工作；其次，需要将中国最大多数的农民引入到现代世界中来，引导他们学会现代世界的各种政治经济规则，学会自救，这是深一层的任务；最后，"作乡村运动而不着眼整个中国问题，那便是于乡村问题也没有看清楚，那种乡村工作亦不会有多大效

---

① 梁漱溟和晏阳初在20世纪30年代的乡村建设运动中可能是影响最大的。千家驹等人集中批判的乡村建设运动就只是以梁漱溟为首的邹平实验和以晏阳初为首的定县实验，这是最早的一拨影响很大的批判者；在郑大华那本迄今为止最全面的有关民国时期乡村建设运动的研究著作中，他仅仅考察了晏阳初和梁漱溟两个人的乡村建设思想，在总结实验模式的时候，他又集中比较了邹平模式和定县模式。这或许能说明他们两人在乡村建设运动方面的代表性。（参见千家驹、李紫翔编《中国乡村建设批判》，郑大华《民国乡村建设运动》）

用……所以乡村建设，实非建设乡村，而意在整个中国社会之建设，或可云一种建国运动"[1]，作为"建国运动"的乡村建设必须获得树立统一而稳定的社会秩序的政治能量，这是最根本的大任。

那么，在梁漱溟这里，作为政治哲学，并且首先作为通往现代中国之路的乡村建设的要害是什么？无论是20世纪30年代的乡村建设的批判者，还是后来的学术研究者，都把视线聚焦于梁漱溟对于乡农学校/村学乡学的制度构想之上。他们其实是被作为地方实践的山东乡村建设迷惑了，因为在他们看来，只有山东（以邹平为主的）乡村建设才最能代表梁漱溟的构想。这种看法似是而非。它之所以看起来是对的，是因为在一般乡村建设的比较中，乡农学校/村学乡学的制度构想确实是梁漱溟的一个特色，所谓"儒家的现代化"、所谓"邹平模式"、所谓"礼乐共同体"皆源于此。但其实这是错误的，因为在梁漱溟这里，乡村建设作为一种"建国运动"，多一个或者少一个"邹平模式"仅仅对于梁漱溟个人来说才是重要的，但对于大局来说是无关紧要的，梁漱溟并不期待所有的乡村建设都遵循"邹平模式"，"邹平模式"也完全不是乡村建设唯一适当的模式。

梁漱溟的真正要害是文化运动团体系统的制度构想。文化运动团体系统必须联合所有可能的乡村建设（而不仅仅是山东乡村建设），也就是说，以礼乐共同体作为文化运动团体系统的基层制度固然甚好，但文化运动团体系统并不必然以礼乐共同体作为自己的基础构造，所有可能的乡村建设都可以被当成这种基础构造。只要一般乡村建设能够将知识分子与乡民大众结合起来，文化运动团体系统即可获得属于自己的群众基础。对

梁漱溟与现代儒家激进主义的兴起

---

① 梁漱溟：《乡村建设理论》，载《梁漱溟全集》第二卷，第161页。

于梁漱溟来说，乡村建设的成功必须以文化运动团体系统的成功作为核心要素。文化运动团体系统自身的成功则依赖于知识分子的普遍联合与系统建构。只有在这个前提之下，乡村建设才可能为近代中国提供一套适当的合法秩序。因为文化运动团体系统的成功就意味着理性主义拥有了属于自己的权力机构，社会意志将获得最集中、最清晰的有力表达，纯粹武力再也没有了任何合法化的借口，军阀割据的政治前提由此得以彻底清除，而国家政权和官僚系统则转化成文化运动团体系统的执行机构，这将导致任何针对国家政权的争夺都变得毫无意义。在这样一种政治条件之下，中国的经济道路也就获得了通盘规划和理性建设的可能性。

二 乡村建设的制度构想

梁漱溟乡村建设理论中的制度构想包括两个层次：一个是基层部分，聚焦于乡学村学等最基础的组织架构，前面已有论及，故不赘述；另一个是作为核心机制的文化运动团体系统。

文化运动团体系统是通往现代中国之路上的"神经中枢"或者说"总脑筋"："这个大系统的建立，是推进社会的一个根本，没有这个系统，则不能推进社会；有这个系统，对于各种学术的研究，各种知识技术，都能利用得上。这个系统仿佛是个总的脑筋，乡农学校的教员，是一个末梢神经；有此总的脑筋，才可以应付种种问题，解决种种问题。"[1]这意味着中国的根本政治问题将通过普遍联合原则形成比较明确的社会意志而获得解决。这种可能性取决于如下因素。

首先，我们要看到中国社会原有的特点是"散漫"，"沟界

---

① 梁漱溟：《乡村建设理论》，载《梁漱溟全集》第二卷，第358~359页。

不分明，壁垒不严，矛盾不深刻"，①这与西方社会那种普遍的民族矛盾和阶级冲突形成鲜明对比。梁漱溟想要说明的是，中国的分裂实质上就是政治上和军事上的分裂，社会本身则没有隔阂。但没有隔阂的社会是散漫无疆的，只好常常处于各种分裂的政治和军事势力的宰割之下。文化运动团体系统的出现则意味着中国社会的政治转型。它既是中国社会本身的现代转型，因为中国社会必须被高度组织起来，方能获得真正的力量；也是中国政治的现代转型，因为中国政治的统一将由理性的社会意志作为主导力量。

其次，中国以往的历史（特别是近代史）都说明了这样一种情况，即"思想潮流之为物，力量大过武力"②。这当然不是说某个人的主观上的思想意见就能够主宰军事武力，而是说作为时代精神的思想潮流才是真正统领中国命运的力量。武力没有思想潮流作为合法性的内在支撑，不过是纯粹落后的野蛮和凶残，"单纯的武力是不配出头的"③，"思想潮流配合上武力，无敌于天下"④。文化运动团体系统的出现则意味着思想潮流将不再以纷杂错乱的面貌展示，主观意志通过时代精神的客观化而获得其统一形式，意志统一成为武力统一的前提，武力必将丧失纷争的任何合法化理由。

最后，文化运动团体系统的基础工作是广泛开展的乡村运动，这不仅有利于知识分子之间的联合（作为思想意志的统一力量），而且有利于知识分子与乡民大众的联合（作为社会意志的统一力量）。因为乡村运动揭示出来的是几乎所有人都承认的问

---

① 梁漱溟：《中国政治问题研究》，载《梁漱溟全集》第六卷，第762页。
② 梁漱溟：《中国政治问题研究》，载《梁漱溟全集》第六卷，第769页。
③ 梁漱溟：《乡村建设理论》，载《梁漱溟全集》第二卷，第485页。
④ 梁漱溟：《中国政治问题研究》，载《梁漱溟全集》第六卷，第769页。

题；它的一般建设也是几乎所有人都承认的基本要求；不能把乡村运动看成各种主义中的一种，它只是切近事实的工作，不会惹起过多的意见纷争；乡村运动的联合工作是从各人的自愿工作慢慢转进来的，而不是从一开始就由某个中心指派与包办的；作为先从地方实践开始的乡村运动还能够免掉党魁之争带来的困难。乡村运动的第一个突破仅仅是要求知识分子能够走下乡去，乡村建设的号召也仅仅在于为这种突破营造必要的社会氛围。知识分子只有自我组织化并且掌握了普遍的群众，群众也只有自我组织化并且乐于接受知识分子的教化，社会意志才会拥有明确的理性形式和实质权力，这是现代中国最可欲的统一之路。

因此，以往人们都把视线聚焦于梁漱溟对于乡学村学的制度构想之上可能是不得要领的，梁漱溟的真正要害是文化运动团体系统的制度构想。文化运动团体系统必须联合所有可能的乡村建设，而不仅仅是山东乡村建设。只要一般乡村建设能够将知识分子与乡民大众结合起来，文化运动团体系统即可获得属于自己的群众基础。对于梁漱溟来说，乡村建设的成功必须以文化运动团体系统的成功作为核心要素，文化运动团体系统自身的成功则依赖于知识分子的普遍联合与系统建构，只有在这个前提之下，乡村建设才可能为近代中国提供一套适当的合法秩序。因为文化运动团体系统的成功就意味着理性主义拥有了属于自我的权力机构，社会意志将获得最集中、最清晰的有力表达，纯粹武力再也没有了任何合法化的借口，军阀割据的政治前提由此得以彻底清除，而国家政权和官僚系统则转化成文化运动团体系统的执行机构，这将导致任何针对国家政权的争夺都变得毫无意义。在这样一种政治条件之下，中国的经济道路也就获得了通盘规划和理性建设的可能性。

然而，他的理论在实践中遭遇了怎样的困境呢？

三 "依附政权"？

1927年，第一次国共合作全面破裂，轰轰烈烈的国民大革命失败了，工农运动陷入低潮；1928年，梁漱溟得到李济深的信任，赴广州演说《乡治十讲》；1929年，他考察了江苏昆山安亭乡徐公桥中华职业教育所办的乡村改进会、河北定县中华平民教育促进会的实验区、山西阎锡山统领下的村治，并于是年在冯玉祥等人的支持下，参与河南村治学院的筹办；从1931年开始直到1937年抗日战争全面爆发，受韩复榘的邀请，梁漱溟长居山东，先后在邹平和菏泽等地主持乡村建设运动。

在上面那个最简单的履历上，我们已经看到李济深、阎锡山、冯玉祥、韩复榘等名字，这个单子其实还可以开下去：广东的陈铭枢、陈济棠，广西的李宗仁、白崇禧，等等。梁漱溟一生都避免卷入任何实际的权力斗争的旋涡之中，但他与这些军事要人的关系都处得相当不错，乡村建设的政治抱负也需要得到某个军事头领的实际支持。就这一点来说，梁漱溟与孔孟有点类似，在军阀割据的时代都试图借助一方诸侯的实力来推行自己的政治抱负，这必然带来"依附政权"的质问与难题。事实上，1935年，梁漱溟总结乡村建设的实践经验，以其一贯的真诚公开挑明了这个难题："高谈社会改造而依附政权。"①

对于一般的乡村建设来说（包括梁漱溟主持的山东乡村建设在内），之所以必须依附政权，最根本的一点是"乡村运动自己没有财源"，倘若没有政府的财政支持，乡村建设的运作经费与工作人员的生活费用都将没有着落。即使像定县平教会那样

---

① 梁漱溟：《我们的两大难处——二十四年十月二十五日在研究院讲演》，载《梁漱溟全集》第二卷，第573页。

显得特别的乡村建设运动，他们的经费虽绝大部分依靠国外募捐，但政府的权力支持也是必要的。从乡村建设这方面来看，政府的苛捐杂税是扰民的大害；从中央政府或者省政府来看，基层科员的贪污腐败也是扰民的大害。因此，乡村建设获得中央政府或者省政府的支持，通过改革县政以消除一些不必要的苛捐杂税；中央政府或者省政府借助于乡村建设的新风气来提高行政效率，以化解基层的腐败问题，这本是一件两全其美的事情。在梁漱溟看来，由于乡村建设不是暴力革命，并不以夺取政权为目标，因此，乡村建设与现政权的相互借用，这个意义上的"依附政权"是不得不然的，也是无可非议的。真正的问题不在于乡村建设与现政权是否相互利用了，而在于"孰为宾孰为主的问题……倘使我们不能为主以用他，反而落到为他所用，则结果必至完全失败"①。

那么，如何保证乡村建设的主体地位而不至于沦为政府的辅助机构？梁漱溟的回答是，乡村建设只能作为社会运动而不可自操政权，与现政权的结合要视社会潮流的声势如何：社会潮流的声势大，则可多利用现政权，但乡村建设的领袖必须自始至终退居政府之外，而与政府的结合方式则是只接受政府津贴而不受政府干涉。最后，乡村建设必须要有高远的目标、主张、信条和纲领，非如此不足以领导政府。梁漱溟主持的山东乡村建设其实满足了以上所有的条件：梁漱溟有比任何乡村建设都明确而高远的目标、主张、信条和纲领，他也能自始至终守定自我的立场，起码保证了邹平的乡村建设只是作为一种社会运动，而韩复榘对他礼敬有加、信任备至，除了财政支持基

---

① 梁漱溟：《我们的两大难处——二十四年十月二十五日在研究院讲演》，载《梁漱溟全集》第二卷，第581页。

本不干涉具体事务。万永光有一段回忆最资见证："韩复榘对梁漱溟先生非常尊敬，称之为'梁先生'而不名，在有关乡建工作方面可谓言听计从，任凭他放手去做。有一次，韩复榘在省政府纪念周上讲话说：'我就是迷信梁先生啦。'梁在山东办乡建，不但与国民党势力有矛盾，而且与韩复榘的省政府各部门也发生了矛盾，因为'乡建派'的骨干分子不少人身居专员、县长要职，他们的实验区、实验县用人行政自作主张；还在全省许多地区分配干部，掌握基层政权，夺取了省政府各部门相当大的一部分权力，如用人权、财权、教育权等。只是由于韩复榘全力支持，谁也不敢说话。"①

但是，我们有必要提醒一点，作为山东乡村建设的主持者的梁漱溟是一个特殊存在，并不是所有乡村建设都可能具有的特征。以社会声望来说，主持定县乡建工作的晏阳初和主持昆山乡建工作的黄炎培等人或许并不弱于他，但梁漱溟能获得韩复榘如此的尊敬和信任，确实与梁漱溟的个人德性不无关系。由此可见，作为社会运动的乡村建设在与政府的合作中可能得到多大的自由空间（主体地位必须以自由空间作为前提），在很大程度上也取决于乡村建设的领袖的社会声望和个人魅力等偶然因素。梁漱溟参观昆山徐公桥时，一般的乡村建设者都流露出不屑办新村、模范村的意思。② 这是因为，新村、模范村带有一种很强的展览性质，因此新村、模范村的举办常常是在集中各种资源（人力、物力、财力）的条件下推行的，这是完全无法普及的特殊主义模式。但是，作为社会运动的乡村建设在与

---

① 万永光：《梁漱溟先生及其在山东从事乡村建设的活动》，载山东省政协文史资料委员会、邹平县政协文史资料委员会编《梁漱溟与山东乡村建设》，山东人民出版社，1991，第28页。

② 梁漱溟：《北游所见记略》，载《梁漱溟全集》第四卷，第884页。

政府的相互利用中要能争取到足够的自由空间，除非在每一处作为地方实践的乡村建设中都能拥有邹平、定县、昆山这样的领袖，或者从一开始即具有全国规模的乡村建设的组织团体倚为后盾，否则，邹平、定县、昆山这类的乡村建设只能是一种模范性质的乡建模式，其他乡村建设能够争取到政府的有效利用，或许已是荣幸了。

即使如此，在山东乡村建设出现邹平模式与菏泽模式的不同选择时，韩复榘的倾向更能说明问题。艾恺把邹平模式归纳为"依靠道德影响、教育手段和区域自主实行改革"，而把菏泽模式总结为"更多的是依靠县政府的法律制度和政治力量"。[①]在某种意义上，这两种模式的区别其实正等于《吕氏乡约》开创的乡约传统与王安石开创的保甲传统。梁漱溟将自己的乡村建设看成乡约传统的历史延续，而一般人则把20世纪30年代国民党推行的保甲制看成王安石传统的历史再现。这两种模式的运作方式无疑存在很大的差异，这种有差异的运作方式导致的后果无疑也相当不同。根据梁漱溟的看法，邹平是以组织为主而不经过编制手段，菏泽则是从编制再到组织。[②]通过行政编制能有效控制乡民，便于管理和调动各种资源，这无疑是韩复榘青睐于菏泽模式的原因，也促使他迅速将菏泽模式推广到济宁等地。

1937年的历史事件将问题的实质暴露无遗：当日军入侵的时候，韩复榘为保住自己的实力，借用乡村建设工作人员的编制效能，卷走了大批的人丁、枪支、款项，导致一般乡民把怨恨都发泄在乡村建设工作人员的身上。事后梁漱溟反思道："乡

---

① 〔美〕艾恺：《最后的儒家——梁漱溟与中国现代化的两难》，王宗昱、冀建中译，第191页。

② 梁漱溟：《中国民众的组织问题》，载《梁漱溟全集》第五卷，第797页。

农学校一面为社会教育、民众训练机关；一面又为下级行政机关。以其为下级行政机关，一切政令均借此而执行，当初将借以推动各项建设者，今则以当局要壮丁，要枪枝，派差派款，执行其一切苛虐命令。凡当局一切所为之结怨于民者，乡农学校首为怨府。更以其为民众训练机关，平素之集合训练在此，召集调遣在此，壮丁枪枝皆甚现成；于是每每整批带走。……以建设乡村之机构，转而用为破坏乡村之工具，吾侪工作至此，真乃毁灭无余矣！"①这或许说明了，政权力量有其自身的运作逻辑，一到生死存亡的关键时刻，政权力量的本质就绝非理性、德性、伦理情谊所能掩饰、笼络的，更休说控制了。就这一点来说，1937年的历史事件，不仅仅中断了作为地方实践的山东乡村建设，而且宣示了梁漱溟的乡村建设理论的重大缺陷。

四 "乡村不动"？

政权力量作为辅助机构是乡村建设的理想条件，组织一般乡民的政治主体性以形成历史的能动力量则是乡村建设的理想目标。根据梁漱溟的政治设想，社会意志占据国家权力的主体位置需要以乡村建设拥有广泛的群众基础作为前提条件。但实际上，与"高谈社会改造而依附政权"并列的另一大难处正好是"号称乡村运动而乡村不动"。1926年，广东省农民协会第二次代表大会召开，罗绮园曾详细分析其中的代表："此次大会代表的成份分析如下：佃农62人，半耕农40人，自耕农18人，手工业工人20人，非农民共94人，其中小商人10人，小地主1人，智识界43人，国民党职员2人，外省党部农民部代表18人。

---

① 梁漱溟：《告山东乡村工作同人同学书》，载《梁漱溟全集》第六卷，第12～13页。

总计214人。"① 与此形成对照的是，几次全国性的乡村建设工作讨论会几乎没有农民代表，"仿佛乡村工作讨论会和乡村没大关系，乡下人漠不关心，只是乡村以外的人瞎嚷嚷"②。

为什么"乡村不动"？梁漱溟的主要解释是，由于乡村建设的性质归根结底是一种针对农民的现代化改造工作，而农民本身是偏于"静"和"旧"的，因此，乡村建设与乡村农民处于一种天然的对立关系之中，乡村社会当然不肯追随乡村建设而活动起来。③ 这种解释很难成立。除非完全自发的农民抗议或起义，国民革命以来的农民运动都抱有改造农民以改造中国的政治目标。谭平山说得很清楚："农民群众的普遍心理，是小资产的心理。小资产阶级是站在革命与反革命之间的，有时可以做革命。有时可以做反革命，所以农民的地位，是很危险。"④ 国民革命也不是要直接仰仗和依赖农民，而是必须通过发动农民，经由农民自身的改造运动，才可望实现真正的国民革命；换句话说，国民革命的普遍地基不是单纯广泛自在的农民，而需要在运动中激发自为生成的政治意识。知识分子既要与农民群众结合，又要改造农民群众，这应是一种辩证统一的关系，并非单纯的对立关系，由于做不到前者而归因于后者，无疑是不适当的。

第二种解释认为梁漱溟以理性寄望于农民难免高看了农民，农民可以以"利"动而难以以"义"动，因此在乡村建设中，

① 罗琦园：《广东第二次全省农民代表大会之经过及结果》，《中国农民》，中国国民党中央执行委员会农民部印行，第6、7期合刊。

② 梁漱溟：《我们的两大难处——二十四年十月二十五日在研究院讲演》，载《梁漱溟全集》第二卷，第574~575页。

③ 梁漱溟：《我们的两大难处——二十四年十月二十五日在研究院讲演》，载《梁漱溟全集》第二卷，第581页。

④ 谭平山：《国民革命中的农民问题》，《中国农民》第1集第1期，1926年1月1日。

最令梁漱溟感到困窘的问题是:"不给农民解决具体生活的问题,就得不到他们的支持与拥护。"①这种解释的言外之意是梁漱溟没能给一般乡民带来利益。这也不合乎事实。山东乡村建设在行政管理、户籍调查、社会治安、金融流通、合作事业、农业生产、技术改进、公共卫生、文体教育、移风易俗等方方面面都有所建树,其中尤以邹平美棉运销合作社的成功最为惹人注目。所有这一切,从整体来说,当然是有利于乡村的。

第三种解释可以被看成利益论的修正模式,但其根本出发点是阶级论的视角,他们认为梁漱溟把乡村当作一个整体的看法本身就是方法论上的错误,乡村内部存在不同的阶层,这些阶层的利益是分化的,有时甚至是对立的和冲突的,"整体"的抽象名义掩盖不了"分化"的现实矛盾。由于乡村社会的根本利益都与土地相关,因此阶级论又等同于土地论,乡村建设忽视阶级的实质就是他们普遍不重视土地分配的问题。他们进而指责:"梁先生的'乡学'与'村学',不过是旧日豪绅政权之变相,只是披上了一件美丽的梁先生的外衣而已。"②阶级论的解释比之改造论和利益论的解释要有效得多,梁漱溟自己也承认,正因为乡村建设缺乏政治力量来解决农民的这些最实际的问题,所以无法抓住农民的痛痒和农民的心。③艾恺也注意到:"县政府(代表着贫农和中农的利益)和地方绅士之间争夺控制权的斗争一直没有停止。"④但是,即使任何乡村社会都必然存在利益的分

---

① 郭齐勇、龚建平:《梁漱溟哲学思想》,北京大学出版社,2011,第194页。

② 千家驹:《中国农村的出路在哪里》,载千家驹、李紫翔编著《中国乡村建设批判》,第92页。

③ 梁漱溟:《我们的两大难处——二十四年十月二十五日在研究院讲演》,载《梁漱溟全集》第二卷,第581~582页。

④ 〔美〕艾恺:《最后的儒家——梁漱溟与中国现代化的两难》,王宗昱、冀建中译,第184页。

化，其分化是否严重到不可容忍的地步却完全不是必然的。现在的主流看法倾向于认为，民国时期大部分地区的土地并没有达到两极分化的地步。更值得注意的是，梁漱溟首先选址邹平来搞乡村建设并不是偶然的，而是经过精心考虑的："邹平这个地方没有大地主，当然有谁家地多一些，谁家地少一些的情况，我们做工作比较好做。"[①]因此，阶级论作为一种普遍的解释模式并不必然能够解释乡村建设的邹平模式，而且，正如前引艾恺的观察所展示的那样，既有利于也不利于阶级论的解释：有利之处在于，他发现即使是邹平模式，也存在一定程度的社会阶层斗争；不利之处是，他认为梁漱溟领导的县政府代表着贫农和中农的利益在与地方绅士做斗争，刚好与千家驹的过度指责构成对比。事实上，梁漱溟领导的县政府在许多方面明显带有照顾贫农和中农利益的政策倾向性，比如金融流通处面向农民的贷款利息比面向商人的低得多，研究院开办的医院会为贫苦农民免费治病，等等；即使未能像共产党领导的土地革命那样，是无条件地倾向于贫下中农（比如直接废除一切高利贷债款，无偿地重新分配地主的土地，等等），但将之视作压榨贫下中农的旧日豪绅政权，肯定是不适当的。

笔者试图提供的第四种解释可视作阶级论的修正模式。作为一种反省的"乡村不动"，梁漱溟的意思主要是说乡村建设没有获得乡村的热烈支持，在这里，"乡村"仍是整体性的；但作为一种指责的"乡村不动"，我们的意思则主要是说乡村建设没有如梁漱溟所期待的那样，让一般乡民的政治主体性获得展示和体现。根据梁漱溟的制度构想，一般乡民的政治主体性虽是其根本目的之一，但在那样的制度构想的运作机制里是很难表

---

① 成学炎整理《梁漱溟先生谈山东乡村建设》，载《梁漱溟与山东乡村建设》，第81页。

达出来的，因为梁漱溟首先将作为个人权利表达的一人一票制排除掉了，一般乡民只是被要求开会必到和发表意见，而作为决策人物的学长和理事则是需要他们尊敬和信任的。这就意味着，一般乡民的意志表达不可能是有力量的，没有力量的意志即使表达了，也几乎不可能有效用。在梁漱溟的制度构想里，权力明显倾斜于作为贤智者被期待的学长和理事等职务身上，一般乡民的开会必到和发表意见作为机制条件即使满足了，也将因为缺乏效能而难免沦为形式主义。梁漱溟本来也清楚："团体又与斗争相联。有团体容易引起斗争，从斗争也容易使人有团体。"①梁漱溟的理性论则试图在乡村社会烘托出一片家庭的氛围，在这样的氛围中，有和平散漫，有其乐融融，也有各种利益，但是，没有斗争，也没有力量。因此，对于梁漱溟来说，所谓政治能动性其实是一个不必要的赘疣。

在当时，乡村建设运动并不波澜壮阔，看上去似乎"乡村不动"。但是，所谓乡村建设的"乡村不动"，只能在一般乡民的政治主体性没有获得焕发这样一个意义上来理解。作为一种坦率和真诚的反省意识，它应该获得必要的尊重，而不应该成为人们对乡村建设过度指责的一个口实。事实上，正如许多当事者的回忆所证明的那样，梁漱溟领导下的乡村建设给许多乡村带来了生气和活力，乡村并没有真的"不动"。在王峻明的回忆中，我们甚至能看到梁漱溟还领导过一场"土地陈报"的工作，"而且收到了较好的效果，解决了很多多年的积弊。但终因日寇入侵不得已而中辍"②。梁漱溟总是强调乡村建设应是一种慢工夫，是需要时间的，必须特别注意"渐"字，"我们虽然是轻

---

① 梁漱溟：《乡村建设理论》，载《梁漱溟全集》第二卷，第193页。
② 王峻明：《简述邹平实验县第十三乡乡学》，载《梁漱溟与山东乡村建设》，第224页。

轻地下了这个'渐'字，可是，意义却很重要"[1]。就这一点来说，1937年的历史事件仅仅是中断了梁漱溟领导的乡村建设，并不能因此断言梁漱溟主持的乡村建设失败了。

五 乡村建设的普遍联合？

1935年，梁漱溟总结乡村建设的实践经验，表面上谈的是"我们的两大难处"，但其实他谈了三大难处：除了"依附政权"与"乡村不动"外，还有"乡村运动者，自己不能合为一个力量"。[2]这个看似不经意被带出来的第三大难处，对于梁漱溟来说，才是真正的难处，也是至关重要的难处。在梁漱溟看来，要想不沦为请愿式政治，就必须形成客观形势下的能动力量，这是解决政治问题和经济问题的前提条件，而乡村建设的普遍联合正是为了这种能动力量的形成。乡村建设之所以还需要依附政权，还无法发动乡村的力量，归根结底，就是因为乡村建设没能普遍联合起来，没能形成领导中国政治的能动力量。而乡村建设之所以无法联合起来，则是因为乡村建设还只是一种广泛存在的地方实践，作为地方实践的乡村建设在背景来历和思想主张上各呈异彩。作为一种同一的历史运动而又能容纳如此各呈异彩的背景来历和思想主张，渊源所自是中国社会的理性特征，它既是乡村建设在意见上分歧的原因，也是乡村建设必然归一的原因。因为中国社会是理性的，所以整个社会总是显得很散漫，在意见的表述上常常也显得飘忽游荡；但也因为中国社会是理性的，所以意见分歧的背后并没有根深蒂固的阶级对抗和利益分歧。因此，梁漱溟相信：

---

[1] 梁漱溟:《乡村建设大意》，载《梁漱溟全集》第一卷，第717页。

[2] 梁漱溟:《我们的两大难处——二十四年十月二十五日在研究院讲演》，载《梁漱溟全集》第二卷，第576页。

一切不合事实的主张办法，自然都要被淘汰；终有一个合乎事实的得到最后胜利。不但一切思想意见的隔阂慢慢得到沟通；更且彼此利害要求的不一致也慢慢接近，这是中国社会事实会要转到这一步的。这样就是从四下里往一个中心点去归拢，而形成一个潮流势力。这是散漫社会在囫囵整个问题下唯一可能有的转变；恰与西洋社会从一个中心（一方面或一阶级）向外扩大而成功的势力不同。……归结一句话：乡村运动会要形成一个代表中国大社会的力量；待此力量形成，则中国局面决定。那时政府与农民皆被转移过来，往前去完全是坦途了。①

1933年7月，第一次全国性的乡村工作讨论会在邹平召开，来自北平、河北、安徽、河南、上海、南京、浙江、江西、广东等十几个省区市的63人，代表35个机关团体，其中有政府部门，有教育团体，也有社会机构，"目的在共谋农村之救济与复兴，企图县自治之完成，以创造新中国"②。在这次讨论会上，还通过并成立了乡村建设学会。③这样的乡村工作讨论会于1934年在河北定县、1935年在江苏无锡又连续召开了两次，后两次的规模都远超第一次。这几次会议无疑显示了乡村建设的全国性声望，在一定程度上也构成了梁漱溟前述信念的直接证据——不可忽视的是，他演讲"我们的两大难处"之日，正是1935年第三次全国乡村工作讨论会刚开完的时候。在这三次乡村工作讨论会上，梁漱溟看到了乡村建设的不同的背景与思想主张，

---

① 梁漱溟：《我们的两大难处——二十四年十月二十五日在研究院讲演》，载《梁漱溟全集》第二卷，第583~584页。

② 章元善、许仕廉编《乡村建设实验》第一集，中华书局，1934，第2页。

③ 邹平县政协文史委员会编《邹平文史资料选辑》第3辑，1986，第169页。

但这些会议本身似乎已经确证着联合的大势所趋。

　　乡村建设能在20世纪30年代蔚为大观，从政治上来看，国民革命时代的农民运动及此后由共产党单独领导的土地革命固然是绝大的刺激因素，国民政府也有意借助于乡村建设明显带有和平性质的农民运动来消解共产党的影响；但更重要的还是经济上的刺激因素，20世纪30年代的经济危机特别是白银危机深刻影响到了农村，农村的破产和金融枯竭导致社会经济再生产的链条呈现了断裂的危机，这逼使人们无法不认识到挽救农村危机的迫切性。①梁漱溟发现："大家再留心去观察，就知道最先喊农村破产，复兴农村的人，乃是上海的金融界银行家，因为他们利害关系，完全在农村，所以他们对于全中国农村的经济情况最清楚。"②由此，金融资本与政府势力都把注意力投向了20世纪30年代的农村。在1933年第一次全国乡村工作讨论会召开之前，国民政府于1932年召开了内政会议，梁漱溟与晏阳初等人皆在受邀之列，乡村建设能从地方实践发展成为全国性的联络关系，与此可谓密切相关。因此，20世纪30年代乡村建设的声势由来存在着深厚的历史背景与经济基础，梁漱溟正是在这样一个时刻，试图赋予这场实践潮流以深刻的哲学意识和长远的政治规划，以至于他甚至设想要把政府势力与金融资本都纳入乡村建设的麾下以备驱使。

　　但是，从历史的实际来看，《中国农村》的那批观察者或许把握到了问题的实质："说到'乡村建设运动'者及理论家，他们更处在末席的地位。他们自以为是'乡村建设'的提倡者，其实他们不过是上述国内外金融资本及政府当局所进行的事业

①　许涤新、吴承明主编《中国资本主义发展史》第三卷《新民主主义革命时期的中国资本主义》，人民出版社，2003，第5～7页。
②　梁漱溟：《中国经济建设的路线》，载《梁漱溟全集》第五卷，第988页。

上一种点缀品。"① 以当时大力提倡的合作社为例，梁漱溟曾希望借重于生产合作社来完成中国的工业化道路，而金融资本则在政府的督促下处于协助的宾位。但是，根据狄超白的统计，在当时大力兴办的合作社中，信用合作社占据了压倒性的优势："中国合作运动的大踏步进展，完全是银行资本所诱发的。生产、利用、消费等类的合作社所以落后，是因为这些种类的合作社全赖合作社自己的基金而不得在银行的长期借款的缘故。可是这样的合作运动，却变成了金融资本的尾闾，完全失去了合作运动的意义！"② 这种批评可能过重了，但确实说明了一个问题，即国民政府领导的合作社运动（乡村建设也参与其中）其实是要解决积聚于城市里的金融资本下乡的历史难题。因此，正如城山智子注意到的那样，"截至1935年底，中国经济正在从萧条中恢复过来"③。也是在这个时候，政府势力和金融资本的注意力转向他处，乡村建设的声势也就随之衰落了：1935年之后，作为地方实践的乡村建设仍然持续至1937年，但全国性的乡村工作讨论会在1936年即已烟消云散了。

　　而梁漱溟寄以厚望的乡村建设的普遍联合，则从始至终都不过具备一些松散的联络形式，完全没有能够形成统一有效的意志表达。其实何谈乡村建设的普遍联合，甚至连梁漱溟亲自主持的山东乡村建设本身也完全没有形成系统的团体组织。梁漱溟清楚得很，任何一种严密的团体组织，任何可以证实自我力量的团体组织，严格区别内外与一位权威的领袖是必要的条

① 张志敏：《从整个民族经济上观察现在的乡村建设》，载千家驹、李紫翔编著《中国乡村建设批判》，第65页。

② 狄超白：《对目前合作运动之评价》，载薛暮桥、冯和法编《〈中国农村〉论文选》下册，人民出版社，1983，第632页。

③ 〔日〕城山智子：《大萧条时期的中国：市场、国家与世界经济（1929—1937）》，孟凡礼、尚国敏译，江苏人民出版社，2010，第203页。

件，这样的团体组织也难免带来政治上的敌意。以理性、德性、诚意自期的梁漱溟只能向人展示坦荡的胸怀以获得充分的信任，他从根本上就恐惧由力量的充实而必然导致的斗争。他似乎从来就拒绝认识到这一点，即任何由自我掌控的局面都不是现成的，都必须通过斗争才可能获得，而不可能寄希望于他人自动交付过来。因此，他只能眼睁睁看着自己主持下的山东乡村建设基本陷于缺乏统治和计划的局面，无法有效调动乡村工作人员的能动性，既不能吸纳中下层人员的意见，也不能监督、纠察、惩治他们的过失以儆效尤。在这样的局面下，偏居一隅的乡建派也无法自主，只能被动地适应形势，根本不可能主动开创新的形势，一到风云突变的时刻，自然容易落于崩溃的境地。①

事实虽然如此，我们或可退一万步说，假设乡村建设的普遍联合得以成功，于事又有何补益？乡村建设的普遍联合能够等同于文化运动团体系统的成功建立吗？梁漱溟从来没有明确说过这两者是同一的关系，也从来没有明确区别过两者。假如两者是同一的关系，那么，所谓的文化运动团体系统也不过只是知识分子的一个派别（"乡建派"）而已，不管"乡建派"是否把自我塑造成为一个现代政党，我们无法设想的是这样一个前景，即这样的一个派别何以能够统合其他的党派作为解决中国政治问题和经济问题的能动前提。假如两者不是同一的关系，乡村建设的普遍联合不过成功建立一个"乡建派"而已，前述的问题就转换成为：文化运动团体系统得以实现的历史条件是什么？进一步的追问是，即使文化运动团体系统作为知识分子的普遍联合，比之狭隘的乡建派在范围上有所扩大，这样的文

---

① 梁漱溟：《告山东乡村工作同人同学书》，载《梁漱溟全集》第六卷，第25～28页。

化运动团体系统单凭"理性"就能解决军阀之间和政党之间的意见分歧与利益争端吗？对于梁漱溟来说，20世纪40年代的中国民主同盟可算一个成功的例证，但也是一个彻底失败的例证。

六 作为地方实践的乡村建设

"我们的两大难处"是梁漱溟在山东乡村建设研究院发表的演讲的主题，但这个演讲其实并非单独针对山东的乡村建设，而是面向所有可能的乡村建设。一般把这场演讲看成梁漱溟对乡村建设失败的承认，[①]但其实刚好相反，这是他在看见希望之后提示所有可能的乡村建设应该努力的方向。因此，这篇演讲完全不是失败的自我宣告，而是希望的自我预示。梁漱溟最大的希望是要打破乡村建设作为地方实践的困局，促使各路社会运动联络成为全国性的统一团体，只有这样，才能摆脱依附政权的尴尬，才能获得一般乡民的信赖，才能形成解决中国政治问题和经济问题的能动力量。但是，梁漱溟看见的这些希望更多的是一种幻影，乡村建设在20世纪30年代的声势由来具备特定的政治背景与经济基础，当形势发生变化的时候，乡村建设据以依恃的声势也随之衰落。乡村建设自身的普遍联合比之梁漱溟批判的国民党更加不成气候，因为国民党虽然无法把自身凝聚成为具有统一意志的现代政党，但作为现政权的执掌者仍然领导了1927～1937年的十年建设，而乡建派则一直散漫松懈，只能各自处理一方的实践。在梁漱溟的设想中，乡村建设不是现政权的批判者，但企图成为现政权的领导者，而事实上，乡村建设仅仅是现政权的一个可供调用的协作者。乡村建设的所

① 徐树人：《我担任邹平实验县县长的前前后后》，载《梁漱溟与山东乡村建设》，第104～105页。

有积极性都是作为地方实践表现出来的：能给乡村社会带来一般利益，特别是合作社运动解决了当时积聚于城市里的金融资本难以下乡的历史难题，对于缓解当时的经济危机起了一定的历史作用。但正如梁漱溟深刻理解的那样，乡村建设的所有困境也都根源于只能作为地方实践，因为作为地方实践的乡村建设根本无法承担梁漱溟试图赋予乡村建设的历史大任。

第九章　乡村建设运动的历史延续

历来有关梁漱溟的研究存在两种不太妥当的倾向：第一种是在对梁漱溟的乡村建设研究中，仅仅把1928～1937年这一段时间看成梁漱溟的乡村建设时期，但其实这仅仅是梁漱溟乡建思想中的地方实践时期；第二种是针对梁漱溟的政治思想研究，这种研究在时间长度上无疑要扩延到几乎整个民国时期，但他们却只是将梁漱溟的乡村建设看成一种基层建设，似乎刚好与他的宪政思想（作为上层建设）构成一种互补关系。这两种倾向的共同错误是，研究者都没有看到梁漱溟的乡建思想乃是一种整体性的建国思想，更没有看到他的乡建思想从实质上来说是一种政治哲学。在1937～1949年这段时间，他一直是在乡村建设的思想框架里构思他的政治设想与政治实践的，这是1928～1937年那段时间的历史延续。在接下来的论述里，我们想要探讨的是，梁漱溟是如何重新构思他的政治设想与政治实践的，他在哪些方面发生了变化或者没有发生变化。

一　战争动员与乡村建设

1937年7月7日，卢沟桥事件爆发，中国进入全面抗战时期。作为地方实践的带有实验性质的乡村建设被中断。作为一种政治设想与政治实践的乡村建设，并没有因为这场战争而停止。在梁漱溟那里，乡村建设与全面抗战的联系纽带是乡村建设可以作为战争的动员机制发挥效用。因此，梁漱溟认为，乡村建设不是缓不济急的，即使从战争的角度来看，与其从国防与军备上追求抗敌，远不如从乡村建设上考虑抗敌来得现实与要紧。因为单看国防和军备，中国与日本相差得太远，急于一时地讲求国防与赶造军备，更多的只是一种虚幻。实际上，单从国防与军备来看，中日之战呈现中国必败的局面，中国不可轻易言战的苦衷亦在此处。但是，一旦开战，就势必作战到底，否则将陷入更深的被殖民深渊。而中国坚持作战的两大原则则是人民阵线与持久战。

所谓人民阵线，在这里的意思是，梁漱溟基本不看好当时实存的军事力量，而寄希望于中国广大的人民群众，因为当时实存的军事力量从多方面看都是有限的，而且没有实质的统一性，故而"我们抗敌，一定不能完全靠这有限的兵力，而要靠那无限的兵力"①，人民阵线就意味着必须将中国广大的人民群众转化成为值得依靠的无限兵力。所谓持久战，是因为梁漱溟认为，中日军事实力悬殊，一般条件下的主力作战多半是中国失败，中国的希望在于持久的消耗战，以拖垮敌人来获得胜利。这两大原则是相互支持的，而人民阵线原则无疑具有更根本的性质，因为只有在人民阵线的前提下，中国才可能经得起持久的消耗战，而不至于先于敌人而彻底崩溃。因此，对于梁漱溟来说，真正的问题只是如何"举全国人才物力而化为一个抗战工具"②。这恰好也就是作为动员机制的乡村建设的意义所在：

> 乡村建设的内容，不外唤起民众，组织民众，训练民众；总而言之，就是发动民众。抗战中的发动民众，是在以民众配合军队，以后方配合前方；总而言之，是为了抗

① 梁漱溟：《我们如何抗敌》，载《梁漱溟全集》第五卷，第1024页。
② 梁漱溟：《怎样应付当前的大战？》，载《梁漱溟全集》第五卷，第1033页。

战。抗战前的发动民众，是在启发民众力量，作根本建设工夫，向着新经济新文化新政治而前进；总而言之，是为了建国。①

乡村建设的首要作用是上下相通："这个所谓上下，不仅是政府与国民，所有中国的各方面，类乎工商与农民，类乎有钱的人与没有钱的人以及一切的人，还是有这个问题，还是感情上有矛盾，有不能十分一致的地方，都要想法子沟通，想法子使大家能够相亲，才有办法。"②中国社会虽然不存在根深蒂固的利益分歧与对立形势，但有目共睹的散漫却也源于普遍存在的隔阂不通，这些隔阂包括各级政府之间、政府与人民群众之间、人民内部之间、区域之间等，其中尤以政府与人民群众之间的隔阂最为关键。知识分子作为牵线人与沟通者，首先要能向政府传递人民群众特别是广大乡民的痛痒与情绪，其次也需要将政府的各项指令传达给人民群众特别是广大乡民，借以激发和凝聚举国一致的民族意识与抗敌意志。

但这种情感相通只是一个精神目标，还需要一套系统的制度机构加以组织化的表达，因为"没有条理，没有组织，不成系统，或者机构不灵敏，那末，就没有能力"③。在梁漱溟这里，作为政治哲学的乡村建设正是提供一套制度构想，其训练农民与组织农民的工作，在平时倾力于经济生产与政治建设，一到战时，则是无限兵力的非正规的预备学校。自然，战时的系统不同于平时的系统。首先，作为第一系统的正规军队的编制体系在这里即使不被强调，也是必须被置于首位的；其次，全国

① 梁漱溟：《我努力的是什么——抗战以来自述》，载《梁漱溟全集》第六卷，第260页。
② 梁漱溟：《我们如何抗敌》，载《梁漱溟全集》第五卷，第1030页。
③ 梁漱溟：《我们如何抗敌》，载《梁漱溟全集》第五卷，第1030页。

国民的组织化作为配合第一系统的第二系统，也从平时的行政性质完全转化成为军事性质，维持治安、稳定秩序、补给兵源、管控生产、限制消费、财政征收，特别是人员在各个层次上的配置与任用等，都需要统一的规划和系统的安排，才可能形成真正有效的国家权力。①

为此，在山东乡村建设中断的情况下，梁漱溟仍然向乡村工作的同人及同学发出抗战的工作指南，号召他们无论身处何境，都须严守敌我界限，加强内部的团结，耐住一切人事上的麻烦问题，全力以赴去做发动民众及运用民众武力的各项工作，尽量破坏敌人的军事占领、政治统治、经济榨取和文化殖民的四大目标。② 1937年8月17日，梁漱溟应邀参加最高国防会议参议会，开始正式参与中央一级的政治活动，其以乡村建设作为民族战争动员机制的提议一度受到蒋介石的重视，蒋介石也曾请梁漱溟、晏阳初、黄炎培和江问渔四人起草具体计划。③1938年以后，梁漱溟作为参政员在国民参政会上多次就农村问题有过提案，其中对征调壮丁以补充兵员一事最为关心。

梁漱溟自己谈到他对抗日战争本来是悲观的，但听了蒋百里等人特别是毛泽东的分析之后，开始信心大增，他有关抗战的两大论点（人民阵线与持久战）与毛泽东此后发表的《论持久战》基本契合。④差异当然也是明显的：毛泽东的《论持久战》不仅详细、具体、层层深入，重要的是其中具备一种战略性的形势分析，对敌我的实力、环境以及动向都有动态性剖解，而这些在梁漱溟这里是完全缺乏的；梁漱溟的两大论点仅仅是一

① 梁漱溟：《怎样应付当前的大战？》，载《梁漱溟全集》第五卷，第1034~1037页。
② 梁漱溟：《山东乡村工作人员抗敌工作指南》，载《梁漱溟全集》第六卷，第38~47页。
③ 李渊庭、阎秉华编著《梁漱溟先生年谱》，广西师范大学出版社，1991，第130页。
④ 毛泽东：《论持久战》，载《毛泽东选集》第二卷，人民出版社，1991，第439~518页。

种政治分析，他关注的重心其实都在于中国内部的政治问题，"中国目前的问题全在政治"[①]，那么庞大的一个国家必然蕴含着深厚的能量，但这些能量得不到有效的组织、安排与运用，因此，他的设想也仅仅在于政治，一种理性的政治，既沟通全国人民的情感，形成统一的抗敌意志，更以系统的制度将人民组织起来，使得所有的人力和物力能在集中的调配和指挥之下各尽其用。以此来看，作为战争动员机制的乡村建设仍然试图维持理性的要义（情感融通与系统协调），这并未偏转1928～1937年有关乡村建设的理念与设想，但这个时期的设想明显不同于前一时期的地方在于，由于战争的迫切压力，梁漱溟的侧重点已经成了自上而下的有效编制，而不再是前期对自下而上的社会运动原则的坚持。这也是为什么他开始把大量的时间与精力投注到上层政治中来，以参政员的身份多次建言以博得执政党的关注与重视，并最终卷入政党政治之中。

二 政治民主化与党派综合体

民主问题是内在于秩序危机之中的：对于近代中国而言，秩序危机不仅意味着国家的主权独立、社会的安定繁荣等问题，而且包含着政治合法性的转变问题，从旧秩序向新秩序过渡的问题。这也就是说，在追求主权独立和社会安定的过程中，这套秩序还必须是民主的。在1927年之前，梁漱溟与后来被称为现代新儒家的许多人确实是一致的，他们在文化上是保守主义者，但在政治上其实都接受权利学说、宪政结构和分权体系等欧美模式，而民主的意义就是由这套模式来指称的。走向乡村建设以后，梁漱溟的民主观与这套模式明显发生了脱离，他虽

---

① 梁漱溟：《我努力的是什么——抗战以来自述》，载《梁漱溟全集》第六卷，第247页。

然没能像正统的马克思主义（特别是列宁主义）那样，以一种激进的民主观为据，向欧美的民主模式（被称为"资产阶级民主"）发起猛烈攻击，但是，民主在他那里，正如政治观的转向一样，不再是单纯由国家建制来代表了，而是指向这样一种努力，即通过知识分子的引导以形成广泛的人民大众（以农民为主）的普遍社会意志。这个特色在1937～1949年仍然得到了保持，最明确的证据是他的那个著名论断——"乡村运动便是我的宪政运动"，就发表于1944年的《谈中国宪政问题》。这个论断的实质对话者，其实是他与之站在同一阵线的民主党派同人们。但这已经不是1937～1949年梁漱溟思考民主问题的核心论题了，在这段时期，他对民主问题的思考，在某种程度上又回到了1927年之前的国家建制和政党政治的那个层次上了。正是在这个层次上的思考，梁漱溟有关民主的设想既补充了1928～1937年的一段空白，也改变了此前一段时期有关文化运动团体系统的设想。

1937～1949年梁漱溟的政治民主化设想包含两个层次。在1937～1941年，梁漱溟仅仅是在最一般的意义上谈论政治民主化的问题，与作为战争动员机制的乡村建设的构想基本重叠。在这个阶段，由于抗战的紧急需要，政治民主化的前提是"要加强政府统治的力量"，以使得"全国军民的动作乃至他们的生活都要在最高统一的军令政令下面而动作而生活"。[1]这也就是说，政治民主化并不是以分权作为必要条件的，毋宁相反，政治民主化是以集权作为抗战的目标，政治民主化是通达集权的既重要也必要的一种方法。现代民族国家的战争不同于古代战

---

[1]　梁漱溟：《我们如何抗敌》，载《梁漱溟全集》第五卷，第1025页；梁漱溟：《怎样应付当前的大战？》，载《梁漱溟全集》第五卷，第1033页。

争的地方是所谓总体战的出现，它不是国家的单纯军事力量的较量，而是国家的整体实力的较量，政治民主化的意义恰恰就是在民族国家的框架内，能够将一个国家的内部力量有效动员起来。因此，那种把政治民主化看成分权体系以限制公共权力的滥用的观点，只有从一国内部的视角来看才是可能成立的。从民族国家体系的视野来看，梁漱溟对于政治民主化的设想更是真正追随了现代性的内在逻辑：全体民众，"在应战上，他们是工具，就国家来说，他们是主体。要他们为有力的工具，还须当他们为真正的主体。所谓政治的民主化指此而言，所谓政府与社会打成一片须在这里求"。①一方面，政治民主化意味着全体民众是国家的主人，国家必须表现为全体民众的主体性，全体民众为国家而战即是为自己而战，这就要求政府部门（更准确地说是统治阶层）不能将其他民众作为工具任意驱使到战场上；另一方面，政治民主化又意味着被动员起来的民众与管理阶层是一种水乳交融的关系，政府和社会不再存在不可逾越的隔阂与界限，全体民众作为国家的整体部分，在国与国之间的战争中成为国家最有效的战争工具。至于如何通达这样的政治民主化，则是作为战争动员机制的乡村建设所必须完成的历史任务。

从1941年开始，也就是在皖南事变之后，梁漱溟的关注重心从动员民众转向了党派问题："我第一个念头原在发动民众，因为意想中全国一致对外不成问题。后来晓得事情不这样简单，还必须先求团结才行。"②从目前《梁漱溟全集》的著作列表（参见第六卷）即可很清楚地看到这种转变：1941年之前（主要集

---

① 梁漱溟：《怎样应付当前的大战？》，载《梁漱溟全集》第五卷，第1037页。

② 梁漱溟：《我努力的是什么——抗战以来自述》，载《梁漱溟全集》第六卷，第160页。

中于1938年），他的作品大部分是有关动员民众的倡议与提案；1941年之后（特别是自他在香港主持《光明报》以后），他开始大量探讨民主、党治与宪政的问题。以党派问题作为核心视角来看政治民主化，这是一般民主党派的通常做法，在当时的条件下，他们都争取政党的合法化，力图在一个公认的宪政结构中运作政治。由于身处其中（先是统一建国同志会，后是著名的民主政团同盟），梁漱溟在实际行动中尽量与一般民主党派的步调相一致，在见解上与他们最一致的共同要求则是结束党治。结束党治无疑主要是针对国民党的统治方式，试图将国民党的党务运作与意识形态从政府部门、财政收入和学校教育等机构中剥离开来，这被看成军队国家化的前提、各党派精诚合作的统一之路以及宪政实施的预备工作。①

由于出现全国全面抗敌的声势与局面，1939年和1943年曾两度涌现宪政运动的高潮，到1945年日本投降之后，以政治协商会议为核心焦点的宪政运动更是举世瞩目。宪政是一般民主党派的政治理想，在两度宪政运动的高潮中，它们作为推动力量自然都参与了，但1939年的宪政运动源于汪精卫的南京伪国民政府以宪政相号召，重庆方面受其影响而在国民参政会上通过了"实行宪政"的决议；1943年和1945年的宪政运动，则隐含着国民党逼迫共产党交出军队的政治意图，因为宪政框架下的合法政党都是不允许拥有军队的。②共产党方面在原则上也同意"军队国家化，政治民主化"，但坚持先要"政治民主化"（改组政府、结束国民党的一党专政等），才可"军队国家化"。

---

① 参见《中国民主政团同盟对时局主张纲领》《结束党治怎样讲》《论党治》《统一之道果何在？——在于结束党治》《民主与党治——读孙哲生先生谈话书后》等文，载《梁漱溟全集》第六卷。

② 梁漱溟：《论当前宪政问题（问答体）》，载《梁漱溟全集》第六卷，第564～573页。

梁漱溟本人由于力求统一与团结，作为民主同盟的代表积极参加了政治协商会议。在此之后，他又主持了李闻惨案的调查工作，公开谴责国民党的特务统治。凡此种种，梁漱溟都表现得很像一个宪政派的民主主义者。但实际上，他并不认可一般民主党派将宪政理想作为中国的现实政治方略。

首先，宪政结构再完美，也只是民主的政治形式，单纯形式的进步足供观瞻，但对于解决实际问题不仅没有效用，反而徒然添乱。以梁漱溟亲身参与的国防参议会和国民参政会为例，前者在形式上不足以代表民意机关，后者在职权、产生方法、人数等形式上越来越完备，结果却是前者虎虎有生气，后者反而变得越来越空洞。形式主义更严重的弊害还在于其自我复制性："一方面在形式上作些零碎工夫，一方面更向形式上追求不已。"①

其次，以英国为例，其政治民主化确实是通过宪政运动逐步开展的（选举权的普及、权力渐渐集于众议院等），但中国不同于英国，一般民众向来缺乏以个人权利为核心的自由观念，形式主义的宪法条文不可能有效限制公共权力落于少数人之手，为其滥用。因此，中国的宪政不能通过形式主义的宪法条文来完成，一般的宪政结构也代表不了民主，毋宁相反，只能通过民主运动——以乡村建设组织民众的政治主体性——来获得真正的宪政。毕竟，"真正宪政运动，是老百姓起来向秉国钧者要求确立国家根本大法的运动"，宪政不是"救急仙方"，只是"最后成果"。②

最后，一般宪政运动总是寄望于多党竞争的选举政治。

---

① 梁漱溟：《从国民参政会说到民意机关》，载《梁漱溟全集》第六卷，第303页。

② 梁漱溟：《谈中国宪政问题》，载《梁漱溟全集》第六卷，第510、512页。

1945年前后的宪政运动也不过试图重复清末民初的旧辙而已，但选举政治只是让"多数老百姓茫然不知所谓"，必将成为危害甚于水灾、旱灾、风灾、虫灾等的一种"选灾"。①最根本的是，中国问题的实质内涵是，在世界潮流的激荡中，中国旧的社会结构已经全然崩溃，必将建立一套全新的秩序，这从本质来说即是一个革命的大时代。因此，中国不同于英美国家，它们是在社会秩序已经基本确定的格局之下可以从容允许多党竞争，而中国则需要一个统一的革命党来完成新秩序的建设工作，普通政党的轮换制度只会贻害中国的"建国运动"。②

那么，梁漱溟提供的解决方案又是什么呢？这就是他最独特的有关"党派综合体"的构想。党派综合体不是多党制，因为不存在领导权的竞争性而只能归于一；党派综合体也不是一党制，因为存在多个代表各种理想与利益的党派，现实的问题与纠纷需要通过它们反映到政治的争论过程中来；党派综合体还不同于党派联合体，因为联合体只是各个部分简单叠加的机械组合形式，而综合体则意味着这是一个具有独立意志的普遍主体。这样的党派综合体何以可能呢？这与梁漱溟对中国社会状况的历史文化分析密切相关：中国社会是一个散漫的社会，利益分歧自然是存在的，因此需要各个小党派来代表这些分歧的具体利益；但中国社会因其散漫而避免了集团性的对峙，并不存在壁垒森严的宗教、地域、阶级、职业、种族等严重冲突，因此这种有分歧但不对立的利益格局完全不妨碍党派综合体的构建。

党派综合体的构建有两大条件：在此之前，需要首先确立

---

① 梁漱溟：《预告选灾，追论宪政》，载《梁漱溟全集》第六卷，第715～738页。

② 梁漱溟：《革命党与政党的异同》，载《梁漱溟全集》第六卷，第692～695页。

国是与国策，国是即建设国家的蓝图与目标，国策即解决具体问题而通达目标的步骤与方法。这要求各党派将抽象的理想、基本的主义、眼前的利害暂时搁置；在此之后，需要划分政权与治权，党派综合体代表国民行使政权，政府代表国家行使治权，这个条件的重要性在于使得政府去政党化："凡政党中人而服务于政府者都要声明脱离其原来党派关系。军队和警察都是国家所有而为政府行使治权的工具，与党派无关。——这是最必要的一点。"①政府的去政党化是反对党治的拔本塞源的做法，也是防止党争沦为暴力冲突和军事战争的一项战略性设计。

党派综合体需要完成两项经常性的工作：第一项工作是持续的交换意见与公开辩论，因为现实的问题是层出不穷的，国策的制定不可能一劳永逸，必须针对新的问题在意见和辩论中逐步获得统一的国人意志，这是一个不断自我更新的过程；第二项工作是社会运动或民众运动，党派综合体不是政府的官僚系统，其中坚分子乃是具有理想主义的知识分子，他们必须持续不断地与民众结合起来，既教育民众和组织民众，也在民众之中发现问题，把民众的需要与吁求反馈到国家政治的层面中来。只有这两项经常性的工作得到适当的践履与实现，才足以保证党派综合体的生命活力，它才能够指导、引领与监督政府，才是合法的政权拥有者，才配称得上一个"太上政府"。也只有这样的党派综合体，才是革命时期的革命政党，才可能较好地完成现代中国的历史任务，因为现代世界日新月异，现代中国的"建国工程"既巨大又精细，经济上的工业化生产和政治上的社会关系调整，各方面都需要有方针有计划地建设。

党派综合体实际上是取代了文化运动团体系统的构想，二

---

① 梁漱溟：《中国政治问题研究》，载《梁漱溟全集》第六卷，第790页。

者在多方面是一致的：形成的可能性都源于中国社会的历史特征；都是现代中国"建国运动"的政治保证，是国家政权的执掌者，是国家建设的规划者与指导者，而行政部门只是执行指令的国家机器而已；都是社会意志的普遍体现者，都需要通过社会运动来实现中国的民主化。但文化运动团体系统只是知识分子的普遍联合，党派综合体则是政党政治的产物；文化运动团体系统是要把国民党执掌的国民政府贬为辅助机构，党派综合体却首先需要将国民党从政府机构中剥离开来，然后再将之组织到党派综合体之中去；文化运动团体系统必须通过持续不断的自下而上的社会运动来逐渐获得，党派综合体却是在自我完成之后再继续不断地坚持社会运动以体现社会意志。但无论是文化运动团体系统，还是党派综合体，当然也包括梁漱溟不看好的宪政运动，它们的结果都是一致的：在战争的硝烟中被清理出历史的舞台。

三　尾声：反省与观察

一般来说，乡村建设的实践形态终结于1937年，而在梁漱溟这里，乡村建设的思想形态却要到1949年才画上休止符。虽是如此，梁漱溟仍密切注意1949年以后由共产党开辟的新天地与大气象，他既作为一个思者首先反省自己为什么失败了，也作为一个行者因一次偶然境遇竟与最高领袖发生了冲突，还作为一个旁观者由衷地叹赏新世道的新气象。笔者接下来要论述的是，所有这些，其实都是1928～1949年乡村建设的余波、回响与尾声。

1.反省：如何确立最高立法者？

民国以来的中国问题是秩序危机的问题，无论什么样的主义和方式，都必须首先在政治上获得统一和稳定的国家权力，这是解决中国问题的根本政治前提。梁漱溟不只把乡村建设看成乡村危机的一种应对方式，而且当作一种"建国运动"，就因为他认为，只有乡村建设才能有效获得这个根本政治前提。无论是在1937年之前，还是在1949年之前，他都不相信通过军事战争和暴力革命能解决中国问题。他认为，军事战争只是不断更换一茬一茬新军阀而已，暴力革命则是徒然增乱。1937年之前，他认为乡村建设仅仅是就最迫切的实际问题来要求一种最直接的解决方式，在这样的实际问题面前，任何抽象的理想与基本的主义都没有必要产生不可开交的争执，因此，文化运动团体系统能相对容易泯除歧异，在理性认识的基础上奠定政治统一的能动主体。1937年之后，文化运动团体系统的理想破灭了，他又幻想党派综合体能泯除歧异，摆脱掉理想与主义之争，在确立国是、国策或共同纲领的基础上获得团结一致的能动主体。值得注意的是，在写成于1940年的《答乡村建设批判》中，他认为中国的马克思主义者的主义、道路与方式不能解决中国的政治问题。①但历史的结果却恰恰是，1949年以后共产党基本统一了中国，而且稳定了秩序，这也被梁漱溟自己看成中共最首要的伟大贡献。②

　　据此梁漱溟得出了什么样的认识呢？在此之前，梁漱溟一直认为，中国的历史文化与现实状况不同于西方社会，中国的症结在于社会的散漫无力，并不像西方那样存在各种各样壁垒森严的集团性对立（阶级对立只是其中的一种形式），共产党依据产生于西方资本主义工业社会的马克思主义，试图利用阶级斗争来处理中国问题，当然是文不对题了。在此之后，梁漱溟

---

① 梁漱溟：《答乡村建设批判》，载《梁漱溟全集》第二卷，第589~658页。

② 梁漱溟：《中国建国之路（论中国共产党并检讨我自己）》，载《梁漱溟全集》第三卷，第321~339页。

其实并没有改变他对中国历史文化与现实状况的看法，但他根据历史的结果修正了自己的结论：中国社会虽然并不存在太明显的阶级分化的现实条件，但是，中国共产党仍能通过动态性的阶级斗争过程创造性地锻造了运用武力的历史主体。这促使梁漱溟发生了一个非常奇特的变化：在此之前，正如张志敏所看到的和笔者分析的那样，尽管梁漱溟确实是静态地看待马克思主义的客观主义分析方法，但他其实特别重视对客观形势的理智分析；可是在此之后，梁漱溟在特别强调他要接受唯物主义的动态分析方法的宣告中，却从原先带有客观主义色彩的方法论完全走向了唯意志论："一切失败无不从自己落于被动来；时时争取主动，才得有胜利。……我即从此义（为了争取主动）而接受唯物观点。"[1] 以至于他最终认定："还是立场问题决定了一切。"[2]

由于梁漱溟自己把问题归结于阶级斗争，吕新雨的最新研究也把问题聚焦于梁漱溟没能动态性地把握阶级主体的生成性。[3] 但这其实只是梁漱溟在既成事实（还有更强大的舆论压力）面前给出的一种答案，是从结果求原因来完成自我修正的，这种修正很容易随事实的进一步变化而变化。笔者认为与其把问题聚焦于某种具体的答案（历史的情境常常是复杂多变的，任何具体的答案都是捉襟见肘的），不如转向问题本身及解答问题的方式之上，这样或许能更好地理解梁漱溟的思想及其失败。

梁漱溟的中国问题其实还有另一种表述方式，根据这种表述，笔者认为他是真正把握到了问题的实质，即：无论是秩序的统一还是秩序的民主化，都必须由某种历史性的能动主体来

---

① 梁漱溟：《两年来我有了哪些转变？》，载《梁漱溟全集》第六卷，第882～883页。

② 梁漱溟：《我的努力与反省》，载《梁漱溟全集》第六卷，第1030页。

③ 吕新雨：《乡村与国家——梁漱溟乡村建设理论与实践研究纲要》第七章，未刊稿。

完成，而历史性的能动主体又必须结合对客观形势的理智分析与对主体意识的普遍激发才可能获得。就此而言，他很早就受到了马克思主义的深刻影响，并且据此批评自由主义和文化保守主义的民主化努力只是一种请愿式的宪政，无疑也是切中肯綮的。问题在于，无论是文化运动团体系统，还是党派综合体，根据他的设想，其实都是执掌最高权力的立法者，在一种原本就失序的状态下，他居然认为通过理性辩论就能获取统一的理性认识，形成最高立法者的全部政治基础，这多少显得有些幼稚。无论梁漱溟从中国的历史文化与社会现实中找寻到多少理性的因素，这听来都像是令人无法相信的一个泡影。

即使如此，我们绝不能把梁漱溟看成一个似乎不谙现实的道德迂夫子。梁漱溟绝非阉然媚世之徒，其独立性格一生突出，但他前半生周旋于如此之多的实权人物之间，获得的好评远多于诋毁，足见其自有高明的立身处世之道。梁漱溟当然也非常清楚："在政治上，一切都是力量问题。或说，一切问题都决定于力量。"① 但对于梁漱溟来说，权力主导一切的认识，仅限于政治领域；相对于现实的政治权力，他极为看重的无疑是处于更高地位的理性。在很大程度上，这是典型的儒家传统，一种道与势（或者说圣贤与英雄）的二元区分：势盛一时，道行百世。

但这种理性主义的认识只有从道德实践的角度来看才具有某种程度的真实性，从历史实践的角度来看，也就是在广阔得多的历史舞台上，道／理并不是与权力并列的独立要素，

---

① 梁漱溟：《中国建国之路（论中国共产党并检讨我自己）》，载《梁漱溟全集》第三卷，第326页。

道/理其实也是权力的一种表现形式，它不仅在历史的舞台上召唤激动人心的道德实践，本身也作为一种历史实践发挥不容忽视的历史效用。但是，在某些历史的关键时刻，尤其是在最高立法者需要重新确立的过程中，道/理并不是决定性的权力形式，相反，它是有待决定的因素之一。最高立法者只可能在各种权力形式的相互斗争中被不断确立——之所以加上限定词"不断"，因为最高立法者的固定状态是不可迷信的，暗潮涌动才是历史的常态。就此而言，天道运行不息，我们有必要拒绝如下几种诱惑：或者像康德那样，在事前给以理性的预期，而梁漱溟更彻底，在理性的预期中再加以理性的方式；或者像黑格尔那样，事后通过反思赋予绝对精神的历程以总体的理性；或者像叔本华和尼采那样，洞见到魔鬼的统治意志只能带来非理性的后果。[①]以理性或非理性来为天道的运行命名乃是赘疣之举。

2. 观察：理想为他人所实现

1950年1月，梁漱溟回京，"自到京那一天，直到现在，我都在观察、体会、领略这开国气象"[②]。在这个时期，他留下了不少观察笔记，只是这些作品较少为人所关注。改革开放以来，梁漱溟越来越被关注，但在20世纪80～90年代的"文化热"和"国学热"中，人们重视的是他作为现代新儒家的文化哲学思想，而对他作为社会活动家的乡村建设思想，相关研究

---

① 尼采说："魔鬼是尘世的统治者，是成功和进步的大师；他在一切历史强势之中是真正的强势，而且在这方面将根本上依然如此——尽管对于一个习惯于把成功和历史强势加以神化的时代来说，这听起来相当刺耳。因为它恰恰在这一点上训练有素，即把事物重新命名，甚至给魔鬼改名。"（〔德〕尼采：《不合时宜的沉思·历史学对于生活的利与弊》，李秋零译，华东师范大学出版社，2007，第225页）给魔鬼命名，这是现代性推翻古典论述与宗教时代的最大戏法。

② 梁漱溟：《国庆日的一篇老实话》，载《梁漱溟全集》第六卷，第854页。

并不多。

在这些作品中，梁漱溟对新中国在社会主义建设时期的变化充满了惊喜与叹赏。梁漱溟的这些作品很值得关注：首先，梁漱溟并非阉然媚世之徒，无论是否合乎事实，这都是他的真切体会，对于我们理解那个时代还是很有帮助的；其次，梁漱溟虽在写那个时代，但"胸中萦回往来者自有其一套见解；有意无意之间辄以己见作说明，譬如带着色眼镜者所见无非其色一样"①，他自己虽然为此常常感觉抱歉，但对于我们理解梁漱溟本人及其变化却有莫大之益。由于本书以梁漱溟为主，因而就侧重后一点了。

梁漱溟观察、体会与领略共产党的"建国运动"有一个一以贯之的主题，即理性。但在此之前，他是以理性为根据，认为共产党领导的阶级斗争之路不可能成功建设一个统一而稳定的政权；而在此之后，他称道共产党的"建国运动"乃是一种理性之路，只要我们了解"理性"一词在梁漱溟的思想中的至尊地位，就知道这实在是最高的叹赏。那么，梁漱溟是在什么意义上称道共产党的"建国运动"是理性的呢？

首先，共产党把绝大多数中国人引入了一种充满意义的团体生活之中。在梁漱溟看来，中国社会结构彻底改造（所谓现代化）的实质意义，与西方的现代性过程是不可混同的，因为西方人是从原来的集团生活（比如强大的宗教组织）中脱离出来以追求现实的幸福，但那种被宣扬的自由主义和个人主义只不过是方便了国家重新组织原子式的个人。而中国则相反，是要将原本散漫无意识的个人（"沙聚之民"当然不同于积极进

---

① 梁漱溟：《人类创造力的大发挥大表现——试说明建国十年一切建设突飞猛进的由来》，载《梁漱溟全集》第三卷，第520～521页。

取的个人主义）组织到团体生活中来适应各种现代政治与经济，"于是引进团体生活为政治改造之大本者，亦为经济改造之大本，亦同为文化改造之大本；一贯到底，一了百当"①。而共产党不仅是把人们组织起来，更重要的是让人们"互相鼓舞，互相配合，在不同的动作中有着共同目的。自动而有组织，有组织而自动，这便是最进步的团体生活，亦是人类生活的最高表现"②。

其次，梁漱溟认为，共产党激起了人们的信仰，"好像一个伟大宗教那样子，填补了中国缺乏宗教的漏空"③，透出了绝大多数中国人的心："人的生命将一面有着高度的彼此交融，一面又得各自发挥尽致。什么是最理想的社会？这就是最理想的社会。什么是最好的文化？这就是最好的文化。"④这是一个翻天覆地的变化，是一个民族从僵尸到复活的大转变。⑤

最后，毛泽东的个人威望与魅力召唤，共产党的集中领导与统一规划，各生产领域的群众的积极参与与主动创造，让共和国社会主义建设在前十年获得了突飞猛进的发展，这是人类创造力的大发挥与大表现，也是中国的最大特色，因为相比于资本主义只是刺激人身而非其心，作为社会主义建设的中国却

---

① 梁漱溟：《中国建国之路（论中国共产党并检讨我自己）》，载《梁漱溟全集》第三卷，第348页。

② 梁漱溟：《中国建国之路（论中国共产党并检讨我自己）》，载《梁漱溟全集》第三卷，第358页。

③ 梁漱溟：《中国建国之路（论中国共产党并检讨我自己）》，载《梁漱溟全集》第三卷，第384页。马克思主义的宗教色彩，是许多人认识到的一个情况，熊彼特首先就把马克思看成"先知"（参见〔美〕约瑟夫·熊彼特《资本主义、社会主义与民主》，吴良健译，商务印书馆，2009，第45~49页）。

④ 梁漱溟：《中国建国之路（论中国共产党并检讨我自己）》，载《梁漱溟全集》第三卷，第389~390页。

⑤ "最基本的就是我看见许许多多人简直是死了，现在又竟活起来。"（梁漱溟：《国庆日的一篇老实话》，第855页）

是安顿其身而鼓舞其心，"它将不止于发出了个人的积极性抑且发动出群众的积极性"①；相比于其他的社会主义国家，在集中领导和统一规划方面无以别之，但生气勃勃的群众运动却是它们少有的。

以上三点，其实都是梁漱溟的乡村建设试图达到的理想境地："自动而有组织"的集体生活正是礼乐共同体的实质含义，这是经济社会化的组织基础，也是政治民主化的习惯养成所；生命能量的交互作用与自由发挥则是人性和理性的精义，梁漱溟的政治哲学仅仅在于为这种交互作用和自由发挥提供良好的经济基础与政治平台；梁漱溟以圣人自期，文化运动团体系统或党派综合体必须为"建国运动"提供集中领导与统一规划，而少数贤智者的英明领导既以获得普遍大众的积极赞助作为必要前提和实质内容，更应该成为普遍大众主动创造精神的导火线。梁漱溟以此称道共产党，等于说，共产党完成了自己理想的大部分。

其实何止于此，梁漱溟没有提到的部分其他理想，共产党也在一定程度上完成了，这就是梁漱溟的那个隐忧，也是他比一般人看得深刻的一个地方，即欧洲的民族国家化其实是撕裂基督教大社会的过程，他看到了中国从古代天下转化成现代国家的必然性，但他希望在这个转化过程中，中国仍能保持原有天下的统一疆域与融合精神。但悖论是，所有这些理想，梁漱溟原来以为都应该借重于民族精神在现代条件下的重新焕发才有可能，然而所有以民族精神为响亮号召的社会运动（以梁漱溟为代表）或政治运动（蒋介石实施的戴季陶主义）都失败了，

梁漱溟与现代儒家激进主义的兴起

---

① 梁漱溟：《人类创造力的大发挥大表现——试说明建国十年一切建设突飞猛进的由来》，载《梁漱溟全集》第三卷，第440页。

而以马克思主义为旗帜的共产党却成功了。[1] 针对这个悖论性的事实，梁漱溟发展出两种策略来应对。

第一种是对理性的解释的侧重点发生了位移。在乡村建设时期，梁漱溟解释理性的侧重点是平和通达的情义，它的对比对象则是西方历史：中世纪的西方弥漫着宗教势力的迷信和残暴，近代以来的西方则充斥着民族国家的暴力和对冷冰冰的理智的迷信。可是1949年之后，理性的侧重点明显转到了自觉能动性和生命能量的创造性方面，这就是为什么他在称道共产党的历史业绩的时候，多次用到"最进步的团体生活""人类生活的最高表现""最理想的社会""最好的文化"等带有"最"字的短语。梁漱溟从共产党的意识形态中不可能读到太多对平和通达的情义的强调，但在改天换地的"斗争"话语中却能迅速捕捉到梁漱溟本身亦戚戚然的意志主义。

第二种策略则表现在《中国——理性之国》这本"文革"

---

① 不可忽视马克思主义作为一种意识形态的重要意义。以中华人民共和国仍然基本维持了帝国时期的统一规模为例，柄谷行人的分析是有力的："像奥斯曼王朝和清朝那样的世界帝国，试图将自己转变重组为近代国家。但是，由于包含着众多部族和国家，这种变革并不顺利。这时，只有一种意识形态可以帮助他们既维持帝国规模又能实施中央集权式的工业化，这便是从阶级问题得以解决民族问题也将得到解决的思考出发，强调阶级优先于民族的马克思主义。从这个意义上可以说，俄国和中国的社会主义革命使旧有的世界帝国的延续成为可能。"历史的视线可以更长一些：东欧剧变以后，苏联就完全解体了，而中国改革开放以来，几大民族区域地区虽然也出现了严重的民族危机，但中国仍未被民族主义所分裂。现实的前景自然难以预料，但是，周恩来在谈到民族区域自治的形式问题时，就特别强调了中国和苏联的历史发展不同，因此中国不能采用苏联的自治共和国、自治省、民族州的形式，而只能根据各民族杂居的历史境况设计自治区、自治州、自治县和民族乡的形式。这种传统的历史遗传当然还需要新的理论给出有效解释，才可能对现实前景发生影响，在这方面，汪晖的工作是值得注意的。而所有这一切，正如笔者将要论述到的那样，证明梁漱溟的最后回归未必是没有长远眼光的。参见〔日〕柄谷行人《世界史的构造》，赵京华译，第205页；《周恩来选集》下卷，人民出版社，1984，第253~261页；汪晖《跨体系社会与区域作为方法》，载《东西之间的"西藏问题"》(外二篇)，生活·读书·新知三联书店，2011，第147~204页。

时期完成的著作之中。这本著作具有与前两部作品根本不同的性质，虽然梁漱溟一如既往地无法摘下自我的有色眼镜，但前两部重在强调共产党的历史业绩好到了什么程度，并且解释共产党如何通过各种斗争方式获得成功，而在《中国——理性之国》中，梁漱溟已经把共产党的伟大业绩放在中国久远历史的延长线上来加以考察了，他得出来的惊人结论是："中国所不同于帝俄的此特殊情势，中国革命成功的此特殊道路，乃至辟创此道路的毛泽东此特殊人物，——皆非事出偶然而实有着中国历史文化社会结构的特殊背景条件在。"①

---

① 梁漱溟：《中国——理性之国》，载《梁漱溟全集》第四卷，第344页。

结　论　梁漱溟与现代儒家激进主义的兴起

一　从现代新儒家到现代儒家激进主义

梁漱溟是公认的现代新儒家的开创人物之一。有人说："梁漱溟作为现代新儒家逻辑发展中的起点，实际上已经昭示未来新儒家发展的大致轨向，保持传统的基本精神（理性、良知、仁）主体地位不变的条件下，去发展科学与民主，其思想归趣诚然就是牟宗三先生的'良知自我坎陷'说的一种雏形。"[①]这其实也就是艾恺所谓的"文化守成主义"，即"在接受西方政治技术模式（尽管受到许多条件的限制）的同时，维护中国文化的精华（或者更确切地说，是儒家的道德价值）"。[②]这种看法没有错，但从这种看法引申下去，认为梁漱溟20世纪20年代后期走向乡村建设，是他从对人生问题和文化哲学的集中思考转向对中国问题和社会实践的逐步探索，因此，他的乡村建设运动只是他的文化理论的一次社会实践，这种观点就有偏差了。这种观点的偏差之处在于，基本没有重视乡村建设在梁漱溟的思想变化中所起的重要作用和意义。[③]事实上，走向乡村建设之后的梁漱溟就不再是现代新儒家这个称号所能笼统地囊括的了，我们或可说他还开创了至今未得到重视的"现代儒家激进主义"的新传统。对于梁漱溟来说，乡村建设运动远不是应付20世纪30年代的乡村危机的一场社会实践那样简单，其真正宗旨在于

---

① 郭齐勇、龚建平：《梁漱溟哲学思想》，北京大学出版社，2011，第133页。
② 〔美〕艾恺：《最后的儒家——梁漱溟与中国现代化的两难》，王宗昱、冀建中译，第5页。
③ 王悦：《从文化哲学走向乡村建设——梁漱溟的变与不变》，《孔子研究》2013年第6期。

通过乡村建设开始塑造新的政治理想及哲学基础。至迟在20世纪30年代，梁漱溟就完成了自我的蜕变过程。这也可说是梁漱溟的成熟阶段，因为往后岁月的梁漱溟就只是在这个时期的基本框架下不断加以修正与补充罢了。就此而言，我们有必要区别梁漱溟的前期与后期：前期梁漱溟是现代新儒家的开创者，而后期梁漱溟又是现代儒家激进主义的开创者。

二 何谓现代儒家激进主义？

为何要把成熟以后的梁漱溟称为现代儒家激进主义呢？尽管梁漱溟事实上对佛教哲学及其生活方式也有深刻体悟和相当程度的偏爱，尽管不能贸然断定他就是"最后的儒家"，但将梁漱溟视作现代儒家是无异议的。梁漱溟无论是前期阐释直觉主义（包含对现代西方理智主义的批判），还是后期论证理性主义（仍包含对现代西方理智主义的批判），都把自己的核心哲学概念溯源到孔子的仁道观。他一生为之奋斗的理想图景是，既要通过重新阐释和论证以促使一直为传统中国人提供价值规范的儒家现代化，又要通过批判和反思现代生活世界的问题而为现代中国人提供儒家化的精神及政治出路。他一生的张力和困境大多源于此，而他一生的自负和担当也根源于此。

但要将之视作"激进主义"可能会引起惊疑。其实把梁漱溟看成激进主义也是顺理成章的，这个看法不仅有学术渊源，也有文献根据。我们都知道，梁漱溟一生推崇王心斋，而王心斋在学术谱系中一直被视作"王学激进主义"。王心斋拒绝出仕，又一生怀抱经世理想，由其开创的泰州学派热衷于走平民路线，在基层开展讲学活动，又建祠堂、设义仓、立乡约等，重视基层社会的自我保护运动，这是他被视作"王学激进主义"的缘故，也是梁漱溟推崇他的原因。1927年，第一次国共合作破裂，轰轰烈烈的国民大革命失败了。1930年，梁漱溟一接办《村治》，就明确宣告他最用心的是左倾青年："专意在对着青年——尤其是左倾青年——说话。"①因为在他看来，这批左倾青年是最有希望、最有活力的好人，他们不热衷于做官，但有苍生情怀，肯到基层服务，能吃苦耐劳。就此而言，梁漱溟领导的这一脉乡村建设运动，其实就是要为这批左倾青年提供合情合理的救国救民的现代儒家化的道路。他融合明代的讲学之风和自己注重的精神陶炼而开创了朝会，主要就是为了组织、训练和陶冶他们，甚至他的《乡村建设理论》也是在朝会的授课中逐渐成形的。因此，梁漱溟可谓具有浓厚的激进主义风格。

是什么样的变化导致梁漱溟从现代新儒家转向了现代儒家激进主义？值得注意的是，现代新儒家和现代儒家激进主义的区别不能等同于前期梁漱溟和后期梁漱溟的区别。梁漱溟从前期到后期的一个重要转变，是前期侧重于会通西学而阐释儒家哲学中的直觉主义传统，后期则从整体上比较中西文化差异而着力于论证中国民族精神早熟的理性主义传统。但无论是直觉主义还是理性主义，都是现代儒家范畴内部的不同解释策略，与是否为激进主义传统并无逻辑关系。真正将两者的变化重叠在一起的是如下两个方面。

一方面，从膜拜西方制度转向探索制度创新。

作为文化守成主义的现代新儒家尽管主张西方文化存在严重的弊病，而中国文化适足以救之，但他们仍然认为，现代西方的国家政治制度和资本主义经济是值得中国效法的典范模式。而现代儒家激进主义尽管同意现代新儒家的前部分的判断，但并不同意其后部分的判断，他们认为，西方文化不仅是在精神层面出了

---

① 梁漱溟：《主编本刊之自白》，载《梁漱溟全集》第五卷，第24页。

问题，而且就政治技术模式而言，虽有值得借鉴之处，但中国如亦步亦趋纯粹模仿也是走不通的，只有融合汲取古代传统与现代西方的双重经验并予以创新方是正道。用梁漱溟自己的话说："从前我主张改变了自己去学新制度，以后才自知错误。直至今日乃寻出二者相通之点，所以才能谈乡村建设；乡村建设就是从此相通之点去建设一个社会新制度。"①这是一种制度创新的思路，不再囿于自由竞争的资本主义和个人主义的西方模式，而是在政治上不断构想一种普遍联合的文化运动团体系统②或党派综合体③，在经济上则构思一种非资本主义（不是反资本主义）的合作主义的工业化路径。④梁漱溟在20世纪30年代前后不断强调"民族精神"，就是因为他深刻领悟到，不能简单地移植他者制度之形式，作为注入本我精神之凭借，否则必然导致儒家的精神本体由于脱离现实制度而被抽空成为"游魂"，只有文化精神之体与制度创新之用相需相切，方可相得益彰，圆融无碍。

另一方面，政治中心问题的位移，即从聚焦于国家制度改革转向投身于社会政治运动。

现代新儒家虽然高扬中国儒家文化的道德精神和超越之道，但其实完全认可对中国形而下层面的所有尖锐批判，他们甚至不惜到达这样一个悖谬的境地：尽管认为中国的政治出路除了实现西方多党竞争自由选举的宪政制度外再无他法，却也流露将个人成德之教与政治对立起来的特殊心愿。如牟宗三就说过："与政治划开，如普通宗教然，亦未尝不可。此或更可使儒家不与政治纠缠于一起，不随时代为浮沉，而只以个人之成德为人

---

① 梁漱溟：《乡村建设理论》，载《梁漱溟全集》第二卷，第248页。
② 梁漱溟：《乡村建设理论》，载《梁漱溟全集》第二卷，第472～473页。
③ 梁漱溟：《中国政治问题研究》，载《梁漱溟全集》第六卷，第790页。
④ 梁漱溟：《中国合作运动之路向》，载《梁漱溟全集》第五卷，第616页。

类开光明之门，以保持其永恒独立之意义。"①这导致现代新儒家陷入了一个尚未被自觉意识到的悖论，即"政治国家化"和"政治虚无化"的共存与齐飞。"政治国家化"反映了他们的政治形式主义，停留在形式层面的时候，他们似乎足以判别政治制度的好坏和高下，所以他们能够对某种政治制度抱有美好期待，认为所有问题都根源于国家政治制度的改革问题；"政治虚无化"又意味着他们对政治的实质是感到绝望的，明白政治不过是污秽肮脏的场所，只能依赖外在价值诱惑人们陷入利害机制的旋转之中，因此需要将儒家的道德真精神与一切实际的政治活动都隔离开来，这正是现代新儒家被人嘲笑说已沦为大学课堂里的"深妙玄理和高头讲章"的认识论根源。

而现代儒家激进主义既拒绝"政治国家化"，又拒绝"政治虚无化"。后期梁漱溟不仅不认可中国的政治出路在于彻底西化，而且从根本上不认可中国的政治问题单靠改革国家制度就足以解决；毋宁相反，单纯依赖对国家制度的持续改革不是问题的解决方式，而是问题的再生渠道。中国政治的解决之道需要返本还源和复古创新，需要知识分子和一般民众的密切结合，需要教育和动员最广大的乡村农民，需要最系统的社会自组织的普遍联合。不是国家领导社会，而是社会指导国家；不是放任多党自由竞争，而是通过社会运动形成集中的理性意志，为中国的工业化经济大业提供通盘规划的可能性。这是"政治社会化"的道路，要求现代儒家将眼光从盯住国家上层转向注视平民底层。这种转向不是一种道德要求（尽管包含道德价值），不是说平民底层有多么困苦弱势，需要强势集团或者知识分子

---

① 牟宗三：《心体与性体》（一），载《牟宗三全集》第五卷，（台北）联经出版事业公司，2003，第7页。

的道德关怀，而是一种政治要求，是说人民群众自身蕴含着巨大的政治能量，是有良知的知识分子需要借以解决中国政治困境的能动性的主体力量。梁漱溟自己说："乡村运动便是我的宪政运动。所谓一个与前不同的态度，便是以前认宪政为救急之方，今则知其为最后成果了。"①这就意味着"政治社会化"是"政治国家化"的基本前提，而"政治国家化"不过是"政治社会化"的一个有效成果而已。

作为现代儒家，由于目睹儒家制度化的解体及一般军阀挂名孔孟的借尸还魂，梁漱溟也发展了那种针对国家政治的严厉批评，要求真正的心性论者必须保持与国家政治的距离，尤其是不能参与到对国家政权的武力争夺中去，也应该保持对行政官僚主义的警惕，因为它只是一种机械存在，而且其机械腐化是难以避免的。但梁漱溟没有把政治作为整体性的外在之物定性为毫无内在意义的机制，因为将个人成德之教与政治对立起来，认为前者具备永恒的独立自足的内在意义，而后者不过是污秽肮脏的场所，只能依赖外在价值诱惑人们陷入利害机制的旋转之中，这种看法其实已经脱离了儒家的基本轨道。在先秦，恰恰只有针对儒家的道家特别是庄子及其后学集中表述了这种内/外、德性/政治的二元对立，魏晋玄学则借用这种区分大肆攻击儒学制度化的虚伪。就此而言，到了现代新儒家特别是牟宗三这里，自命为儒家的传人其实已经基本走向了老庄道家和魏晋玄学。而梁漱溟则旗帜鲜明地拒绝这种"政治虚无化"的诱惑，仍然借用了儒家分辨政治本身的内在传统，通过指责一种政治来唤醒另一种政治，为政治本身保留了必要的思想地基，也并不以与现实存在的任何政权及其官僚进行合作而感到羞耻，只要这种合作是为正当事业而

---

① 梁漱溟：《谈中国宪政问题》，载《梁漱溟全集》第六卷，第514页。

努力，只要这种合作没有干涉和伤害到自己的独立性。因此，现代儒家激进主义不仅拒绝"政治虚无化"的逻辑，而且扩展和深化了儒家政治化道路的范围和前景。

　　实际上，无论是现代新儒家，还是现代儒家激进主义，都在追求中国道路的政治民主化目标，这也是他们何以成为"现代儒家"的根本一致之处。因为对于现代中国而言，秩序危机不仅仅意味着国家的主权独立、社会的安定繁荣等问题，而且包含着政治合法性的转变问题，从旧秩序向新秩序过渡的问题。这也就是说，在追求主权独立和社会安定的过程中，这套秩序还必须是民主的。在1927年之前，梁漱溟确实也是现代新儒家中的一员，他们在文化上是保守主义者，但在政治上其实都接受权利学说、宪政结构和分权体系等欧美模式，而民主的意义就是由这套模式来指称的。走向乡村建设以后，梁漱溟的民主观与这套模式明显发生了脱离，他花了很多的时间和精力来辨析这套模式的问题所在。[①]他虽然没能像正统的马克思主义（特别是列宁主义）那样，以一种激进的民主观为据，向欧美的民主模式（被称为"资产阶级民主"）发起猛烈攻击，但是，民主在他那里，正如政治观的转向一样，不再是单纯地由国家建制来代表，而是指向这样一种努力，即通过知识分子的引导以形成广泛的人民大众（以农民为主）的普遍社会意志。这个特色在1937~1949年仍然得到了保持，最明确的证据是他的那个著名论断——"乡村运动便是我的宪政运动"，就发于1944年的《谈中国宪政问题》。这个论断的实质对话者，其实是他与之站在同一阵线的民主党派同人们。

---

① 　梁漱溟：《我们政治上的第一个不通的路——欧洲近代民主政治的路》，载《梁漱溟全集》第五卷。

综上所述，何谓现代儒家激进主义或可得到一个较清晰化的界定了：它是儒家的，因为它主张受儒家文化浸润的中国民族精神既别于西方又高于西方，无论形上形下都具有值得借鉴和继续发扬的宝贵传统；它是现代的，因为它追求政治上的民主化和经济上的工业化，对现代科学技术的发展和推广具有浓厚的兴趣；它是激进主义的，因为它寄厚望于左倾青年，既拒绝"政治国家化"，又拒绝"政治虚无化"，坚持认为社会化、平民化和底层化的社会政治运动本身就具有内在的价值和意义。

三　历史潮流中的现代儒家激进主义

那么，是哪几种历史潮流促使梁漱溟走向现代儒家激进主义呢？

首先，现代儒家激进主义是新文化运动的继续和深入。一般人都只看到新文化运动"反传统"的面向，其实，1914～1918年的欧洲大战导致原先在漫长的19世纪中从地缘文化升格成普遍文明标志的西方在世界范围内发生了严重危机。迄今为止，我们常常忽视和遗忘的是，中国的新文化运动还存在另一个更重要的面向，即由西方文明危机引发的"反西方"的历史潮流。这个潮流影响深远，波澜壮阔，以至于胡适早在20世纪30年代即不得不哀叹："个人主义的光芒远不如社会主义的光耀动人了；个人财产神圣的理论远不如共产及计划经济的时髦了；世界企羡的英国议会政治也被诋毁为资本主义的副产制度了。凡是维多利亚时代最夸耀的西欧文明，在这种新估计里，都变成了犯罪的、带血腥的污沾了。"①现代新儒家的萌动得益于20世纪10

---

① 胡适：《建国问题引论》，载罗荣渠主编《从"西化"到现代化——五四以来有关中国的文化趋向和发展道路论争文选》，第314页。

年代发生的西方文明危机，就此而言，以梁漱溟为代表的文化守成主义，从根本上来说并不是新文化运动的对立面，而是新文化运动的有机构成部分。他们如胡适等人一样，对中国传统有取有舍（比如胡适偏爱墨子，而梁漱溟偏爱王心斋）；他们也如陈独秀等人一样，都把共和危机理解为人民大众的政治能动性尚未召唤出来；他们仅仅在是否以及如何对19世纪西欧文明模式进行反思这个问题上产生了巨大分歧。现代儒家激进主义在"反西方"的历史面向上走得最远，既继承了现代新儒家在精神文化层次上对整个西方文明的高度反思，又吸取了社会主义包括马列主义在政治经济层次上对欧美模式的强烈批判。

其次，现代儒家激进主义尽管明确反对阶级斗争理论，但也受到刺激和影响。事实上，梁漱溟对民族精神的强调，也是对欧美模式的反思和批判。① 因为中国的历史不像欧洲那样长期处于国家与国家之间、阶级与阶级之间，甚至王权、封建领主和自治城市之间的斗争和紧张状态之中，大一统的帝国政治崇尚的是无为，这正是导致中国人只有身家意识而缺乏国家意识和阶级意识的关键，但是这也养成了中国人的宽容和理性的德性。中国有必要把乡村社会建设成充满大家庭氛围的礼乐共同体，恢复伦理本位的民族精神。但现代儒家激进主义既不是掩耳盗铃的强势集团，也不是无视现实的一群鸵鸟，他们看到当时中国阶级分化的事实及趋势，因此，强烈要求节制资本，因为他们明白，放任理智主义与资本势力席卷和侵蚀城市人际关系特别是乡村熟人社会，等于为渊驱鱼、釜底加薪和火上浇油。"农民运动为中国今日必定要有的，谁若忽视农民运动，便是不

---

① 梁漱溟：《我们政治上的第二个不通的路——俄国共产党发明的路》，载《梁漱溟全集》第五卷。

识事务"①，因为原子化的农民个人不是资本势力的对手，必须再造伦理本位的乡村社会以缓释阶级分化过于严重的现象。

最后，现代儒家激进主义是保守主义探索新政治的哲学总结。在始终存在的民族危亡的巨大压力之下，至迟从康梁一代的思想家开始，他们总是持续抱怨国人缺乏"国家意识"或"公民意识"。这种抱怨的后果，是一代代的士绅、绅商和知识分子前仆后继，不断以实践方式推动了一系列的社会政治运动，而他们的根本目的即在于唤醒、激发和动员"人民"的政治能量。甲午至戊戌时期，士绅阶层崛起，他们成为"人民"的主导力量，力图开拓政治参与的渠道，加大政治参与的力度。革命共和以后，代议制的腐化衰败和无效无力逐渐变得有目共睹，尊孔读经乃至帝制复辟的闹剧轮番上演，这催使一批知识分子以"新文化运动"为形式来开创和推动一种新的文化政治。1919年，李大钊号召说："青年呵！速向农村去吧！"②文化保守主义也感受到了这根历史脉搏的剧烈跳动："村者，乃全国人民大多数聚族而居之地，为国家一切政治之根源。"③因此，尽管他们推崇"吾民族之道德风化"如何维持不坠，强调中国之政治哲学的优越性，赞叹东方文化的源远流长，但是，他们又几乎众口一词地严厉指责中国历史自秦汉以下都是"君统政治"、"势力政治"和"专制政治"，现代儒家激进主义不是旧政治的道路回归，毋宁相反，乃是"根据固有政治哲学而产生的新政治"。④实际上，20世纪20年代村治学派的几位中坚人物（王鸿一、米迪刚、吕振羽和尹仲材等）以一种散在的形式，已开辟了一条

---

① 梁漱溟：《乡村建设理论》，载《梁漱溟全集》第二卷，第407页。

② 李大钊：《青年与农村》，载《李大钊全集》第二卷，人民出版社，2006，第307页。

③ 米迪刚、尹仲材编著《翟城村》，中华报社，1925，第194页。

④ 尹仲材：《村治学与中国伦理学》，《村治月刊》第1卷第20期，1930。

探索新政治的道路，学术思想、行政规划和经济路线是这条探索之路在文化、政治和经济上的不同表现形式，这条探索之路也就是后来梁漱溟反复提及的"整个问题"之所在，而在旗帜的号召、方向的明晰化和理论的体系化等方方面面，则是梁漱溟来加以推动和完成的。

四 现代儒家激进主义的预示及前景

乡村建设运动是现代儒家激进主义的一项历史事业，1937年，梁漱溟的乡村建设实践因全面抗战爆发而中断，但他并没有对乡村建设事业失去信心，直到1977年，梁漱溟仍然有乡村建设运动必将回归的历史自信。[①]但是，不是所有的乡村建设运动（比如晏阳初领导下的平教会）都是现代儒家激进主义的事业。根据梁漱溟的观点，乡村建设运动也不仅仅是为了建设乡村，更重要的是，现代儒家激进主义可以包含乡村建设但不只有乡村建设的事业。

历史常常富于喜剧性：尽管梁漱溟1977年满怀期待的是乡村建设运动的回归，但20世纪80年代以来，在现代新儒家风行一时的大潮流中，他却被当作现代新儒家的开创者首先回归了。如今，逐渐发展出来一种自称"政治儒学"的儒家流派，他们并不认可西方模式的宪政民主作为现代政治制度的唯一性和正当性，也不同意那种把儒学的丰富传统抽象化和简化为道德形而上学的倾向，而试图在儒学的政治传统中为现代政治提供新的理念和制度设计。但是，根据现代儒家激进主义的思想视野，无论是现代新儒家还是政治儒学，尽管他们相互争辩，实质却共享同一个前提，即都把政治中心问题聚焦于国家建制方面。

---

① 梁漱溟：《我致力乡村运动的回忆和反省》，载《梁漱溟全集》第七卷，第424～428页。

这是现代儒家的通病，也是现代儒家无法拥有更多发展前景的视域局限。

这当然不是要求现代儒家轻视制度重构的问题，而一味退缩到精神领域，只重视价值重构。事实上，自宋代兴起的新儒学，尽管因要应对佛老玄学而存在发展心性之学的内向化趋势，但是，他们也不断表示对宗子法和谱牒之学的怀念，在复古主义和正统主义的表面形式下，通过重构家礼和创建乡约，不但没有恢复宋代以前曾盛行过的等级森严的贵族制，反而将礼仪规范推广到了广大的平民阶层之中，也把长期以来浮在上层政治结构中的儒学影响扩展和深入到了广泛的下层社会结构之中。这是一个长期的趋势和过程，而明代被视作"以赤手搏龙蛇"的泰州学派其实不过是其中相对较为激进的一翼而已。

后　记

多年以后，我似乎总也忘不了韩东育老师的一句召唤："你可以去闯闯学术殿堂了。"那时，我还年轻，因为一篇解读康德和福柯的草稿，向韩师请教；而远在日本的韩师，抽出自己宝贵的时间，给了我许多意见。后来，我入韩师门下攻读硕士研究生学位。自此以后，我稀里糊涂也算半个学人了。老实说，如无韩师，以我个性之疏懒散漫，我几无可能真的去"闯闯学术殿堂"。韩师是我学术道路上的第一个引路人和知遇者。韩师的那句召唤及其知遇之恩，时常鞭策我前行，然而，限于天赋，我也时常感觉愧对那句召唤和那份知遇之恩。

跟随汪晖老师读博的岁月，最令我感慨的，是两种对比和映衬。城市的雾霾和广大，阴沉的天空，拥挤的人群，两元票价的地铁可以绕城跑一天；与之相映成趣的，则是清华校园的美丽和幽深，百年学堂，荷塘月色，宾至如归的管理令宿舍像极了卡夫卡的地洞，足以屏蔽一切喧嚣和浮躁，给漂泊无依的天涯游子一种暂时的安全和慰藉。后来我也见识到了另外一种雾霾，瘴气弥漫，刀光剑影；而汪师一生独辟蹊径，开拓道路，引领潮流，虽万千余人吾往矣，其为人又沉静内敛，几乎从不在讲堂上宣教布道，恪守韦伯有关学术与政治之分际，仅授人以渔，而不授人以鱼。这种治学倾向对我影响很深。当代人表面上生活在信息时代，其实特别容易陷入信息茧房之内，而固步自封，画地为牢；因此，在历史的迷雾之下，在时代的喧哗之中，如何开阔视野，如何别寻新声，如何探索真相，如何问道理论，对于任何一颗追求走出洞穴的自由心灵来说，都是困境和难题。

这本浅薄疏漏的小书曾经有幸得到几位名师的指教。温铁军教授对我的批评最严厉，每每想起当年他给我的论文做的密密麻麻的批注，我就感觉如芒在背，大汗淋漓。对他的指点，我感铭于心。如今温老退休，纵论天下大势，直言无所顾忌，酣畅痛快，淋漓尽致，我的不少硕士生和本科生均引以为据，犹如春风开桃李，润物细无声，功德无量。另外还有杨念群、万俊人、干春松、侯旭东、方朝晖等教授的指点，也一并在此致谢。当然文责自负，所有浅薄疏漏之处，均可归因于我的疏懒散漫。

甲午年年底，我的母亲因病去世，这对我是一个沉重的打击。子欲养而亲不待的至深遗憾，生活无常和生命易逝的幻灭情绪，长期萦绕在心头。就是在那个时候，我忽然领悟了为什么古代儒家如此重视孝道：国人对待宗教多侧重于寻求神灵的庇护，一般缺乏信仰和灵性的向度，独独于孝之一字却有深刻的宗教性存焉。所谓孝，不仅是肉身供奉，也不仅是香火接续，还有生命意义的寄托，在更广阔的天地之间，通过一代一代的恪尽职守和辛勤耕耘，由家族传承而积累出别样的人生事业，如此方可告慰先人神灵。中国文化之绵延，儒学精神之深厚，或许均可于此解之。当然更可能的是，我也只能通过这样的解释方式来宽慰自己。然而，这终归不过是一种希望而已，一种可以鞭策自己前行的希望而已。至今，唯一不是空虚的希望而接近于事实的是，闹闹一天天长大了，他的灵巧可爱真是带给我无限的欢乐，尽管他距离成才之日尚远，但每每思及，我就感觉自己有了较多的把握可以稍稍弥补某种遗憾。有时也想到风雨同舟和相濡以沫多年的内人，以曼容之精明干练，这种感觉就不由得更强化成了信心。

图书在版编目（CIP）数据

梁漱溟与现代儒家激进主义的兴起 / 王悦之著 . --
北京：社会科学文献出版社，2023.5
ISBN 978 - 7 - 5228 - 0826 - 0

Ⅰ.①梁… Ⅱ.①王… Ⅲ.①梁漱溟（1893 - 1988）
- 哲学思想 - 研究 Ⅳ.①B261

中国版本图书馆 CIP 数据核字（2022）第 183195 号

梁漱溟与现代儒家激进主义的兴起

著 者 / 王悦之

出 版 人 / 王利民
责任编辑 / 罗卫平
文稿编辑 / 李月明
责任印制 / 王京美

出 版 / 社会科学文献出版社
　　　　地址：北京市北三环中路甲 29 号院华龙大厦 邮编：100029
　　　　网址：www. ssap. com. cn
发 行 / 社会科学文献出版社（010）59367028
印 装 / 三河市东方印刷有限公司

规 格 / 开 本：889mm × 1194mm 1/32
　　　　印 张：8.75 字 数：210 千字
版 次 / 2023 年 5 月第 1 版 2023 年 5 月第 1 次印刷
书 号 / ISBN 978 - 7 - 5228 - 0826 - 0
定 价 / 98.00 元

读者服务电话：4008918866